トピック 労働法

山田省三・石井保雄 編著

信 山 社

はしがき

　本書の編集作業を行っている 3 月中旬現在，いわゆる新型コロナウイルス（COVID-19）が世界的規模で蔓延し，終息の目途もたっていない。これにより，社会のあらゆる分野に影響が生じている。このことは雇用（労働）の世界においても変わりなく，むしろ深刻化する一方である。経営環境の急激な状況変化に対応することが困難な会社では解雇，そして 4 月の入社を待っていた新卒採用者の内定取消の問題も現実化している。今回の私たちが直面している状況は，雇用（労働）のあり方が社会における様々な現象と無関係には存在できないことを改めて明らかにした。

　本書は，好評を博している本沢巳代子・新田秀樹〔編〕『トピック社会保障法』（信山社）の姉妹版であり，わが国現在の労働法をめぐる状況がどのようになっているのか，読者に伝えたいと意図している。本書の特徴は，書名が示すように，各節ごとに若者たちの目線で働くことの意味を考えるトピックが設けている点にある。もう 1 つの本書の特徴は，AI（人工知能），少子化，グローバリゼーションといった新しい状況が，今後雇用（労働）にどのように影響を及ぼしているかにも関心をよせ，言及している点である。それは私たちにとって，遠からぬ将来「働き方（雇われ方）」が大きく変容せざるをえないと考えたからである。

　本書の執筆者は，全体で13名と比較的大人数であり，その文体や表現も多様である。けれども，これをあえて統一することはしなかった。これも執筆者の個性としてお許し願いたい。執筆者はそれぞれ，読者に労働法の「今」を伝えようと努力した。私たち執筆者一同は，本書が読者にとって，労働法の現在と将来を考える手掛かりとなることを願っている。

　最後になったが，本書を出版するにあたっては，厳しい出版事情にもかかわらず出版を快諾し，編集の労をとっていただいた信山社の袖山貴さん，稲葉文子さん，そして今井守さんに謝辞を呈したい。

　2020年 3 月
　　　WHO によるパンデミック宣言のなかで

　　　　　　　　　執筆者を代表して

　　　　　　　　　　　山田　省三・石井　保雄

目　次

第 2 章　雇用関係法

第 3 章　集団的労働法

目　次

第 4 章　労働法の将来

◆凡　例◆

〈法令略記〉

育児介護休業法（育介法）	育児休業，介護休業等育児又は家族介護を行う労働者の福祉に関する法律
求職者支援法	職業訓練の実施等による特定求職者の就職の支援に関する法律
給特法	公立の義務教育諸学校等の教育職員の給与等に関する特別措置法
均等法	雇用の分野における男女の均等な機会及び待遇の確保等に関する法律（男女雇用機会均等法）
研究開発能力強化法	研究開発システムの改革の推進等による研究開発能力の強化及び研究開発等の効率的推進等に関する法律
憲　法	日本国憲法
健康法	健康保険法
高年齢者雇用安定法（高年法）	高年齢者等の雇用の安定等に関する法律
国公法	国家公務員法
個別労働紛争解決促進法	個別労働関係紛争の解決の促進に関する法律
最賃法	最低賃金法
裁判員法	裁判員の参加する刑事裁判に関する法律
次世代法	次世代育成支援対策推進法
障害者雇用促進法	障害者の雇用の促進等に関する法律
職安則	職業安定法施行規則
職安法	職業安定法
組織的犯罪法	組織的な犯罪の処罰及び犯罪収益の規制等に関する法律
地公法	地方公務員法
地公労法	地方公営企業等の労働関係に関する法律
特独労法	特定独立行政法人等の労働関係に関する法律
賃確法	賃金の支払の確保等に関する法律
入管法	出入国管理及び難民認定法
パート・有期労働者法	短時間労働者及び有期雇用労働者の雇用管理の改善等に関する法律
働き方改革関連法	働き方改革を推進するための関係法律の整備に関する法律
不正競争法	不正競争防止法
民訴法	民事訴訟法
労安衛法（安衛法）	労働安全衛生法
労基則	労働基準法施行規則
労基法	労働基準法
労契法	労働契約法
労災保険法	労働者災害補償保険法
労組法	労働組合法
労調法	労働関係調整法
労働契約承継法	会社分割に伴う労働契約の承継等に関する法律
労働時間等設定改善法	労働時間等の設定の改善に関する特別措置法
労働者派遣法（派遣法）	労働者派遣事業の適正な運営の確保及び派遣労働者の保

	護等に関する法律
労働審判規則	労働審判法施行規則
労働施策総合推進法	労働施策の総合的な推進並びに労働者の雇用の安定及び職業生活の充実等に関する法律
労働保険料徴収法, 徴収法	労働保険の保険料の徴収等に関する法律
同一労働同一賃金推進法	労働者の職務に応じた待遇の確保等のための施策の推進に関する法律
女性活躍推進法	女性の職業生活における活躍の推進に関する法律
若者雇用促進法	青少年の雇用の促進等に関する法律
(厚)労告	(厚生)労働省告示
発　基	都道府県労働(基準)局長あて(厚生)労働事務次官通達
基　発	都道府県労働(基準)局長あて(厚生)労働省労働基準局長通達
基　収	(厚生)労働省労働基準局長(が疑義に答えて発する)通達
発　地	都道府県労働(基準)局長あて(厚生)労働省大臣官房長通達

〈判例集等略記〉

民　集	最高裁判所民事判例集
刑　集	最高裁判所刑事判例集
集　民	最高裁判所裁判集民事
労民集	労働関係民事裁判例集
労　判	労働判例
判　時	判例時報
判　タ	判例タイムズ
労　旬	労働法律旬報
労経速	労働経済判例速報
労判ジャーナル	労働判例ジャーナル
命令集	不当労働行為事件命令集

※掲載誌については、本文中には入れずに判例索引に掲記している。

TOPIC
トピック

労 働 法

◆イントロダクション◆

「働くことは生きること」──なぜ労働法を学ぶのか

　「定年より前に大学を辞める決断をした私の同僚は，卒業式で，こんな挨拶をした。彼は学生たちに慕われる良き教員だった。

　『卒業おめでとうとはいえません。なぜなら，あなたたちは，これから向かう社会で，あなたたちを，使い捨てできる便利な駒としか考えない者たちに数多く会うからです。あなたたちは苦しみ，もがくでしょう。だから，そこでも生きていける智恵をあなたたちに教えてきたつもりです。』

　卒業生たちは静かに，食い入るように彼の顔を見つめて聴いていた。同じ機会を得たら，わたしも同じことをいっただろうか」（高橋源一郎「ブラック化する，この国」朝日新聞2014・4・23）。

　人は何のために働くのだろうか。お金のため？　もちろんそれもあるかもしれない。でも，「人はパンのためにのみ生きるのではない！」というではないか。働くことは，経済的自立を獲得するだけではなく，自己実現をすることでもある。

　働くことは生きることなのだ。

　働く者は，長時間労働すれば過労死や過労自殺してしまう身体的存在であり，さまざまなハラスメントを受ければ，こころを病んでしまう精神的存在でもあり，同時に家庭では家事，育児あるいは介護を行う生活人でもあるのだ。わが国でも「働きかた改革」が喧伝されているが，フランスでは勤務時間終了後の上司によるメールが禁止されたという。わが国の働きかた改革では，時間外労働の上限規制，年次有給休暇の取得促進等の法制度ばかりに目が行くが，そもそも労働者一人当たりのノルマ（作業量）が減らなければ，ネット残業をせざるを得ない事態に変わりはない。これでは，残業の場所が，社内からカフェや自宅に移動したに過ぎない。わが国でも，一人当たりの仕事の分担（job demarcation）の明確化が求められており，これにより，個々人の仕事内容が明確になるだけでなく，それが過重であるか否かの判断材料となるであろう。まさに，個人の生活と仕事との分離と両立が求められているのである。

　だからこそ，働くことの意味を知るためにも，まず働くことにまつわる制度がどうなっているかを知る必要がある。はたして，働く社会と法はどのようになっているのだろうか。さあ，未来へのドアを開けて，学びのトラベルに出かけよう！

第1章　労働法総論

　バイク便というのは，都会のオフィス街で，顧客から預かった書類などの小さな荷物をバイクで配送先へと届ける仕事である。私たちが日常利用する郵便小包や各種の宅配サービスでは，荷物が配達されるのは，小さなものでも，預けた日の翌日以降となるのが普通であろう。顧客が相手方にすぐに届けたいもの，締切時間が迫った書類，温度管理が難しく，すぐに配達することが必要な製品など，短時間で配達してほしいとのニーズには，トラックよりも，交通渋滞に巻き込まれる恐れの少ないバイクの方が好都合である。バイク便の需要は増えており，とくに企業にとって，なくてはならないものとなっている。日本で，バイク便が初めて登場したのは，1982年，バイク便産業が急成長したのは，80年代後半からであった（阿部真大『搾取される若者たち─バイク便ライダーは見た！』（集英社新書・2006）。また，バイク好きのライダーには，ノロノロ走る乗用車やトラックを追い抜き，車と車のあいだをすり抜けることに快感を覚えるのかもしれない。そして好きなバイクで，お金が稼げるのなら，これ以上のことはないと考える人も，多くいるのではないか。

　インターネットや求人雑誌には，バイク便ライダー募集の広告や案内が掲載されている。たとえば，つぎのようなものである。

> 1　バイクレンタル1か月無料（車種限定・諸条件あり）
> 2　スマホ無償貸与（通信料も無償です）
> 3　今なら稼働セット（1万5千円相当）を支給‼
> 4　日額保障10,000円（最大1ケ月間）

　＊「稼働セット」というのは，レインスーツ，ヘルメット，グローブ，モバイルバッテリー，防水防寒パンツのことで，そのなかから3点選べるということである。

　この会社では，その働き方（雇われ方）には大きく【アルバイト】時給（1250円）制と，もう1つ【業務委託】完全出来高制（歩合制）の2つがある。歩合制は，いうまでもなく配送件数が多いほど，収入も増えるということである。多く稼ぐ人（上位50人の平均）は，月収48万円になると謳っている──。これを見て，あなたならどう思うだろうか。今日，よく耳にする「業務委託」というのは，法的に表現すれば，民法632条以下に規定されている「請負」のことであり，「仕事の完成」を目的とし，その実現までのあいだの作業手順には，仕事を引き受けた側に幅広い裁量があるのが特徴である。講学上，大工さんの仕事が典型であると説明される。

　アルバイトが該当する「雇用」（民法623条以下，今日では，労契法6条に規定がある）とは異なり，法形式上は，そのような働き方をする人は「労働者」ではない。労働者でないとすれば，バイク便で仕事をしているときに交通事故にあったとしても，それは労働者災害補償保険法（労災保険法）が適用される「労働災害」に当たらず，保険が適用されない（詳しくは，第2章第8節「安全衛生・労災補償」を参照）ことから，ケガの治療費は自分で負担し，働けない期間は無報酬とならざるをえない。昔職人の世界でいわれた「けがと弁当は自分持ち」，つまり自己責任ということになってしまう。ただし2007年に，厚労省はバイシクルメッセンジャーとバイクライダーが「労働者」であることを肯定する行政通達（基発0927004号）を出して，今日では業界もそれに応じた対応をしている。

　しかし企業が人を雇い入れるのであれば，当然に負担するはずの社会保険（医療・年金・介護・労災・雇用の各保険）の保険料を支払うのを嫌って，労働契約ではなく，請負や委任形式の契約を締結しようとする例は多く見られる。法的に，「労働者とはだれか」という問題は，労働法とは何かを考える糸口である。

1　労働法の意義──労働法ってどんな法？　労働法学って何？

(1)　「労働法」とは何か？

　「法」とは何か。その答えは人によって異なり，いろいろなものが考えられよう。ここでは，ひとまず，法は人の社会関係のなかで起きる紛争やトラブルを解決するための「ルール」だとしておこう。このような理解を前提にすると労働法とは，どんな法なのであろうか。労働法とは，人の「労働者」としての社会生活，すなわち「使用者」に雇われて，その指揮・命令にしたがって働き（労務提供），これに対する対価としての報酬＝賃金を得る（民法623条，労契法6条）──このような従属的特徴により，同じく役務（サービス）提供型契約類型でも，「請負」（民法632条）や「委任」（同643条）と区別される──有償労働を規制対象とし，労使のあいだの紛争やトラブルの解決を図ったり，その予防を目的とする法分野であるということができる。なお無償労働：家庭における家事・育児・介護やボランティア活動は規制の対象外である。

(2)　なぜ社会は労働法を必要とするのか？

(a)　私たちが生きる社会とは，いかなる特徴をもつものなのか？

　21世紀もすでに5分の1を経過しようとしている今日，私たちが生きている社

会とは，いったいどんな社会なのだろうか。その特徴に着目して，たとえば「現代社会」「自由社会」「市場経済社会」など，多様な呼び方があるだろう。しかし歴史的にみたとき，それは18世紀以降，フランス革命を典型とする近代市民革命やイギリスに始まる産業革命を通じて成立した近代市民社会の延長線上に位置するものと捉えることができる。では，近代市民社会というのは，いったいどんな仕組みや特徴をもって成り立っているのであろうか。

　歴史的に近代市民社会に先行する封建制社会は，自給自足経済のもとでの身分社会という特徴をもっていた。すなわちそこでは，一方で，人びとが生活する際，必要なものは自分自身が生産ないし制作し，消費・利用するという自らと家族による自給自足経済を基本とする社会であった。そこでは，他の地域や国の人との接触や「関係」＝結び付きがほとんどなくとも，さほど不便を感じないで生活することができる（必要なものは，自ら作り出すから）。つまり他者とのあいだのモノ＝商品の「交換」は例外的なものとして位置づけられていた。他方では，人と人との関係は，社会的身分制度（西欧社会では封建領主や貴族と農奴，日本では江戸時代の士農工商が典型的なものであった）と「土地」に拘束された社会であった。人びとは生まれた土地からはなれることなく，親と同じ職業について一生を終わることを当然とする社会のなかで生きていた。これに対し，たとえばイギリスの名誉革命（1688年）やフランスの大革命（1789年）などを典型とする近代市民革命をへて成立した社会は，その経済体制に着目したとき，それは資本制社会というべきもので，そこでは社会の隅々まで「商品交換」を基礎として成り立っている。そこでは，人が社会生活を営むにあたり，必要な物は他人から金銭を支払って（を媒介して）交換して手に入れることを基本とする社会である。私たちが生きている社会とは，そのような仕組みのもとに展開する社会の延長線上に位置している。このことを理解するには，たとえば，君たちが朝目覚めてから，今日，労働法の講義を聴くために大学の教室に来るまでのことを考えてみれば，容易に理解することができるだろう。朝起きたとき，まず顔を洗うために水道の蛇口をひねって水を出したり，朝食のパンやお米を手にいれたのも，それらの調理に利用する電気やガスの利用も，通学のための電車やバスなどの公共交通機関の利用も，すべて，そのようなものやサービスを提供する人や会社とのあいだで締結した「契約」により，（購入・利用）代金（金銭）と交換（支払い）することによって可能となっている。それでは商品の購入やサービスの提供をうけるために必要なモノ＝お金は，どのようにして手に入れるのであろうか？結論的にいえば，そ

れは君たち自身や父母のいずれかや両方が誰かに雇われて，働いてえた報酬，すなわち労働の対価として手にした賃金である貨幣によってである。日本国憲法は第14条で法のもとの平等を，第22条において居住・移転・職業選択の自由を，そして第29条で私的財産権の保有を保障している。このようなことは，君たちは当然のことと受け止めるかもしれない。しかしこれらのことが近代社会に先だつ封建制社会においては，何ら当たり前のことではなかったのである。そうであるがゆえに，近代国家は国民に対し基本的人権として保障することを宣言したのである（日本の場合，明治維新〔1868年〕から数えてみても，せいぜい150年くらいしか経っていないのである。つまり人類の歴史を考えても，ほんのわずかな時間しか経過していない）。

　封建的身分と土地から解放された人は，いかなる職業，どんな仕事に就くかは個人が自由に決めることができる。また誰も「働く」ことを他人から強制されはしない（だれも君たちに，アルバイトをしろなどと命じたり，強制したりしていない。君たちが自分で決めて，働いている）。こうして，近代市民社会成立当初のころは，国は国民（市民）の自由な経済活動を保障し，国防と治安の維持や鉄道・道路や港湾などのインフラを整備するだけでいいと考えられていた（「夜警国家」観）。

(b)　近代市民法の建前と資本制社会の「現実」

　このような近代市民社会を成り立たせるための法的原理は，法人格の平等，所有権の絶対性，契約の自由そして，これを裏から支える過失責任主義というものである。まず民法によれば，人が労働者として雇われる労働関係とは，互いに対等な人と人との労務提供と報酬の支払いに関する自由な合意に基づく「契約」関係（民法623条参照）と捉えられる。そのような関係は外部的な＝経済外的強制に基づくものではない。しかし法の建前とは異なり，雇う者（使用者，ただし今日，多くは会社などの法人形態をとっている）と雇われる者（自然人である労働者）とのあいだには，現実上の経済的実力の違いがある。生産手段から切り離された労働者は使用者との，取引に際し対等ではない。にもかかわらず，法はこれを無視するか，またはあえて見ないことにした。しかし働かないという選択肢を持つ人＝親が遺した財産や家作があるから，食うに困らない，夏目漱石の小説の主人公のような「高等遊民」は少ない。どんな職業に就くか選ぶことはできても，だれかに雇われなければならない。それが普通の人の生活のあり様であろう。つぎに労働条件や待遇内容がいかに劣悪なものでも，それは自由な意思の結果であると捉えられる。もしも嫌なら契約を結ばなければいいではないか，断ることもできた

のに，自分で契約したではないかと反論される。ここでは，不利かつ劣悪な労働条件下での労働を自由な意思決定の結果として肯定する。労働者が低い労働条件や劣悪な労働環境の下で，より多くの金を稼ぐためには，長時間働くことにならざるをえない。ここでも雇う側は「嫌なら，働かなくてもいい。働きたい者は，他にもいる！」と言い放つ。しかし労働者の労働力という商品は，ほかの商品とは異なり，価格の上昇を待って売り惜しみすることができない。そして，もしも労働者が働く過程で災害が発生し，ケガやときには命を失うことがあっても，「過失責任」主義の原則――加害者と被害者の「立場」の互換性を前提とする――（民法709条〔不法行為〕）のもとでは，現実に使用者の責任を問う（労働側が使用者の過失を立証しなければならない）ことは困難である。結局泣き寝入りせざるをえないことも多かった。要するに，近代市民社会において，人が「働く」ことについては，建前＝法のあり方と本音＝現実のとのあいだには，大きなズレがあった。

(c) 労働法の生成とその意義

　このように近代市民法は，元来自由主義・個人主義的な性格を強くもつものであった。そして市民法が保障する自由とは，現実から遊離した形式的・抽象的なものであった。近代市民社会の基底をなすのは，資本主義経済社会である。それが商品交換を通じて利潤の獲得を目的とするものである以上，それを規制する市民法は，そのような経済の仕組みに照応する構造をもつのは，当然のことであった。そこでは社会のなかで生きる人びとの具体的な生活状態は考慮の外におかれ，現実の社会のなかに現われた，もろもろの不平等や不合理は，法外のこととみなされたのだ。財産権不可侵と個人の自由・平等という市民法原理を貫徹させることは，労働者階級にきびしい生活苦と不自由・不平等をもたらすものであった。

　これに対し労働法は，市民法原理に対する批判と反省を契機として，生まれ，発展してきた。労働法は市民法のもとでは当然とされたことが，労働者にとっては受け入れがたいとの自覚＝規範意識のもと，労働者の自主的な運動を通じて，それを支える生存権――人として社会生活者に相応しい生き方をする権利――の理念（憲法25条）とともに，労働者の権利として認められたところに成立している。すなわち労働者たちは仲間と語らい合って，労働組合を結成し，内では互助的な共済活動を営み，外に向かっては使用者との個別交渉ではなく，集団的な取引で対抗した。しかしそれは市民法からみれば，私人間の「自由な経済取引」をいわば外部から阻害するものとして，当初は労働組合の結成それ自体「犯罪行為」とされた。ついでその存在が無視できなくなったとき，労働者らがストライキ＝要

求受諾を求めて契約を無視して働くことを集団で拒否した（「赤信号皆で渡れば，怖くない！」）とき，それが脅迫（刑法222条）・強要（同223条）・威力業務妨害（同234条）などにあたるとして刑事上処罰の対象となったり，民事上使用者から債務不履行（民法414条）や不法行為（同709条）であるとして損害賠償の請求がなされた。産業資本主義段階の展開のなか，当初は，女性や年少者を対象にした，労働時間を一部規制する法律が制定された。しかしそれはあくまでも治安対策の一環として設けられた例外的かつ恩恵的な労働保護立法にすぎなかった。それでも労働者・労働組合の社会的存在を無視できなくなっていったとき，市民法の後退ないし譲歩がなされた。団結の禁止にとどまらない，その積極的な承認は，労働者の人間として生きる権利の要求を市民法上の個人的な自由としてではなく，労働者の社会的従属性を踏まえた権利として捉えるものであった。そして20世紀の第一次世界大戦以降，労働者の権利が広く承認されることになった。

(d)　市民法における「人」と労働法における「人間」

　市民法と労働法の違いは，対象となるべき人をどうみるのか，その人間観に端的に表われている。民法は既述のように，人間を「人」として，一般的・抽象的な「権利能力」の主体という資格を付与した（民法 3 条）。ワイマール・ドイツの司法大臣を務めた，刑法および法哲学者であるラートブルフ Gustav Radbruch（1878〜1949）は市民法における人間について，中世の協同体的拘束から解放された利潤追求と打算に終始する商人として描いている（桑田三郎・常盤忠允〔訳〕「法における人間」同著作集第 5 巻〔東京大学出版会・1962〕もとになった講演は1926年発表）。労働法を含む社会法における人間類型は，民法とは異なり，生活に密着した類型である。ラートブルフは，これを「社会における人間」「集合人」であるとのべていた。すなわち労働法における人間とは，より現実的・具体的に「労働者」であり，「使用者」である（労基法 9 条・10条，労組法 3 条，労契法 2 条参照）。労働法は，人間が資本制社会において自らの労働力を使用者の処分に委ね，その対価をえることにより，自らおよび家族の生活を実現するという現実，また労働条件や待遇の改善するために，仲間とともに労働組合を結成し，互いに助け合い，使用者に対し賃上げや労働時間の短縮を求めて集団的な労務提供を拒否し，ときには国家に対し抗議の声をあげる「集団としての人間」に着目したことに特徴がある。換言すれば，民法は人間に対して，自由な意思に基づく経済活動の自由のみを保障したのに対し，労働法では，人が「労働者」としての具体的な社会生活を実現すべき手立てにも関心を寄せている。

労働法は市民法下での矛盾・不都合を解決し，労働者の「人間らしい」生活を実現・確保する（憲法25条）ために生まれ，発展してきたものであり，「社会法」の典型としてある。

2　労働法の体系と分類

(1)　3つの労働法分野

労働法には，民法や刑法などとは異なり，1つのまとまった法典 Code がない（外国のなかには，たとえばフランスのように，労働「法典」があるところもある）。労働に関わる多数の法律を総称して「労働法」とよんでいる（なお，社会関係が複雑となるにしたがい，民法や刑法などの分野でも，多くの個別立法が「一般法」に対する「特別法」として制定されている）。いずれにせよ，一口に労働に関わる法群ないし法現象といっても，現代では，その内容は多岐にわたっている。そこで，これらをどのように分類して，整理して体系付けるか，いろいろな考え方があろう。

国は一方で，国民に対し就労の機会を保障し，労働契約を締結する際の賃金や労働時間などの労働条件の決定を，当事者の自由に委ねることなく，積極的に介入して，待遇や雇用条件の最低基準を定めたりする。他方では国は，労働者自らが仲間と語らい，集団的に使用者側との労働条件や待遇について交渉・取引をすることができるような法的な枠組みを作る。こうして，労働者の個人として使用者（雇用主）に対する関係を規制する分野を「個別的労使関係法」ないし「労働保護法」とよび，労働者が労働組合を結成・参加し，使用者側と集団的に交渉・取引を行なう場面を扱う分野を「集団的労使関係法」または「労働団体法」と呼んだ。このような分類・体系化は，戦前から古くある捉え方であった。しかし最近（1970年代以降）では，失業や職業紹介，さらには雇用の創出を含めた，雇用そのものを保障する分野に関わる法の発展が著しい。このような法群については，従来，個別的労使関係ないし労働保護法に含まれるとして取り扱われていた。しかし今日では，このような法分野を「雇用保障法」「労働市場法」として，労働法に関わる第3の分野として扱うようになっている。

これら3つの法分野には，どういうものが含まれるのだろうか。なお個別的労働関係法の中心に位置する労働基準法（労基法）（1947年），集団的労使関係法の典型である労働組合法（労組法）（1945年）に加えて，労働関係調整法（労調法）（1947年）を合わせて，しばしば「労働三法」と呼ばれる。ただし労調法は，民間部門

の労使紛争の解決に係わる法で，内容的には集団的労使関係法にふくまれるものであることに注意してほしい。

(2)　個別的労使関係法

　個別的労使関係法は，労働者が使用者——今日では，株式会社を典型とする法人形態をとっているのが普通である——とのあいだで労働契約を締結し，労務を提供して，その対価としての賃金が支払われるという関係について，労働者の保護という観点から適用される法を総称する。言い換えれば，それらは憲法27条2項の内容を具体化すべき，各種の立法である。まず，その中心をなす労働基準法では，賃金や労働時間（休憩・休日・休暇をも含めて）などの基本的労働条件や労働過程のなかで生じた労働災害に関する規定など，幅広い「最低労働条件の基準」（1条2項）が定められている。同法を補充するものとしては，最低賃金法（1954年），労働安全衛生法（1972年）などがある。なお海上労働の労働条件については，船員法（1947年）がある。国家公務員については労基法が適用されない代わりに，国家公務員法（同前）と人事院規則があり，部分的には実質的な労働保護法としての性格をもっている。労働者が業務上の災害により労働能力を失ったり，低下させた場合，使用者の補償義務については，労基法や船員法に規定があるが，その補償の実現を確保するために社会保険方式——1人でも労働者を雇用している事業所は，保険に加入しなければならないが，保険料の負担は事業主（使用者）のみ——がとられている。このように対応するのが労基法と同じ年に制定された労働者災害補償保険法（労災保険法）であり，船員保険法である。なお公務員については，社会保険方式ではないが，同趣旨のものとして国家公務員災害補償法（1951年），地方公務員災害補償法（1967年）がある。

　そのほか，男女の雇用平等については，労基法は男女同一賃金原則（同法4条）を定めるのみであった。しかし1985年に勤労婦人福祉法（1972年）を改正して男女雇用機会均等法が制定され，その後，数次の改正をへて，今日では実質的な男女職業平等法として機能している。また労働契約の締結・展開については従来，もっぱら判例法理として形成されていた。しかし2008年から労働契約法が施行され，労働契約の権利・義務，解雇や労働条件の変更等について重要な役割をはたしている。そのほか，労働者派遣法やパートタイム労働法（有期雇用契約労働者も含めて，「短時間労働者及び有期雇用契約労働者の雇用管理の改善等に関する法律」〔パート・有期労働者法〕となった。2020年4月施行）も重要である。

(3)　集団的労使関係法

労働組合の結成・運営，対使用者との団体交渉や労働協約の締結，労働争議に関する集団的労使関係は，先の労組法（現行法は1949年）・労調法のほかに，特定事業の争議行為の制限をさだめるスト規制法（「電気事業及び石炭鉱業における争議行為の規制に関する法律」1953年），公務員に適用される国家公務員法（1947年），地方公務員法（1950年）などがある。これらの実定法の頂点に位置するものが，憲法28条である。労働団体法とも称される，これらの実定法は集団的な労使自治を促進するための基本的枠組みを設定するものである。しかし民間企業の労使関係と公務労働におけるそれとでは，当然と基本枠組みも大きく異なることに注意が必要である。

(4)　雇用保障（労働市場）法

雇用の安定は，社会にとって重要な課題である。今日では，失業・職業紹介から，労働者の労働能力の開発まで，広く雇用そのものの保障を規律する法分野となっている。雇用対策法（1966年），現在は労働施策総合推進法は，労働市場における労働力需給の調整や雇用機会の創出などに関する基本法である。まだ同法とあいまって労働者の能力の開発・向上の促進をはかるのが，職業能力開発促進法（1969年）である。職業安定法（1947年）は，労働市場——正確には，企業内部のそれに対する「外部市場」を意味する——における労働力需給の調整について規制する。つまり同法は公共職業安定所（通称「ハローワーク」）による職業紹介などを通じて，労働者の能力に適合した就職機会の提供を実現することを意図している。雇用保険法（1974年）は，労働者の失業時に失業等給付を行なったり，就職促進，失業予防や雇用機会の増大，労働能力の開発・向上などを図ることを目的としている。また特定層に対する雇用確保を実現すべき立法としては，高年齢者雇用安定法（1971年）や障碍者雇用促進法（1960年）などがあり，今日では多様な領域をカバーしている。

(5)　3つの法分野の相互関係

労働保護法は，国が労使関係に直接に介入して最低の労働条件を設定し，それによって労働者を保護しようとする。これに対し労働団体法は，労使の集団的な自治と交渉・取引——団体交渉を意味する collective bargaining という英語表記は，直訳すると「集団的取引」である——によって，労働保護法が規定する法定最低

11

労働条件基準を上回る労働条件や待遇改善の実現・獲得を期待している。ただし今日，わが国の組合組織率は17％台となり，単純にいうと5人に1人も組合に加入していない。そうすると，職場に組合がないという人も多く，労働保護法が実際に果たすべき役割は大きいといわざるをえない。また雇用保障法は，労働者が現実の労働関係にある場合のみならず，むしろないときに機能する場面が多く，内容的に社会保障法に分類されたり，また行政法の領域で議論されるべき内容が多く含まれるという特徴がある。

3　労働法の適用対象と労働条件の決定システム

(1)　労働法の適用対象：「労働者」「使用者」とは誰か？

法は，人のさまざまな社会関係におけるルール設定とトラブルの解決を目指すことから，それぞれ，適用されるべき人を想定している。たとえば．民法は3条1項で「私権の享有は，出生に始まる」としている。これは人が生まれながらにして，だれもが等しく権利の主体となって，財産取引をすることができる地位を取得することを意味している（ただし資格があるということと，現実に可能かということとは，別である）。このように民法は，権利主体として，抽象的な人を想定している。これに対し労働法では，既述のように具体的な「労働者」や「使用者」という社会的属性に着目した人間類型を前提としている。その際，労働法が適用されるかどうか，それぞれの問題領域における「労働者」「使用者」か否かを見極めなければならない。

(a)　「労働者」とはだれか

広くは，雇われて，その指示命令のもとに勤務するという意味では，公務員も労働者である。しかし通常は，民間企業に働く人が念頭におかれている。法的な労働者が誰かということについては，個別的労使関係法と集団的労使関係法に分けて考えなければならない。

①　個別的労使関係法における労働者

誰かに雇われてはたらき，給料をもらう人であれば，工場で働く人のみならず，事務労働に従事する人も，正社員であろうと，パートや派遣などの非正規雇用者であれ，労働者に該当する。しかし第2次産業（製造業）から第3次産業（サービス業）への産業構造の転換，技術革新の進展，経済の世界化などを背景に，民法上の請負や委任の形式でありながら，裁量の幅の狭い働き方をする人たちも増えている。これまで裁判では，保険会社の外務員，電力会社やNHKの委託集金員，

劇団員，ダンプカーなど自分の車を使った傭者運転手，研修医などについて，労働者性の有無が問題となった。

　労基法9条によれば，①「事業」に使用され，②「賃金」が支払われているかの2点がポイントである。つまり「使用・従属関係」があるか否かが重要である。具体的には，〔イ〕仕事の依頼や業務に従事すべき旨の指示等に対する諾否の自由の有無，〔ウ〕業務遂行上の指揮命令の有無，〔エ〕場所的・時間的拘束性や代替性の有無，〔オ〕報酬の性格，〔カ〕当該労務提供者の事業者性の有無，〔キ〕専属性の程度，〔ク〕その他の事情をも総合考慮して，保護を与えるに相当な関係があれば足りるとされている。なお労働契約の当事者は，労働保護法上の労働者よりも，少し広く捉えられることに注意されたい（そこでは「事業」に使用されていることは，必要ない〔労契法2条参照〕）。

　② **集団的労使関係法における労働者**

　一方，労働組合と使用者・使用者団体との広義の団体交渉を規律する集団的労使関係法における労働者とは，労働者保護の対象となるべきか否かではなく，労働組合の結成・運営，使用者との集団的取引の主体となるべき者が否かということが重要である。したって労組法上の「労働者」（3条）とは，「賃金，給料その他これに準ずる収入」により，「生活する者」とする。それは現に職に就いている者だけではなく，求職＝失業中の者も含まれる。

　ところでプロ野球選手やプロ・サッカー選手は「労働者」であろうか。球団とチームとの「業務委託契約」のもと個人事業主として，労基法上の「労働者」ではない。しかし労組法では，労働者である。つまりだれかに現実にやとわれているかどうかは重要ではなく，そのような社会的な「地位」「立場」にあるかどうかが問題である。

　このように人が「労働者」かどうかは，当該関連法の立法趣旨に応じて，相対的に判断される。

　⒝　**「使用者」とはだれか**

　労働関係において「労働者」に対する者が「使用者」である。日常生活のなかでは，「雇い主」「雇用者」「経営者」などといわれるが，労働法の世界では「使用者」とよぶ。なお労基法以外では，「事業者」（労安衛法）とか「事業主」（雇用機会均等法，育児介護休業法，労働者派遣法）と呼ばれる。

　労基法10条によれば，「使用者とは，事業主又は事業の経営担当者……をいう」。すなわち，①事業主：株式会社などの法人，②事業の経営担当者：社長，専務，

取締役，そして③「その事業の労働者に関する事項について，事業主のために行為をする」人事・総務部長，工場長などが該当する。これは日々の労務指揮のなかで労基法に違反した者に「使用者」としての責任を負わせるためである（行為者責任の原則）。なお労契法2条2項「この法律において『使用者』とは，その使用する労働者に対して賃金を支払う者をいう」とする。なお個別的労使関係法とは異なり，労組法上「使用者」を定義する法規定がない。したがってそれは具体的な事案に応じて判断されることになる。とくに労働者側からの団体交渉に応ずべき「相手方」か否か，不当労働行為の主体性の有無をめぐって議論されてきた。

(2)　労働条件の決定システム

人が「労働者」として働くとき，その待遇・条件はどのような仕組みのもとで決められるのだろうか。

(a)　個別労働（雇用）契約

労働者と使用者との関係は，労働契約の締結から始まり，労働条件や待遇の内容も，両者間の合意により決められる（民法623条，労契法6条参照）。すなわち個別労使間の労働条件等に関する交渉・取引と合意による関係である。それは「労働者と使用者が，対等な立場において決定すべきものである」（労基法2条1項，労契法3条1項）。しかし労使のあいだに取引＝交渉力は対等ではなく，偏りがある。現実には，一方（使用者）が決めたことを，他方（求職者）は受け入れるだけという場合も多かろう（「付従（合）契約」）。また企業規模が大きく，雇用する労働者の数も多くなれば，個別に労働条件を取り決めるのは，時間的にも事務的にも煩瑣で，実際上難しいことから，就業規則や労働協約が職場の労働条件決定について，重要な役割をはたしている。

(b)　就　業　規　則

「就業規則」とは，多数の労働者を雇用し，統一的な労働条件を設定し，円滑な事業運営を確保することを実現するために，使用者が一方的に設定したルールである（ただし，それがはたして「契約」か「規範」かをめぐり，長いあいだ議論されている）。就業規則には，一方で，使用者が労働条件の統一的・画一的処理を実現するために設けたという側面がある。しかし他方，それは一定水準の労働条件を保障し，使用者の「恣意」から労働者を保護し，労使間の権利・義務関係の明確にするという役割もはたしている。つまり労働者のみならず，そのようなルールを設けた使用者も一旦設けられたルールには，自らも従わなければならない。

それゆえに労基法は，使用者が常時10名以上の労働者を雇う場合，その作成と届出（89条），それに周知（同105条）を義務付けている（詳しくは，第2章第3節「就業規則と懲戒」を参照）。

(c)　労働協約

就業規則は使用者が一方的に定めるものである。そこで，ほんとうの意味での，労使の自由な交渉と合意に基づく労働条件の決定が実現するためには，団結の力（労働組合の組織化）を背景にした団体交渉により決定されることが重要である。労働協約とは何か。それは，労働条件や職場内のルールに関する労働組合と使用者とのあいだの取引・交渉（collective bargaining）の結果としての「妥結事項」「取り決め」を書面化したものである。ただし集団的合意（collective agreement）といっても「契約」ではなく，労働条件・待遇に関する規定は「規範」としての効力がある点に特徴がある（労組法16条〔詳しくは，第3章第4節「労働協約」〕を参照）。なお残念ながら，現在日本の組合組織率＝組合に加入する労働者の割合は，先にのべたように17％台にまで低下している。それは，組合の労働条件の規制する力が弱体化しているということを意味する。

(d)　労使慣行

これらのほかに，労働者の労働条件は「労使慣行」によって決定されることもあることに注意したい。それは企業のなかで，労働条件の運用について，長年の労使の慣行（＝慣習）にしたがって，①長期間反復継続して実行され，②明示的に適用を排除しない，③労使双方の規範意識により支持されていることを条件としている。それは，弾力的に運用されている事実たる慣習（民法92条）といってもいいかもしれない。ただし，明文化されていないがゆえに，その内容は曖昧であることもあり，拘束力も自ずと弱い。

(e)　労働条件決定方式の相互関係

以上のように，労働条件の決定方式は複数あることから，労働者に適用される労働条件が複数の方式により設定され，それら相互のあいだで実際の賃金や労働時間の基準が異なる場合，いずれが優先されるのか問題となる。この点については，まず就業規則の「最低基準的効力」といい，就業規則の基準に達しない労働契約を無効とし，それを就業規則の基準に置き換えられる（強行的効力・労契法12条〔旧労基法93条〕）。しかし就業規則の定める基準を上回る労働契約の内容は無効とならない（片面的強行性）。つぎに就業規則と労働協約の関係では，労働協約が優先する。労基法92条1項「就業規則は，法令又は…労働協約に反してはな

らない」と規定している。また労働契約と労働協約についても，後者が優先する（労組法16条）。ただし，それは労働協約が適用される組合員に対してであり，それ以外の者には原則適用されないことに注意してほしい（例外的に〔拡張〕適用される「一般的拘束力」については，第3章第4節「労働協約」参照）。

　なお労働契約をはじめ，就業規則や労働協約のいずれの方法による労働条件決定も，労基法や最低賃金法などの強行法規に反することはできないことに注意されたい。そのうえで，労働条件は最低労働条件基準を定める個別労働法規を上回るものでなければならないことを前提に，労使間の自主的規範の法的効力の優劣（優先順位）＝相互関係は労働契約＜就業規則＜労働協約という順番のもとにある。

(3)　労働法の実効性確保のあり方

(a)　労基法の実効性確保のための制度

　まずは，使用者に「最低労働条件基準」を定める労働基準法を遵守させるための制度としては，どのようなものがあるのか。

　(i)　付加金（114条）　　解雇予告（20条），休業（26条）および年次有給休暇（39条6項）の各手当と，時間外労働に関する割増賃金（37条）について違反し，金員支払いを怠ったとき，使用者は本来支払わなければならなかった未払金に加え，それと同一額の付加金の支払いを，裁判所から命じられる（その要否と金額は，裁判所が判断する）。これは，アメリカの「2倍賠償制度」をモデルとするものである。付加金の請求は，違反があった時から5年（当分のあいだ，経過措置として3年）以内に行わなければならない（労基法114条）。

　(ii)　罰則　　労基法は，同法が設定する基準を定める労働契約の私法上の効力を否定＝無効とするとともに，その違反した場合には罰則を課すと定めている（117条〜120条）。すなわち労基法には，特別刑法として罪刑法定主義が適用されるという側面がある。

　法違反の責任主体は「使用者」である。この場合，使用者とは「事業主」（事業の経営主体）のみならず，「事業の経営担当者」「その事業の労働者に関する事項について，事業主のために行為をするすべての者」を含む（10条）。違反行為者が「事業主のために行為をした代理人，使用者その他の従業者」である場合については，事業主が違反防止に必要な措置をしたと認められないかぎり，罰則の適用をうける（労基法121条1項）。これは「両罰規定」といわれるものである。

　(iii)　監督行政　　労基法は，専門的な行政監督機関による使用者への指導・監

平26・5・2）。なお，新型コロナウイルスの蔓延等による景気悪化を理由とした内定取消はどうか。裁判例はまだないが，これも労働者側に落ち度があるわけではないので，やはり整理解雇法理に沿って判断されることになろう。したがって倒産が目前というほどの場合ならともかく，「この先の見通しが不透明だから」といった程度での内定取消は認められない可能性が高い。

　ちなみに公務員の採用内定は民間と異なり，採用発令を支障なく行うための事実上の行為と考えられている（東京都建設局事件：最判昭57・5・27）。このため，内定を取り消されても，公務員としての身分を主張することは難しい（名目的な損害賠償請求ができるに留まる）であろう。

(4)　内定中の義務

　特に新卒者の場合，内定期間中に研修への参加を求められたり，レポートの提出を求められたりすることもあろう。この場合，内定者は応じなければならないのだろうか。

　大日本印刷事件判決は，「解約権留保付」というだけでなく，働き始める時期を大学卒業後とする労働契約が成立した，とも述べている（就労始期付）。この考えに従えば「働き始めるのは卒業後だけど，内定時点で労働契約は成立しているのだから，会社の研修やレポート提出の指示には従う必要がある」となりそうである。他方，最高裁判決には「効力始期付労働契約の成立」とするものもあり（電電公社近畿電通局事件：最判昭55・5・30），この考えに従えば「まだ労働契約の効力が発生していないから，研修への参加等は内定者の同意がなければ指示できない」となりそうである。「就労始期か効力始期か，結局どっち？」という読者の嘆きが聞こえてきそうだが，これは当事者の理解など，個別の事情ごとに異なる，といわざるをえないであろう。とはいえ，特に新卒者の場合は学業が本分なのだから，研修への参加等はいずれにしても「内定者の同意」が必要と考えるべきであろうし，特に，学業への支障が大きいために後から研修参加等が困難となった場合は，内定者がいったん同意していたとしても，会社もそれを免除する信義則上の義務を負うと解される（宣伝会議事件：東京地判平17・1・28は，効力始期付労働契約が成立していたとされたが，仮に就労始期付であったとしても同様と解される，とも述べている）。

　この他，入社前研修ではないが，教育の必要性がないにもかかわらず，労働者に天井清掃や除草を命じたことが不法行為にあたるとされた裁判例がある（JR西

日本（森ノ宮電車区・日勤教育等）事件：大阪高判平21・5・28）。入社前研修も，内容次第では，人格権侵害（本章第11節参照）として違法と評価されることは十分あるといえよう。

(5)　内定辞退

ところで，内定者の側から内定を辞退することはできるのか。いわゆる正社員なら，結論からいえば，2週間前に申し出ればいつでも辞退を申し出ることができる（民法627条）。すでに入社誓約書や承諾書を提出していても，使用者は労働者の意に反して労働を強制することはできない（労基法5条）から，法的な制約はない。なお，内定辞退時の違約金の額の取り決め自体が，場合によっては労基法16条（賠償予定の禁止）に抵触すると判断される可能性もあろう。

もっとも会社の立場からすれば「再募集にかかった費用など，内定辞退で発生した損害くらいは請求したい」といいたくなるかもしれない。理論的には，内定辞退がかなり悪質な形でなされれば，信義則（労契法3条4項）等を根拠に損害賠償請求することも不可能ではないだろうが，損害額の算定自体が困難であるし，特に再募集などは，内定辞退と相当因果関係にあるとは一般的には言いがたいであろうから，現実には請求が認められることは困難であろう。なお，入社日前日に内定辞退の申入れをしたというケースで，「信義則上の義務に反し，その程度もかなり大きい」としつつ，入社前研修中の社員の発言がかなり厳しいものであったこと等から，企業側の損害賠償請求を認めなかったという事案がある（アイガー事件：東京地判平24・12・28）。

3　試用期間

(1)　試用期間とは

わが国では，入社してから一定期間（3〜6か月程度が多い）の試用期間が設けられ，その期間を経て本採用されるという流れが通例である。また就業規則などで「試用期間中に当社の従業員として不適格と認めた場合は，本採用しないことがある」といった規定が置かれていることもある。ちなみに公務員の場合も「条件付任用」として，採用から原則6か月間，同じような期間が法律の中に置かれており（国公法59条，地公法22条2項），その間職務を良好な成績で行ったときに正式採用とする，とされている。

試用期間も内定同様に法的な定義はないが，一般的には「採用した労働者が正

社員にふさわしいかを，実際に働かせて確認するための期間」だといえよう。たしかに実際に働かせてみないと分からない，というのも一理あろう。しかし労働者のほうからすると，やっと就職したのに，「当社の従業員として不適格」などといった曖昧な基準でクビにされてはたまらないだろう。

(2)　試用期間の法的性質

試用期間に関しては，労基法21条但書4号に「試の使用期間中の者」は，14日を超えない段階なら解雇予告（後述）は不要，という規定があるものの，その他には特に規定はない。結局，試用期間中の労働者は，どういう立場なのだろうか。

たしかに，就業規則などの中ではっきりと「本採用後に正社員となる」と規定されていると，「正社員だ」とは言いにくいであろう。とはいえ実際には，試用期間中の者を正社員と同一の職務（あるいはそれを前提とした研修）に従事させていたり，労働条件が本採用後も変わらなかったり，特に本採用後に特別な手続きが取られていなかったり，といったケースの方が一般的であろうし，労働者のほうも「よほど問題がなければ本採用される」と期待するのが一般的であろう。前述の判例（三菱樹脂事件・最判）も，そのような事実関係の下で，試用期間については「解約権留保付労働契約」つまり「試用期間が満了すれば原則的に正社員となるが，もしその期間に正社員にふさわしくないと判断されれば，解約権が行使される（＝本採用拒否）こともあるという労働契約」が成立している関係，としている。この理解に従えば，一般的な試用期間においては，正社員といえるかどうかはさておき，既に（解約権留保付きとはいえ）期間の定めのない労働契約（無期契約）が成立している，といえよう。

(3)　試用期間と本採用拒否

試用期間満了時に本採用を拒否された場合，これはまさに，使用者が留保している解約権を行使した，という状態である。しかし上のように，試用期間中でも無期契約が成立しているとの理解に立てば，法的には本採用拒否は「解雇」となる。したがって本採用拒否が，客観的に合理的な理由がなく，社会的に相当であると認められない（労契法16条（後述）参照）場合は，留保解約権の濫用として無効，ということになろう。

では留保解約権の行使（＝本採用拒否）が可能なのは，具体的にはどんな場合だろうか。この点についての考えを示しているのが，前述の三菱樹脂事件・最大

35

判昭48・12・12である。この事件は，大学卒業後に入社した労働者が，採用面接時に虚偽の解答をした（学生時代の生協での役員歴や，学生運動等を隠していた）こと等が，管理職要員としての適格性を欠くとして，試用期間満了後に本採用を拒否された，というものであるが，同事件で最高裁は，本採用拒否（留保解約権の行使）は通常の解雇より広く認められるとしつつ，解約権留保の趣旨，目的に照らして，客観的に合理的な理由があり，社会通念上相当と認められる場合のみ解約権の行使が許される，としたのである。

　もっとも，「通常の解雇より広く認められる」とはいっても，特に新卒採用者の場合，最初から労働者に高い職務遂行能力を期待することは難しい。そのため，仕事ができなかったり多少態度に問題があっても，指導や教育で是正可能であれば本採用拒否は基本的には許されない（日本軽金属事件：東京地判昭44・1・28等）。ただ，それを踏まえても極端に仕事ができないとか，協調性が皆無で注意しても改める姿勢もないなど，改善の見込みが全くないような場合であれば本採用拒否も許されよう（日本基礎技術事件：大阪高判平24・2・10等）。ちなみに三菱樹脂事件・最判は，採用決定後の調査結果，または試用期間中の勤務状態等で「当初知ることができず，また知ることが期待できないような事実」を知った場合で，「その者を引き続き当該企業に雇用しておくことが適当でないと判断することを，解約権留保の趣旨・目的としている。しかし後者はともかく，採用決定後の調査はそもそも内定期間中に可能であろうとして，学説からは批判も強い。なお，中途採用者の場合は，一般的には当初から能力を期待されていることが多いため，能力不足を理由とする本採用拒否は新卒採用者よりはある程度認められやすい（キングスオート事件：東京地判平27・10・9，空調服事件：東京高判平28・8・3等）。

　この他，「試用期間満了前に（試用期間の途中で）解雇される」というケースもあるが，試用期間満了を待たずになされる解雇であるため，「試用期間満了を待つまでもなく……従業員としての適性に著しく欠ける」（ニュース証券事件：東京高判平21・9・15等）と判断されるような場合に限られよう。

(4)　試用期間代わりの有期契約

　こうして見てくると，「『解約権留保付』という割には，本採用拒否って結構難しいんじゃないの？」という疑問も出てこよう。一言でいえばそういうことにもなるが，そうすると「じゃあ最初は有期雇用で契約しておいて，そこで成績が良ければ，改めて無期契約を結ぶ，ってことにしたらどうだろう」という使用者も

出てくる。最近は，有期労働者を無期に転換すると国から補助金（キャリアアップ助成金）が出る場合もあり，そのような形での採用も増えているようである（国立大学の教員採用などでも，テニュア・トラックと称して，この手のパターンでの採用が増加している）。

単なる有期契約なら，契約期間が満了すれば，改めて雇用契約を結ばない限り原則として（労契法19条に抵触しない限り）そのまま終了する。しかし，労働者の能力や適性を見る目的なのに，「本採用拒否ができないのは嫌だから有期契約で……」というのは脱法的であろう。判例では，形式的には有期契約として採用されていても「期間の満了により右雇用契約が当然に終了する旨の明確な合意」が当事者にあるような特段の事情がある場合を除けば，そのような場合の期間は契約の存続期間（＝有期雇用の契約期間）ではなく無期契約を前提とした試用期間となる，との立場を採っている（神戸弘陵学園事件：最判平2・6・5）。従事している職務内容が無期雇用労働者と同一だったり，契約更新手続きも厳格でなかったりするような場合には，「特段の事情」があるとは言えないであろう。

(5)　試用期間はいつまで？

試用期間がやたら長いとか，何度も試用期間が延長・更新される，という場合はどうであろうか。上で見たように，いくら採用当初から（一応は）無期契約が成立しているというのが通説・判例の立場だとしても，労働者にとって不安なことには変わりない。そもそも，従業員としての適格性を見るために置かれる期間なのだから，やたら長い場合は公序良俗違反となろう（ブラザー工業事件：名古屋地判昭59・3・23）。延長や更新も同様であり，「本来なら本採用拒否だが，もう少しだけチャンスを与えよう」といった場合でもない限りは認められないであろう（雅叙園観光事件：東京地判昭60・11・20）。

4　労働契約の期間

(1)　契約期間上限の原則

労基法14条は，労働契約は「期間の定めのないもの」を除いては，原則として3年を超える期間について締結してはならない，とされている。要は「契約の期間を決めなくても問題ないが，決めるなら上限は原則3年まで」ということなのだが，なぜこのような規定が置かれているのだろうか。

後述するが，期間の定めのある労働契約（有期契約）は，やむを得ない事由が

なければ期間途中での解約はできない（民法628条。ただし 5 年を経過後は 3 か月前の予告で契約解約できる〔同626条〕）。労基法がなかった戦前には，労働者を長期の契約で縛り，人身拘束的に長く働かせるという労働慣行が広く見られた（女工哀史などの世界がまさにそれである）ため，それを根絶するべく労基法に，こういった契約期間上限を定める規定が置かれたのである（同様の趣旨の規定は，この他にも労基法 5 条（強制労働の禁止），16条（賠償予定の禁止），17条（前借金相殺の禁止），18条（強制貯金の禁止）などにも見られる）。

　ちなみに，そういった「足止め」が特に懸念されたという経緯もあり，契約期間が短いこと（契約期間の長さの下限）については，労基法では規制されていない。しかし現実には，短期間の労働契約を反復継続して使用することで，雇用の不安定性を増大させているという問題のほうがむしろ深刻であるため，労契法に規制が置かれている。いわゆる雇止め問題（第12節）であり，これについては労契法17条 2 項が，使用者に「労働者を使用する目的に照らして，必要以上に短い期間を定めることにより，その有期労働契約を反復して更新することのないよう」配慮を求めている。しかし実効性が十分でないといった批判もあり，2012年の労契法改正で，労契法18条（有期契約が 5 年を超えて反復更新された場合，無期契約への転換を請求できる。第 4 節 5 参照），同19条（客観的合理性・社会的相当性を欠く雇止めを無効とする。第12節 5 (2)参照）が創設された。

　なお，労基法制定当初は「原則 1 年（例外 3 年）」であったが，さすがに今どきそんな働かせ方はないだろう，むしろ契約期間上限を長くすれば労働者の雇用機会も増えるはずだ，といった声が（主に経済界から）高まり，2003年改正で現行のしくみ（原則 3 年，例外 5 年）となった。ただし，労働者が不当な足止めを受けないように，(2)で述べる労働者を除いては， 1 年を超える契約であっても，1 年経過後は使用者に申し出れば自由に退職できるものとされている（労基法附則137条）。

　ところで一般的には，労基法14条にいう「期間の定めのない」契約（無期契約）で働いているフルタイム労働者のことを「正社員」ということが多い（ちなみに厚生労働省の一般向けリーフレットでは，パート・有期法の「通常の労働者」を「正社員（無期雇用フルタイム労働者）」として解説しているものもある）。また，労働法18条によって無期転換した場合も，それだけで「正社員」になるわけではない（基本的には，転換前の労働条件が引き継がれる）。ただし，正社員についての厳密な定義は労働法の中には置かれていない。

(2)　契約期間上限の例外

「契約期間3年」を超えてもよい例外としては2つあり（第4節1も参照），1つは「一定の事業の完了に必要な期間を定めるもの」という場合である（例えば，6年で完了する土木工事で，設計技師を6年契約で雇うようなケースが考えられよう）。ただし，「工事が終了するまで」といった不確定な定め方はできないし，あくまでも「事業」なので，社内のプロジェクトなどについて3年を超える期間を定めて雇用することはできない。

　もう1つは，①高度の専門的知識，技術，経験等を有する労働者（厚労省告示356号にて規定（※））が，その専門的知識等を必要とする業務に就く場合と，②

5年以内の労働契約期間

《特例1》専門的な知識，技術又は経験（以下「専門的知識等」という。）であって高度のものとして厚生労働大臣が定める基準（※）に該当する専門的知識等を有する労働者（当該高度の専門的知識等を必要とする業務に就く者に限る。）との間に締結される労働契約

→上限5年

《特例2》満60歳以上の労働者との間に締結される労働契約

→上限5年

《特例3》一定の事業の完了に必要な期間を定める労働契約
　　　　　（有期の建設工事等）

→その期間

（※）高度のものとして厚生労働大臣が定める基準に該当する専門的知識等とは，次の①から⑦のいずれかに該当する者が有する専門的知識等を言います。

① 博士の学位を有する者
② 公認会計士，医師，歯科医師，獣医師，弁護士，一級建築士，税理士，薬剤師，社会保険労務士，不動産鑑定士，技術士又は弁理士のいずれかの資格を有する者
③ システムアナリスト試験又はアクチュアリー試験に合格している者
④ 特許法に規定する特許発明の発明者，意匠法に規定する登録意匠を創作した者又は種苗法に規定する登録品種を育成した者
⑤ 大学卒で実務経験5年以上，短大・高専卒で実務経験9年以上又は高卒で実務経験7年以上の農林水産業の技術者，鉱工業の技術者，機械・電気技術者，システムエンジニア又はデザイナーで，年収が1075万円以上の者
⑥ システムエンジニアとしての実務経験5年以上を有するシステムコンサルタントで，年収が1075万円以上の者
⑦ 国等によりその有する知識等が優れたものであると認定され，上記①から⑥までに掲げる者に準ずるものとして厚生労働省労働基準局長が認める者

この表は，平成28年10月19日厚生労働省告示第376号による

満60歳以上の労働者，についてであり，いずれも上限が 5 年とされている。後者については，高齢者の雇用機会を増やす目的から設けられたものであるが，前者については，立法当時の付帯決議を見る限り，かなり高度の専門的な知識や技術を有している労働者であれば，「自らの労働条件を決めるに当たり，交渉上劣位に立つことのない」労働者だろう，といった発想が背景にあるようである。

⑶　上限規定に違反した場合

　労基法14条に違反して，上限を超える期間が契約によって定められた場合はどうなるのか。行政解釈によれば，その場合は労基法の強行的直律的効力（労基法13条）によって，契約期間は労基法の上限（一般の労働者については 3 年，⑵で述べた例外的な労働者については 5 年）に改められる，とされている。ただし学説の中には，使用者側が労基法所定の期間を超える拘束を主張できないだけであって，労働者のほうは契約期間満了までの雇用保障を受けられる，とする学説（片面的無効説）も有力である。

コラム 2 – 1　採用内々定とは？

　就職活動では，「内々定」といった言葉をよく耳にする。一般的には，採用担当者などが，正式な内定通知に先立って，採用の意向を口頭やメールなどで示すことを「内々定」と称しているケースが多い。

　「内々定」は，法的にはどのような概念なのか。内々定も内定と同様，法的な定義はない。ただ，大日本印刷事件最高裁判決以降，内定を「始期付・解約権留保付労働契約」の成立と解した上で，その前段階でなされる「内々定」はいまだ労働契約が成立しているとはいえない状態（契約締結の一過程あるいは内定予約にすぎない）であるが，例外的に，内々定時に，具体的な事実関係等から企業側の採用意思が明らかな場合には，労働契約が成立していたと見うる場合もある，とするのが通説となっている。実際に内々定取消が争われた裁判例（新日本製鐵事件：東京高判平16・ 1 ・22，コーセーアールイー（第 2 ）事件：福岡高判平23・ 3 ・10，学校法人東京純真女子学園事件：東京地判平29・ 4 ・21等）でも，内々定段階では労働契約締結の意思が使用者側にないとして，労働契約の成立を否定している（一部は契約締結過程の過失を認定し，損害賠償請求のみ認めている）。

　以上のように，「内定＝労働契約成立，内々定＝労働契約未成立＝内定ではない」という理解が通説的となっている。ただ，注意が必要なのは，具体的な事実関係等からその時点で契約成立に関する両当事者の意思が明確であれば，たとえ企業が「内々定」と称していたとしても，法的には「内定」，すなわち「労働契約が成立していた」と解される場合はありうる。具体的には，内定式がまだ行われて

いない段階であっても，企業から学生に対して入社承諾書の提出や就職活動停止などが要請され，学生もそれに従って承諾書等を提出したり就職活動を停止していれば，両当事者の意思は明白なのだから，労働契約が成立していた，と評価すべきであろう（その点で上述したコーセーアールイー（第2事件）は，学生も企業の要請に従って入社承諾書を役員宛に提出し，内々定通知を受けていた企業等に断っていたといったことを考えれば，労働契約成立が認められてもよい事案だったと思われる）。

　結局のところ重要なのは，企業が「内定」と称していようと「内々定」と称していようと，「具体的な事実関係（企業側の態度など）の下で，どの段階で労働契約が成立していたと評価できるのか」という点である。内定も内々定も，その法的性格は，そのような個々の実態を踏まえて導かれるものというべきであり，繰り返しになるが，内々定であっても，労働契約が成立していたと評価されるケースはありうることには留意が必要である。

　ちなみに最近の学生は，いくつか内々定の連絡をもらった企業のうち1社に絞って，入社承諾の意思を示した段階を「内定」と呼んでいるようである。「両当事者の意思の合致」ということに立ち返れば，判例の立場よりも，むしろ内定の法的性質を正確に捉えているようにも思えるが，どうであろうか。

第 2 節　労働契約の展開

トピック　わが国の労働契約の特徴

　わが国の労働契約の解釈に関する裁判所の判断が，いわゆる日本的雇用慣行を反映していることは疑いない。かつて，終身雇用，年功処遇および企業別労働組合が，日本的雇用慣行における「三種の神器」と呼ばれていたが，今や，終身雇用は系列企業への出向等で定年を迎える「半身雇用」に姿を変え，年功処遇は成果主義に移行しつつあり，企業別組合が不変のまま残されているのみである。

　言うまでもなく，労働契約とは労務提供と賃金との交換関係である（民法623条，労働契約法 6 条）はずが，わが国では，就職よりも「就社」と呼ばれるように，むしろ従業員たる地位の取得と賃金との関係に交換に近い。たとえば，賃金とは「労働の対償」である（労基法11条）から，家族・住宅手当等の手当は，経済学的には労働の対償とは言えない。しかし，これらの手当が月額収入に占める比率も低いものではないことから，就業規則や賃金規程に明確な支給条件が規定されることにより，対象者全員に支給されるから「労働の対償」であるとの解釈を媒介にして，本来は従業員としての地位から発生する手当も労基法上の賃金に該当するとされている。賞与や退職金も同様であるが，これも，「就社」の 1 つの表れである。

　また，諸外国では，ブルーカラー労働者は労働協約，ホワイトカラーは個別契約により労働条件が定められているから，これを変更する場合には，労働組合もしくは個々の労働者の同意が必要であり，労働条件の変更が相対的に困難である（したがって変更解約告知の法理が必要となる）。これに対し，わが国では，労働組合の組織率も低く，かつ労働協約により規律される組合員以外の労働者（全体の10％台と思われる）については，使用者が一方的に作成・変更できる就業規則によって労働条件が規律されているのが特徴である。

　このようななかで，わが国の終身雇用慣行を反映させて，従業員たる身分を喪失させる解雇には厳格な対応をとる（もっとも，諸外国でも解雇への法規制が進んでおり，わが国だけが解雇に厳しいといえるかは議論の余地が残されていよう）一方で，配転命令権，時間外労働義務等の労働契約上の義務設定や就業規則の一方的不利益変更等については，一定の制限（権利濫用及び合理性）を付しながらも，使用者の一方的権限を認めているのが裁判例の特徴である。権利濫用法理が用いられるのは，解雇権濫用や配転命令権濫用のように，使用者が本来保有していると裁判所が考えているものを制限するために用いられるのに対し，合理性基準は，時間外労働義務や就業規則の一方的不利益変更のケースのように，本来的に有しない権利（権限）を使用者が行使する場合に用いられるものであろう。

　しかし，従来の労働契約論の在り方は充分であったろうか。

　現在，いわゆる働き方改革における同一労働同一賃金原則に示されるように，身分ではなく，職務内容等により処遇が決定される方向に移行することは必然であり，今後は，時代に即した労働契約論が求められている。

1　労　働　異　動

(1)　労働異動とは

　わが国では，終身雇用という名の長期雇用が採用され，かつ職種を特定することなく雇用されることが多いこともあり，様々な職種や勤務地変更を経験させる人事異動が行われてきた。これは労働異動と呼ばれ，企業内労働異動である(a)配転と，企業外労働異動である(b)出向，(c)転籍とに分かれる。そして，配転には，職種の変更と勤務地の変更（転勤）とがあり，出向は在籍出向とも呼ばれ，出向元に従業員としての地位を保有したまま，一定期間出向先で労務提供するものであるのに対し，転籍は従業員としての身分も移籍させるものである（移籍出向とも呼ばれる）。なお，3 社一括採用であり，3 社とも同一ビルにあり，かつ就業規則も同一であるという配転に近い企業間異動についても，法人格を異にする場合には出向として扱われる（興和事件：名古屋地判昭55・3・26）。

(a)　配　　　転

　使用者の配転命令権の法的根拠が問題となるが，裁判所は，わが国の雇用慣行を反映させて，一般に使用者は労働契約に基づく人事権行使として配転を命じることができると考えている。大学卒営業担当者を神戸から名古屋へ転勤させる事案である東亜ペイント事件において，最高裁（最判昭61・7・14）は，使用者は業務上の必要に応じ，その裁量により労働者の勤務場所を決定することができるとしている（もっとも同事件では，労働協約および就業規則に転勤命令規定が存在し，かつ転勤の労働慣行が認定されている）。続けて，最高裁は，転勤は労働者の生活に影響を与えずにはおかないものであることから，①業務上の必要性が存しない場合，②不当な動機・目的に基づく場合，③通常甘受すべき程度を著しく超える等の場合には，配転命令権の濫用に該当すると判断している。

　上記の配転命令濫用の規準は厳格であり，これにより権利濫用と認められるケースは大きく減少したが，転機となったのは育児や介護に従事する労働者に転勤を命ずる場合には，育児介護等への配慮をしなければならないと規定する育児

介護休業法26条の登場である。たとえば重度のアトピー性皮膚炎の子を養育する共働きの労働者に対する東京から大坂への配転には業務上の必要性は存するが，育児への何らの配慮もされない配転命令が，通常甘受すべき程度を超える特別の事情に該当するとして無効と判断されている（明治図書出版事件：東京地決平14・12・27）。そして，これ以降，育児や介護に従事する労働者に対する配転命令が無効とされるケースが増大している。

　次に，労働契約締結時等に職種が特定している場合には，使用者は一方的に労働者の職種を変更することはできず，労働者の同意が必要とされよう。これに対し，職種合意が認められない場合には，使用者は異職種への配転命令権を有するが，配転命令権の濫用に該当する場合には無効と判断される（日産自動車村山工場事件：最判平元・12・7）。もっとも，長期雇用の下で様々な職種に就労することが前提とされているわが国においては，職種の特定は認められない傾向にあり，約18〜29年近く勤務していた機械工（前掲日産自動車村山工場事件），約21年就労の電話交換業務（東京アメリカンクラブ事件：東京地判平11・11・26），18年勤務の児童指導員（東京サレジオ学園事件：東京高判平15・9・24）等についても，職種特定が認められていない。これに対して，一定の資格・技能等に基づく職種，たとえば看護師（国家公務員共済連合会事件：仙台地判昭48・5・21），大学教員（福井工大事件：福井地判昭62・3・27），アナウンサー（日本テレビ放送網事件：東京地決昭51・7・23，否定例として九州朝日放送事件：福岡高判平8・7・30）等については，職種特定とみなされる傾向にある。

(b)　出　　向

　出向は，企業内労働異動である配転とは異なり，出向元企業が出向労働者の労務提供を出向先に一定期間移転させるものであるから，「労働者の承諾」（民法625条1項）が必要とされる点に異論はない。問題は，何をもって労働者の承諾があったとみることができるかであるが，社外業務に従事させるときは休職とするとの就業規則を根拠とする出向命令は無効であり（日東タイヤ事件：最判昭48・10・19），包括的なものであれ，就業規則に明確な出向規定が必要とされる（ゴールド・マリタイム事件：大阪高判平2・7・26）。また出向先企業，出向期間，出向中の賃金等の労働条件，復帰等に関して出向労働者の利益に配慮した規定が存する場合，使用者は労働者の個別同意なしに出向を命じることができるとした裁判例（新日鐵（日鉄運輸第2）事件：最判平15・4・18）もある。もっとも使用者の出向命令権が肯定される場合であっても，出向命令権の濫用が問題となるところ，

出向命令の必要性，対象労働者の選定に係る事情その他の事情に照らして，出向命令権を濫用したとみられる場合には，無効となる（労契法14条）が，出向命令の動機・目的，労働者の被る職業上・生活上の不利益の程度も考慮されることになろう（リコー事件：東京地判平25・11・12）。

　なお，出向の性質上，出向先に復帰することが前提となっており，出向時に出向元に復帰しないという合意が存在しない以上，特段の事由が存しない限り，出向元は出向労働者に対して復帰を命令することができることになろう（古河電気工業・原子燃料工業事件：最判昭60・4・5）。

　最後に，出向命令中の法律関係が問題になるが，基本的には出向契約の定めに従うことになるが，従業員たる身分の得喪に関する事項については出向元，就労に関する事項については出向先の権限に属することになろう。このため，出向先は出向労働者の懲戒解雇を含む解雇を行うことはできないが，それ以外の懲戒処分は可能であろう（出向元・出向先が行った出勤停止処分・降格等の懲戒処分が有効とされたものとして勧業不動産販売・勧業不動産事件：東京地判平4・12・25）。

(c)　転　　籍

　転籍には，労働者が転籍元との労働契約を合意解約し，転籍先との間に新たな労働契約を締結するケースと，転籍元が転籍労働者の使用者としての地位を転籍先に全部譲渡し，転籍を命じるケースとがあるが，いずれの場合にも労働者の同意が必要とされる（三和機材事件：東京地判平7・12・25）が，この場合には労働協約や就業規則の定めでは不十分であり，労働者の個別的同意が必要とされる（ミクロ製作所事件：高知地判昭53・4・20）。なお，採用の際に企業内グループにおける転籍についての説明をうけたうえで明確な同意がなされ，転籍が慣行的に行われていたケースでは，就業規則の定めにより転籍を命じることができるとの裁判例（日立精機事件：千葉地判昭56・5・25）があるが，これは実質的には配転の事案と考えられるべきであろう。

2　安全配慮義務・職場環境配慮義務

　仕事をしていると，いろいろなことが起こる。今日は気持ちよく仕事ができたという日もあれば，仕事中にケガをしてしまったという日もあるかもしれない。あるいは，営業で契約をたくさんとることができて上司から褒められて嬉しい日もあれば，契約が全然とれなくて，上司からさんざんに叱られる日もあるだろう。しかし，ケガをしたり上司からさんざんに叱られたりした場合，労働者は泣き寝

入りするしか仕方がないのだろうか。たとえば，事業場の建物管理を使用者がおろそかにしていて，天井のエアコンのフィルターが突然落下し，仕事中の労働者にあたり，その労働者がケガをしてしまったというような場合はどうだろう（ケースA）。あるいは，多くの同僚が見聞きできる場所で，上司から，「キミは全然仕事ができないな，お先真っ暗だよ，キミは。ウチの会社にとってキミは害でしかない。よく嫁さんが結婚してくれたよな，信じられない」などと叱責された労働者がひどくおちこんでしまった場合もまたどうだろう（ケースB）。

(1)　労働者の人格的利益

　上記のケースAの場合，労働者はケガをしてしまっている。ケガというのは，身体が傷つくことである。そうすると，ケースAは，使用者の建物管理懈怠により労働者の身体に損害が生じたケース，ということができそうである。

　また，上記のケースBの場合，労働者はひどくおちこんでいる。もしかしたら，食事も喉を通らないかもしれないし，たくさんの同僚の前で叱責されてしまったと恥じ入り，翌日から会社に行くのが辛くなるかもしれない。これは，精神的に傷つけられた状態と言い換えることができるだろう。そうすると，ケースBは，上司の行為により労働者の精神に損害が生じたケース，ということができよう。

　人間の身体的な側面や精神的な側面は，「人格的利益」といった法的な用語で呼ばれることがある。人間は，生命や身体といった身体的な「人格的利益」と，名誉やプライバシーといった精神的な「人格的利益」の総体である，などと表現可能だが，「鈴木さん」という人が存在するとき，その鈴木さんは，様々な人格的利益から成り立っていることになる。そういう人格的利益を目的とする権利は，「人格権」と呼ばれている（本章第11節も参照）。そして，人格権侵害，つまり何らかの人格的利益侵害が生じた際は，民法709条により不法行為責任を加害行為者に問うことが可能である（加害行為者が生じさせた損害につき使用者の責任が問われることもある（民法715条，使用者責任））。労働者というのは人間なのだから，当然にして，その人格的利益が尊重されるべきということとなろうが，上記ケースに挙げたような因果をたどって，それが危険にさらされることはままある。

(2)　付　随　義　務

　こうしたことに関しては，かなりの議論が蓄積している。かいつまんでいえば，以下のような話となる。

則の規定に基づき，使用者の降格権限を認めている。しかし，水平異動である配転を根拠として垂直下降異動である降格を根拠づけるのは無理であろう。同様に，大阪から名古屋（当初は広島）への配転命令を拒否された東亜ペイント事件（本書43頁）では，これを拒否した労働者は懲戒解雇されている。しかし，上述したように，労働場所の変更である配転命令は，重要な労働条件の変更であり，契約内容の変更請求に過ぎないはずである。労働者が家庭の事情等により転勤を希望しても，これは単なるお願いであるのに対し，使用者は懲戒解雇をもってこれを強制できるというのは，対等な契約関係である労働契約において認められるものであろうか。

　もっとも，裁判所は，使用者による人事権の行使については，基本的に使用者の経営上の裁量判断に属し，社会通念上著しく妥当性を欠き，権利の濫用に当たると認められない限り，違法とはならないと解されるが，使用者に委ねられた裁量判断を逸脱しているか否かを判断するにあたっては，使用者側における業務上・組織上の必要性の有無およびその程度，労働者の受ける不利益の性質およびその程度，能力・適性の欠如等の労働者側における帰責性の有無およびその程度，当該企業体における昇進・昇格の運用状況を総合考慮すべきであるとしている。これは，あくまで降格（懲戒処分としてではなく，労働契約上のもの）の有効性に関する判断であるが，このような裁判における現状は，わが国労働法において労働条件（契約）変更請求権という議論が置き去りにされていることから生じている。

　「使用者の人事権」という言葉で，あらゆる労働契約の内容・変更をひっくるめて説明しようとすることに，そもそも無理があるのである。

　かつて裁判所は，使用者の経営権という概念を用いて，就業規則の制定・変更や配転等に関する使用者の権限の根拠として承認してきた。しかし，使用者の権限は，物権もしくは賃借権に基づく妨害排除請求権と，労働契約に基づく指揮命令権を有するのみであり，使用者の経営権という法概念が当然に存在するものではないという批判を受けて以来，この概念が用いられることはなくなっていることが想起されるべきであろう。

第 3 節　就業規則と懲戒

トピック　労働条件のルールはどう決まる？

　もうすぐ社会人 1 年目を迎えるゼミの同期たち。今日は D 君の誕生日が近いということで，A 君がみんなに連絡をとって，仕事帰りに，ターミナル駅の近くのバーで D 君の誕生日の前祝を兼ね，集まることになった。

A 君「お，D 君が来た！って，D 君，少し疲れてないか？」

D 君「あー，ごめんごめん。顔に出ちゃってたかな。営業で苦労しててね。今日もついさっき，いけると思った案件を他社に取られちゃってさあ。上司も気にかけていろいろ助言してくれるんだけど，うちの会社って入社 2 年目から営業成績のインセンティブ分がそのまま給料に出ちゃうからさ，気が重いんだよね。」

B 君「え，D 君のところって 2 年目から給与体系が変わるの？」

D 君「うーん，基本的なシステムは変わらないよ。だけれど，営業手当が給与全体の中でけっこうな比率になっていて，これが入社 1 年目までは，営業成績に関係なく一定の額で払われてるんだよ。まあ，見習い期間中は保障給があるみたいな感じかな。でも 2 年目から完全に自分の営業成績に連動するんだよね。入社前に聞いてはいたけど，入社のときの通知書だと『当社規定による』としか書いてなかったし，そのときは実感なかったんだよね。」

B 君「あ，僕もそういうのあったよ。この前の夏，海に遊びに行ったらケガをして現地で入院しちゃって。1 週間で復帰できたけど，そのときに，復帰まで年休にするか，事故欠勤にするかって人事の人に聞かれたときに，どっちがいいのかよくわからなくて。給料とか休みとか，具体的にどうなるかっていうのは就業規則を見ないとよくわからなかったからね。」

C さん「そうそう。労働条件って，わりと大事なところでも就業規則で確認しないとわかんないこと，あるよね。」

B 君「愚痴になっちゃうんだけど，A 君ところは成績さえ上げれば給料も増えるんでしょ？僕のところなんてさ，この前就いた新しい社長が中期経営立直しプランとかいうのをぶち上げて，来年度に管理職も一般社員も全員給与とボーナスをカットされそうなんだよね。今，社内ネットワークで引下げの資料とか改正案が回ってきてるよ。この先だいじょうぶかなって感じ。」

C さん「あー，そういえば B 君の会社の業界って，海外との受注競争が激しくなっているってここのところ話題になってるもんね。どこも厳しいなあ。でも私，今人事部に配属されてるから，上司とか先輩のしてる仕事を見てると，会社側のたいへんさもわからないわけじゃないんだけどね。」

D君「そうかぁ。Cさんは今，人事なのか。1年前とだいぶ違うよね。みんな社会人になったんだなぁって実感するよ。ところでA君，さすがにもう寝坊で遅刻とか，してないよね？」

A君「さすがに……というのは半分嘘で，入ったばかりの頃にさ，寝坊で2時間ぐらい遅刻したことがあって。2回目のとき上司に，次は懲戒処分になるかもしれないぞって注意されてからは，さすがに気合入れて遅刻しないようにしてるよ。」

D君「A君もようやく社会人になったね。でも懲戒ってのは厳しいなぁ。社会人としては当たり前って言われるのかもしれないけど。そういえば自分と同期のやつなんだけど，懲戒解雇したって社内連絡が回ってきてびっくりしてたら，飲酒運転でつかまったとかで。仕事はできるやつだったんだけどなぁ。」

Cさん「A君，今日は車で来てないわよね。」

　給料，休日・休暇がどうなっているかだけでなく，懲戒処分などの社内ルールも就業規則で決まっているようだ。働くときの条件に大きな影響を与える就業規則とはどのようなものかを見ていこう。

1　就業規則の意義

(1)　就業規則は何のためにある？

就業規則とは（法的な定義はないが），「その職場の労働者に対して適用される，労働条件や職場規律などについて，使用者が定めている決まり」といえる。

企業経営の観点からすれば，効率よく経営を行うためには，多くの労働者を組織的・統一的に動かしていくことが必要となる。また労働者の労働条件も，1人1人個別に決めるのは現実的ではなくなる。そういった背景から多くの国では，労働者を統一的に管理して，効率的に業務を遂行させ，かつ，統一的・画一的に処遇するための「決まり」が，自然発生的に登場してきた。

もっとも，そのような自然発生的な「決まり」の中には，過酷な罰金制度や，従業員に理不尽な義務を一方的に課すものも少なくなかった。そこまでではないとしても，使用者が自由に内容を定めるものである以上，使用者に有利な（労働者に不利な）ものになりやすい。そこで一定の法規制が置かれていくことになる。

日本では，1926年の改正工場法施行令の中で，常時50人以上の職工を使用する工場主に対して，就業規則の作成義務，地方長官への届出義務，周知・掲示義務，一定事項の記載義務，地方長官による変更命令などが規定された。これらは，労働条件を明確にすることによるトラブル回避のほか，行政官庁への届出義務を課

すことを通じた監督を目的とするものであった。戦後の労基法では, 過半数組合・代表からの意見聴取義務や, 就業規則の基準を下回る個別合意を無効とするといった規定が加わっているが, 基本的にはこういった戦前からのしくみがベースになっているといえよう。

では, 労基法にどのような規定が置かれているか, 具体的にみていこう。

(2)　就業規則に対する法的規制

①　**作成・届出義務**　　常時10人以上の労働者を使用する使用者は, 一定の事項について記載した就業規則を作成し, 行政官庁 (労基署長) に届け出なければならない (労基法89条)。これは, 就業規則を作成させることで労働条件を明確化し, 使用者にもそれを守らせよう, という趣旨によるものである。なお, ここでの「労働者」には, 正社員, パート, アルバイトなど, その事業場で直接雇用されている者は含まれるが, 派遣労働者のように使用者が異なる者は含まれない。また, 雇用形態に応じて, 別々の就業規則を作成することも可能である。

②　**記載事項**　　就業規則には, 必ず記載しなければならない「絶対的必要記載事項」, 制度を置く場合には記載しなければならない「相対的必要記載事項」がある (労基法89条)。このほか, 会社の理念や労働者の心得などのように, 法律上は特に記載する義務のない事項 (任意的記載事項) が盛り込まれていることも通常である。なお, 賃金などについては別規程に詳細が定められている場合もあるが, 基本的にはそれらの規程も就業規則の一部といえる。

絶対的必要記載事項	相対的必要記載事項
始業・終業時刻, 休憩時間, 休日, 休暇, 賃金の計算・支払方法, 退職・解雇に関する事項など	交代制の場合の就業時転換, 退職手当, 臨時の賃金 (賞与), 食費や作業用品の労働者負担, 表彰・制裁など

③　**意見聴取義務**　　使用者は, 就業規則の作成・変更につき, 事業場の過半数組合 (過半数組合がない場合には労働者の過半数代表) の意見を聴かなければならない (労基法90条1項)。また使用者は①で見た通り, 就業規則の作成・変更時には行政官庁にそれを届け出なければならないが, その際には, 過半数組合 (代表) の意見書を添付する必要がある (労基法90条2項)。

この背景には, 就業規則は使用者が一方的に作成するものであるため, そこに少しでも労働者の意思を反映させよう, ということがある。もっとも, あくまでも意見を聴けばそれで足りる (同意まで得る必要はない)。つまり過半数組合 (代表)

の意見が「こんな内容は絶対反対である」などといったものでも，就業規則の効力に影響はない。そのため，労働者の意思の反映という点では不十分ではないか，という批判もあるが，それでも，就業規則作成の段階で従業員に内容が示されるわけであるから，使用者への一定の抑止力にはなっているのではないだろうか。

④　**周知義務**　労基法では，使用者に，就業規則を作業場の見やすいところに掲示したり備え付けたり，あるいは書面で交付したり，磁気ディスク等に記録して常時確認できるようにすることを求めている（労基法106条1項，労基則52条の2）。「総務課長が持っているから，見たい時には課長に許可をもらって……」などという扱いでは，労基法が求める周知を果たしたとは評価されないであろう。

ちなみに，作成・届出義務や意見聴取義務違反の場合，罰則が適用されるが，就業規則の効力そのものには影響を及ぼさないと考えられている。ただし周知義務違反に関してだけは，罰則の適用だけでなく，2で述べる就業規則の法的効力自体が否定されるというのが通説的見解である。

なお，(2)で述べた手続は，後述する就業規則変更の場合も同じである。

2　就業規則の法的拘束力

(1)　就業規則の法的効力

次に，就業規則の法的な効力を見ていこう。具体的には，①職場の最低基準を設定するという効力（最低基準効）と，②具体的に労働契約を規律し，労働条件を設定するという効力（労働条件設定効（労働契約規律効））とに分けられる。

(2)　最低基準効

就業規則で定める基準に達しない内容で，使用者と労働者が個別に合意した場合，労働条件はどうなるのだろうか。法的には，その「達しない」部分については無効となり，無効となった部分は就業規則で定めた基準となる（労契法12条，労基法93条）。これは，強行的直律的効力とも呼ばれるものであり，例えば，就業規則で「休憩時間70分」となっていれば，たとえ使用者と労働者の間で「休憩時間60分」の合意があっても，労働者は70分の休憩を請求できるのである。これは，就業規則で定められた労働条件を職場の「最低基準」として，それを通じて労働者保護を図ろうという趣旨に基づくものであるため，従って上の例では，逆に「休憩時間80分」などのように，労働者に有利な合意が別にあれば，そちらが優先されることになる。

　また就業規則は，法令や労働協約に反することはできず，行政官庁は，法令等に抵触する就業規則の変更を命じることができる（労基法92条）。したがって，1に挙げた手続きを行っていたとしても，そもそも法令や労働協約に反するような内容の就業規則を作成することは許されない。この点からも，就業規則を通じて，職場の最低労働基準が守られているといえよう。

(3)　労働条件設定効（労働契約規律効）

　① 　就業規則と労働契約の関係は？　　1でも述べたように，「就業規則で定められている労働条件が，そこで働く労働者に統一的・画一的に適用される」といった運用は，かなり古い時代から広くみられてきた。これは別の言い方をすれば，「就業規則に書かれた労働条件が『労働契約の内容』として，労働者・使用者を拘束している」状態だといえる。そして実際に，日々の残業から配転・出向，兼業の制限など，さまざまな形で，就業規則に基づいて業務命令がなされ，その命令に従業員は従って働いているのである。

　もっとも，一般的な契約論からいえば，契約とは「両当事者の合意」で内容が決まるものである。このため，「使用者が一方的に作成する」就業規則に書かれていることが，なぜ（反対している労働者も含めて）契約内容として労働者を「法的に」拘束するのか？ということがかねてより問題となってきた。

　② 　学説・裁判例　　この問題に対しては，学説上は，法規範説（最低基準効などを根拠に，就業規則それ自体が法規範としての性質を有するから，労働者の同意がなくても当事者を拘束する）と契約説（就業規則それ自体は契約のひな型であって，労働者の同意によって契約内容となる）を基軸とした，様々な見解が展開されていた。

　これについて最高裁は，定年制の新設が問題となった秋北バス事件（最大判昭43・12・25）において，「労働条件を定型的に定めた就業規則は…それが合理的な労働条件を定めているものであるかぎり，経営主体と労働者との間の労働条件は，その就業規則によるという事実たる慣習が成立しているものとして，その法的規範性が認められ…（民法92条参照）…，当該事業場の労働者は，就業規則の存在および内容を現実に知っていると否とにかかわらず，また，これに対して個別的に同意を与えたかどうかを問わず，当然に，その適用を受ける」としたのである。

　これに対しては，法規範説か契約説かがはっきりせず（理論構成は契約説的だが，結論は法規範説に近い）理論的に不明確である，そもそも，民法92条（事実たる慣習）は当事者が反対の意思を示している場合にまで拘束するわけではない，などの批

判が相次いだが，その後この判決は，就業規則を，電気やガスの契約のような集団的な契約の際の「約款」に見立てて，法的な拘束力を認めようとしたもの（契約説の一種である定型契約説）と捉える見解が有力となった。この説では，「就業規則が労働者に事前に明示されており，内容が合理的であれば，反対する労働者も含めて法的に拘束される」ことになる。最高裁は，その後もこの法理に沿った論理を展開したため，判例法理として定着していく（健康診断受診義務規定が問題となった電電公社帯広電報電話局事件：最判昭61・3・13，時間外労働義務規定が問題となった日立製作所武蔵工場事件：最判平3・11・28）。なお，秋北バス事件では従業員が就業規則の存在内容を知らなくても拘束する，とされていたが，その後，使用者が労働者を懲戒するためには，予め就業規則に懲戒規定を明記しておくことだけでなく，その内容を労働者に周知させる手続きが取られていることが必要，とした判例（フジ興産事件：最判平15・10・10）を経て，就業規則が労働者を法的に拘束するためには，合理性だけでなく「周知」も必要との立場が通説となっていくのである。

　③　**労働契約法 7 条**　②で述べた「就業規則の内容が合理的で周知されていれば，反対する労働者も含めて法的に拘束される」とする判例法理は，2007年に労契法 7 条として立法化され，「労働者及び使用者が労働契約を締結する場合において，使用者が合理的な労働条件が定められている就業規則を労働者に周知させていた場合には，労働契約の内容は，その就業規則で定める労働条件によるものとする」とされた。これにより「内容が合理的で周知されていれば，反対する労働者をも拘束する」ことの法的根拠が，立法的に創設されたといえよう。なお同条の適用場面は「労働契約を締結する場合」とされているため，これまで就業規則がなかった職場で新たに就業規則が設置されるような場合には，労契法 7 条ではなく 9 条・10条が適用される（ただし，定年後再雇用や労契法18条による無期転換の場合で，新たな契約締結となる場合は，労契法 7 条の問題となるものと思われる）。

　7 条で問題となるのは，「合理性」と「周知」をどうすれば満たしているといえるか，の判断基準である。

　まず「合理性」についてであるが，そもそもどうなっていれば「合理性アリ」と言えるのかは，実はかなり難しい。後述する労契法10条（不利益変更）と異なり，合理性を満たすか否かについての具体的な判断要素も条文上明らかではない。合理性については，就業規則が使用者の一方的決定で作成されるものであることから厳格に解すべきとの学説や，労働者・使用者双方の利益の比較衡量に加え，憲

法や法令の趣旨を組み込んで判断すべきとの学説や，制度の目的や内容が，従業員の大多数の利益に反しない程度に正当であることとする学説などがあるが，定説はない。ただ，裁判例では，「就業規則の規定自体が合理性を欠く」と述べるものはほぼ見られないものの，就業規則の規定を合理的に限定解釈をしたうえで，結果的に同規定に違反したことを理由とする処分や解雇の効力を否定するものは少なくない（兼業許可制につきマンナ運輸事件：京都地判平24・7・13，身だしなみ規制につきイースタン・エアポートモータース事件：東京地判昭55・12・15，退職金不支給につきディエスヴィ・エアーシー事件：東京地判平25・12・5など）。

　次に「周知」に関しては，行政解釈では，「労働者が就業規則を知ろうと思えば知り得る状態に置くこと」であり，労基法106条で列挙されている周知方法以外の周知（回覧等）でも差支えない，とされている。ただし学説は，労契法7条が労働契約の内容そのものを規律する以上，労基法106条で挙げられているような周知を形式的に行えばよいというものではなく，むしろ労働者への拘束を正当化する程度の，実質的な周知（労働者が理解できるような周知など）であることが必要，とするものが多い。

3　就業規則の不利益変更

　就業規則を新設あるいは変更することで労働条件を引き下げることはできるだろうか。新たに就業規則を制定することで，労働契約として合意されていた一定の労働条件を，使用者が一方的に引き下げることはできない。このことは，労契法12条（旧労基法93条）が「就業規則で定める基準に達しない労働条件」を無効としたうえで，就業規則の基準とすると定めていることから，当然とされてきた。

(1)　労働条件の変更と就業規則

　しかし問題となるのは，明確に労使の間で合意されていた具体的な労働条件基準を就業規則によって引き下げることではなく，労働契約の締結時には具体的に定められていなかった労働条件を就業規によって定めることや，労働契約の締結時には「就業規則の定める基準による」とされていた就業規則の基準を，後に就業規則を変更することによって引き下げることができるかである。

　有期労働契約であれば，期間途中に労働条件を一方的に変更する問題は，事実上されることがあるという問題において（法的にはできない），ほぼ生じない。なぜなら，いったん合意された具体的な労働条件基準は，労働者も使用者も相手方

の同意を得ずに一方的に変更することができないのは当然だからである。期間中に労働条件を変更したいとき，相手方の同意が得られれば同意を得て行うことも可能だが，通常，当期中ではなく，次期契約の締結にあたって交渉する結果，新条件の下で新たな労働契約が成立するか，契約が不成立となるという形で対処される（もっとも有期労働契約が反復更新され実質的に期間の定めのない契約であると評価できるときや，契約の継続に対する客観的かつ合理的な期待があるときに，変更提案を拒否したことを理由に雇止めとすることができるかが問題となる余地はある）。

しかし正社員の処遇として一般的な期間の定めのない労働契約の下では，労働契約が継続している中で労働条件を変更することになる。

(2) 就業規則と労働契約

就業規則の内容が労働契約の合意内容そのものとなるという考え方（契約説）をとれば，労働者の合意がなければ不利益に変更できないということになるだろう。しかし，継続的な契約関係が長期化すればするほど，その時の情況次第で，当事者が引き上げも引き下げも含め労働条件を変更する事実上の必要性は高くなる。

契約上の条件を変更せざるをえないというときに相手方が変更に同意しない場合は，契約一般における対処としては，その契約を解除することで対応することになる。労働契約では，使用者による解除は解雇という形で現れることになる。フランスやドイツでは労働条件の変更を労働契約の変更ととらえて（変更解約告知），解雇に対する補償金を払わせ，あるいは異議をとどめて契約を存続させたうえで裁判所に合理性を判断してもらうなど，一定の制約を付している。しかし日本では，解雇権濫用法理（労契法16条）の判断としては，労働条件の変更に同意しないことだけで解雇の客観的かつ合理的理由とはならないという理解が一般的だ（大阪労働衛生センター第一病院事件：大阪地判平10・8・31）。

これに対して，就業規則は労働契約で具体的に合意されていない内容を，その就業規則が存在する限りで契約の外から規律しているに過ぎない存在だと考えると（法規範説），就業規則の一方的な変更は可能となるだろう。ただ，この考え方をとっても，労基法90条の意見聴取手続さえすれば使用者はいつでも，どんな内容にでも変えられるのか，という問題は生じる。

(3) 不利益変更の合理性

企業が一方的に（個々の労働者との合意なく）定めたルールである就業規則と，

63

企業と労働者の合意によって成立するルールである労働契約の関係をどのように理解すべきかについての争いは残るものの，前掲最高裁秋北バス事件判決が「新たな就業規則の作成又は変更によって，既得の権利を奪い，労働者に不利益な労働条件を一方的に課することは，原則として，許されないと解すべきであるが，労働条件の集合的処理，特にその統一的かつ画一的な決定を建前とする就業規則の性質からいって，当該規則条項が合理的なものであるかぎり，個々の労働者において，これに同意しないことを理由として，その適用を拒否することは許されない」と判示してから，裁判所は，これを先例とし，就業規則が合理的なものである限り，個々の労働者が新設や変更に同意をしないときであっても，拘束力を生じるとの立場を一貫してとってきた。

　また，実務もこれに従って対応してきた。秋北バス事件最高裁判決以降の裁判例を通じ，就業規則によるさまざまな労働条件変更の合理性が争われる中で，賃金や退職金等の重要な労働条件を不利益に変更するときは，高度の必要性がある場合に限って合理性を認めるべきとしつつ（大曲市農協事件：最判昭63・2・16），変更の必要性と内容，労働者が被る不利益の程度を踏まえて，代償措置の有無や交渉の経緯などの事情を総合考慮するという判断の枠組み自体は定着した。この判断の中では，変更には倒産必至といった必要性までは求められておらず，事業運営に必要と認められる限りは変更の必要性を広く認めつつも，当該企業だけではなく，同業他社の一般的状況も踏まえたうえで，労働者が被る不利益の程度が大きくなるにしたがって，それに見合った必要性や代償措置を求めるとともに，経過措置や交渉の経緯などを考慮して，合理性の有無で判断することが定着した。

　たとえば，55歳から60歳への定年延長に伴い55歳以上の者のみ賃金を引き下げることを諸般の面からみて合理性があるとしたもの（第四銀行事件：最判平9・2・28）がある一方で，一部の者のみ不利益が大きく，多数派組合が合意したとしても合理性を欠くとしたもの（みちのく銀行事件：最判平12・9・7）もあり，諸事情の総合考慮とされている。

(4)　不利益変更と労働者の同意

　2007年に制定された労契法は，基本的にそれまでの判例法理を前提として，労働者の合意を得ずに就業規則を変更することによって不利益に労働契約の内容である労働条件を変更することはできないとしつつ（労契法9条），就業規則変更によって労働条件を変更するときは，「変更後の就業規則を労働者に周知させ」る

ことに加えて,「労働者の受ける不利益の程度,労働条件の変更の必要性,変更後の就業規則の内容の相当性,労働組合等との交渉の状況その他の就業規則の変更に係る事情に照らして合理的なものであるとき」に,労働契約上の労働条件が新たな就業規則の定める基準になるとした(労契法10条)。ただし,「労働契約において,労働者及び使用者が就業規則の変更によっては変更されない労働条件として合意していた部分」が労働契約として合意されていた労働条件を上回っている場合に限るとされており(同条但書),結局は,労働契約によって合意されていた基準を上回る就業規則の基準か,労働契約で変更しない＝具体的に合意した基準ではない就業規則の基準であれば,合理性が認められる範囲内で不利益な変更も認められることになる。

　しかし,この判断はやはり必要性と不利益の程度,諸般の事情を考慮した総合判断であり,特に不利益の程度が大きい場合に予見可能性が低いことは否定できない。このため,就業規則の変更にあたって,使用者が個々の労働者から変更の同意を得る対応がとられることがある。変更への同意をとることで,その変更内容が個別の労働契約として合意されたと考える余地もあるが,問題はある。交渉力が対等でない関係の下では,使用者が提示した変更提案を,内心は承諾しかねるものであっても同意せざるを得ない状況が生じるだろう。嫌なら拒否すればよい,同意したなら問題ないとしてしまうのは,いびつに形成された合意の効力を全面的に認めてしまうことになりかねない。

　裁判例の中には,変更の合理性にかかわらず同意により適用されるとするものがある(協愛事件:大阪高判平22・3・18,熊本信用金庫事件:熊本地判平26・1・24)が,最高裁は,不利益変更にあたって,労働者から単純に同意を得れば効力が認められるとしているわけではなく,「変更により労働者にもたらされる不利益の内容及び程度,労働者により当該行為がされるに至った経緯及びその態様,当該行為に先立つ労働者への情報提供又は説明の内容等に照らして,当該行為が労働者の自由な意思に基づいてされたものと認めるに足りる合理的な理由が客観的に存在するか」を判断すべきとしており(山梨県民信用組合事件:最判平28・2・19),労働者の判断の前提となる正しい情報提供と説明があったか,自由な決定ができる状況でなされた同意であったかという面からみて不十分であったとすれば,その同意によって就業規則変更の効力が認められるわけではないとしている。

4　使用者の懲戒権

　企業は一般的に，企業の秩序を乱した労働者に不利益処分を行う「懲戒制度」を設けている。懲戒制度は，単に就労しなかったため賃金を支払わないとか，成果を出していないから職能資格の評価を下げる，あるいは解雇するといった処遇の変更を超えて，秩序に反する行為をした者に不利益を与え，非難を加える制度である。

(1)　懲戒処分の内容

　民間企業には懲戒処分に関する法律上の定義はないが，国家公務員と地方公務員には，戒告，減給，停職，免職（国家公務員法82条以下，地方公務員法29条以下）の懲戒処分が定められている。明治以降，民間企業でも公務員の懲戒制度に準じて懲戒制度が整備され，定着したといわれる。このため一般的にはこのようになっているという意味であるが，次のような内容を定めていることが多い。

　もっとも軽い処分としては，口頭や文書で将来を戒める戒告または譴（けん）責と呼ばれる処分がある。単に注意するにとどまることもあるが，反省文の提出を求めたり，人事評価を下げる要素としていたりすることがある。

　次いで重い処分として，賃金の一部をカットして支給する減給処分がある。減給処分を行う場合は，処分1回について平均賃金の半額を超えてはならず，複数回の懲戒処分がなされたときも，その賃金支払い期の総額の1/10を超えてはならないとされている（労基法91条）。さらに重くなると，一定の期間出勤させない出勤停止があり，期間中は一般的に無給としていることが多い。

　もっとも重い処分が，懲戒解雇である。懲戒解雇は，30日前に予告するか，それに満たない日数分の平均賃金を支払って行う普通解雇としてではなく，ただちに解雇する即時解雇とすることが多い（労基法20条参照）。多くの場合に，懲戒解雇された者は退職金の全額，場合によっては一部を不支給とする規定を設けている。

　また，明文化されていないこともあるが，雇用を継続することは不可能な非違行為があったものの，ただちに懲戒解雇するのは酷であるというときに，一定の期日まで自己都合退職を認めるが，本人が自主的に退職しないときは懲戒解雇するという，諭旨解雇ないし諭旨退職と呼ばれる処分を設けていることがある。

(2)　懲戒処分の定め

　これらの懲戒処分の対象となる事由は就業規則のなかで列挙されているが，大

別すると，①労務提供にかかわる規律違反，②企業施設・設備利用にかかわる規律違反，③職場秩序にかかわる規律違反がある。

①の労務提供にかかわる規律違反としては，無断の遅刻や早退または欠勤，業務命令に違反すること等があげられるほか，経歴詐称や職務上知った秘密の漏洩等もあげられる。②の企業施設・設備利用にかかわる規律違反としては，無断の企業設備や資材の使用や持出し，意図的な毀損等があげられる。そして③の例としては，同僚や第三者への加害行為，企業の財産や名誉信用を毀損する行為があげられる。均等法や育児・介護休業法は，セクシュアル・ハラスメントやマタニティ・ハラスメント，ケア・ハラスメントの防止・対応義務を事業主に義務づけており，それぞれの指針の中で加害者に対する懲戒処分を求めている。また，たとえ勤務時間外の私的な行動でも，企業の名誉や信用に悪影響を与える行為は懲戒事由とされている。

これら懲戒対象となる行為について，多くの場合に「その他各号に準ずる行為」といった包括的な定め方がされている。実際の懲戒処分でも，一つの行為を複数の懲戒事由に該当するとして行うことが多い。また，処分にあたって被処分者に対する告知・聴聞と弁明の手続も定められている。

⑶　なぜ懲戒処分ができるのか

企業に限らず一定の目的を持った人々が活動する社会集団（地域のコミュニティー，学校やクラブ・サークル，ボランティア組織，宗教団体，労働組合等あらゆる集団）は，程度の差こそあれ，その活動目的を実現するために構成員がすべきことやすべきでないことを定め，そのルールに違反したときに一定の制裁を設けていることが一般的である。ただ，それに対する制裁は，その集団の意思によって行為者を排除することを超える不利益を与えることがそのまま認められるわけではない。企業が設けている懲戒処分制度も，事実として定着し，運用されてはいるが，近代法の原則から考えると，一私人に過ぎない企業の行為なのだから，一私人である労働者に対する人格的非難を含む不利益を与えることが当然に許されるわけではない（企業以外の場面で，一個人が他者の名誉・信用を棄損することは違法となることを想定して欲しい）。

しかし，企業の懲戒権の根拠をどうみるかは，経営権や団体一般の権利とする見解や，労働契約に求める見解に分かれ，一致していない。これに対して判例は，企業はその存立と事業の円滑な運営の維持のために，秩序を定立し維持する権限

を有しており，労働契約を締結した労働者は企業秩序遵守義務を負うとしている（富士重工業事件：最判昭52・12・13，関西電力事件：最判昭58・9・8等）。

(4)　懲戒処分の制約

　企業はそのような企業秩序維持のための権限を無制約に行使できるわけではない。懲戒制度は就業規則に定められていることが必要となる。懲戒制度を設けるときは就業規則に記載すべき相対的必要記載事項であることから（労基法89条9号），懲戒権を企業の固有の権能とみるにせよ，労働契約に基づくとみるにせよ，就業規則に内容と手続が定められていなければ行使できない。

　それを前提とした使用者の懲戒権の行使であっても，裁判所は権利濫用法理によって一定の制約をしてきた。現在ではこの制約法理が「当該懲戒に係る労働者の行為の性質及び態様その他の事情に照らして，客観的に合理的な理由を欠き，社会通念上相当であると認められない場合」は無効となるとして明文化されている（労契法16条）。

　このため懲戒処分は就業規則の定める懲戒事由を対象として，一定の手続に従い，あらかじめ定められた相当な範囲でされなければならない。

　就業規則でどのような行為を懲戒事由として定めておくかは，その内容が法令や良俗に反するものでなければ認められるが，具体的な懲戒権の行使の場面で，客観的に懲戒処分に値する行為にあたると評価できなければ結果的に無効となる。行為の外形からみれば業務命令違反や職場秩序を乱す行為であったとしても，その行為が労働者の故意や過失に基づいたものでなければ，懲戒処分の対象行為とは認められない（精神的な不調が原因でなされた労働者の欠勤等に対する懲戒処分を無効とした例として，日本ヒューレット・パッカード事件：最判平24・4・27）。また，問題とされた労働者の行為が，懲戒規定で想定されている程度の非違行為と評価できるかも問われることになる。処分時に使用者が認識していなかった事由を，懲戒処分を正当化する理由として事後的に主張することもできない（山口観光事件：最判平8・9・26）。

　相当性という点では，懲戒事由にあたるとされた行為と，それに対する処分の内容が社会一般の基準や前例と比べてバランスがとれていることも必要である。懲戒事由に該当することが認められたとしても，非違性の程度，企業秩序への影響，同種の事案の処分例との比較からみて，相当な範囲を逸脱していると無効とされる（上司への暴力行為から7年以上経過後の諭旨解雇処分は，処分時点では合理

的理由があるとはいえず相当性を欠くとした，ネスレ日本事件：最判平18・10・6）。

　また不利益処分一般に求められる原則として，同一事由に対する二重処分の禁止や告知・聴聞と弁明の機会を付与することも必要とされる。もっとも多くの裁判例では，就業規則の定めた手続が厳密に守られていなくても，実質的に告知や聴聞の機会が確保されていたと認められれば，必ずしも処分の効力を否定していない。

コラム 2-3　就業規則と合意原則

　私たちが自由かつ対等な関係の中で，自律的に意思を示し，相手方も同様の条件で意思を示した結果，双方に一定の効果を発生させる合意があったと認められるから，契約は相互を拘束する。しかし，現実の世界では，情報が不十分であるために意思決定がゆがめられたり，対等でない関係の中で自律性を欠いた合意が形成されたりすることがある。

　このような不十分な合意は，錯誤（民法95条），詐欺や強迫（民法96条）によって効力を否定する余地もあるが，それが認められる範囲は限定的である。他方で，明確な嘘や脅しがあったとまではいえないものの，一定の背景や状況の下でそうせざるを得なかった合意について，そのすべてを無効にしてしまうと契約の存在意義が薄まってしまう。このようなグレーゾーンの中でなされた合意について，情報量や交渉力の対等性が成り立ちにくい実態を踏まえて一定の範囲で合意原則を修正しているのが，消費者保護法や労働法である。就業規則の制定や変更と合意にかかわる法制や法理も，このグレーゾーンがあることを前提としている。

　就業規則を使用者が一方的に制定することを踏まえると，契約に対する拘束力を否定してしまうというのも一つの対処法としてあり得る。フランスの労働法典は，基本的な労働条件決定を労働契約に委ね，就業規則で定められないようにしている。わかりやすい方法ではあるが，労働契約だけで労働条件を決めることを原則にしたところで，個々の労働者の決定を支える情報や自律性を担保する仕組みがなければ，いびつな合意が生み出され，それが承認されてしまう。

　もともと日本の労働法制は，就業規則自体に合意を実質化させることまでは求めておらず，その制定・改正時に過半数代表者からの意見「聴取」（労基法90条）を課しただけであった。自律的な決定の担保は労働組合による交渉と決定によることが期待されていた。しかし期待されたシステムが実際には機能していない場面で，論理としては脆弱で，予見可能性は低いとしても，就業規則の拘束力に「合理性」という制約を裁判所が付したことは，まっとうな問題意識に基づく対応だったといえる。

　2007年に制定された労働契約法は合意による労働条件変更を原則とし（労契法8条），合意による労使自治を実現することを目指したが，その理念を支える土台が実際に機能しているのか，どうしたら労働の場で自律的な意思決定ができるのかは，なお検討し続けなければならない課題である。「合意した」という形式をそのまま有効な労働契約の変更や，有効な就業規則変更への同意であると認めてしまうと，労働者は著しく高いリスクのある決定を「自らの意思で」することになる。労働条件変更の効力は，労働者の意思がどのようなバックグランドの中で示されたのかを考えて，判断しなければならない。

第4節　多様な就労形態

トピック　雇用の安定性を欠く非正規雇用労働者

　アルバイトやパートタイマー，契約社員は，期間の定めのある労働契約を使用者と締結する。期間雇用労働者と呼ばれるが，正規雇用の労働者ではないため派遣労働者も含めて非正規雇用労働者とも呼ばれる。期間の定めのある労働契約は連続して更新する。高校生や大学生が長く同じ職場にとどまれるのは，こうした期間の定めのある労働契約を連続して更新する結果であることが圧倒的に多い。

　非正規雇用労働者は，正規雇用労働者と比べて，賃金に差異があるといわれる。内閣府によると，非正社員と正社員の給与の差は，所定内給与額ベースで1.5倍，年収ベースで1.8倍程度となっている（2016年）。正規雇用労働者の場合，定期昇給，ベースアップ等を通じて賃金が上昇するのに対して，時給で定められる非正規雇用労働者の賃金は，あまり上昇しない。これらの労働者が定年まで働くと，上記の年収の差は，生涯賃金の差異となって現れる。労働者が定年退職した後に，国から受け取る年金給付額，とくに老齢厚生年金などは，報酬額によって決まるため，賃金額が必ずしも高くない非正規雇用労働者の受給できる年金額も低くなる。

　そこで，非正規雇用労働者と正規雇用労働者との間の均衡処遇が，働き方改革の目玉の政策となっていった。一方では，こうした均衡処遇の原則の実現が，使用者の人事コストの大幅な上昇につながるという懸念もある。しかし，他方で，均衡処遇の原則が手当や賞与のみならず，賃金そのものに及ばないのであれば，非正規雇用労働者の賃金アップにはつながらない。

　非正規雇用労働者の地位が不安定なのは，これにとどまらない。非正規雇用労働者は，期間の定めのある労働契約を締結する者が多いため，景気が後退し企業業績が悪化すると，使用者は，期間満了をもって労働契約を終了させる。雇止めといわれている。

　リーマンショックのときには，派遣労働者は派遣会社から派遣労働契約の終了を通告された。派遣労働契約を解約された派遣労働者もいた。いわゆる派遣切りである。派遣労働者のなかには，派遣会社により住居を提供されていた者もいたため，派遣会社との労働契約が終了した派遣労働者は，住居も解約された結果，住む場所を同時に失った。年末年始に東京の日比谷公園派遣村において暖と食を与えられる必要性まで生じた。厚労省によれば2008年10月から2009年6月までで，派遣又は請負契約の期間満了，中途解除による雇用調整及び有期契約の非正規労働者の期間満了，解雇による雇用調整の対象となったのは，全国で3253事業所，約20万7000人，就業形態別でみると，派遣労働者が13万2458人，期間工等の契約社員が4万4250人，請

負労働者が 1 万6189人，その他，1 万4484人であった。非正規労働者として働き続け，明るい将来への展望が全く見えない状況に，自分が自分の意思で生きているという実感が全く持てない人もいたという。現代では，人間としての生存の意味を見出してくれる希望と承認が，非正規雇用労働者に対して公正に分配されていないともいえる。

　この章では，非正規雇用労働者をめぐる労働法制や判例を学んでいく。

1　パートタイマー，有期雇用労働者をめぐる労働法制

　正社員は，期間の定めのない労働契約を締結するのに対し，有期雇用労働者は，期間の定めのある労働契約（有期労働契約）を締結する。学生がアルバイトをするときにも，例えば，半年や 1 年の有期の労働契約を締結することが多い。有期労働契約労働者には，パートタイマー，契約社員，アルバイト等がいる。

　有期労働契約は，連続更新されることが多い。例えば，半年の労働契約を連続して何度も更新する。例えば，アルバイトの学生が， 3 年ないし 4 年の間，同じ企業で働いていたとしても，それは，有期の労働契約の期間が満了となるたびに，有期労働契約が更新されているわけである。

　民法では，雇用契約の期間について特別な制限はない。当事者が 5 年より長い不確定な期間を定めても， 5 年を経過した後は，当事者はいつでも契約を解除できるとしている（民法626条 1 項）。この場合，契約は解除の意思表示後一定期間（使用者の場合， 3 か月，労働者の場合， 2 週）で終了する。民法では，当事者を不当に長く拘束しないと考えられた。

　労基法が1947年に制定されたときには，契約期間は 1 年とされていた。労基法でも，身分的拘束が強い雇用契約については，短い期間がよいと考えられていた。

　しかし，日経連「新時代の日本的経営」（1995年）では，労働者を，「長期蓄積能力活用型グループ」「高度専門能力活用型グループ」「雇用柔軟型グループ」の3 つに分け，労働力の「弾力化」「流動化」を進めることを提言した。総人件費を節約し，「低コスト」化することが念頭に置かれている。その後，平成15年の労基法改正より，契約期間は，原則として， 3 年に改められた。改正労基法では，パート・契約社員を柔軟に活用するというコンセプトに基づいている。

　これは， 1 つの有期労働契約が， 3 年までの期間のみが許されるという意味である。有期労働契約が連続更新されても，それが 3 年を上限とするというわけではない（以前に，製造業の有期労働契約が，連続更新ののち， 2 年11か月で終了する

という事件が相次いだが，これは，法令の解釈を誤っている）。契約期間 3 年の例外として，①厚生労働大臣の定める基準に該当する専門的知識等を有する労働者（平成30年改正により，高度プロフェッショナル制度（労基法41条の 2 ）において，専門的知識を有する者も，条文上専門的知識を有する者のなかに追加されている），②満60歳以上の労働者と締結する労働契約については，5 年とされている（労基法14条 1 項）。

また，一定の事業の完了に必要な期間を定める労働契約については，3 年および 5 年の上限のいずれも適用されない（労基法14条 1 項）。対象となるのは，一定期間で完了する土木工事や研究プロジェクトのように，有期的事業であることが客観的に明らかな場合に限られる。

2　短時間労働者および有期雇用労働者の雇用管理の改善

以前は，短時間労働者の雇用管理の改善等に関する法律（いわゆるパートタイム労働法）において，パートタイマー（「短時間労働者」）に関する雇用管理に関する規制を置いていた。短時間労働者の雇用管理の改善を目的としたものであったが，制定当初は事業主の努力義務しか定めておらず，事業主に対する法的な拘束力を定めたものではなかったため，実効性に乏しいものであった。そこで，2007年に同法は全面改正された。パートタイマーの増加と正規従業員との処遇格差問題に関心が高まったことが背景にある。

さらに，2018年には，働き方改革の一環として，有期労働者も含めて規制することとなり，同法を改めて，有期雇用労働者を含めて規律し，法律の名称を「短時間労働者及び有期雇用労働者の雇用管理の改善等に関する法律」に改めた。

同法では，パートタイマー（「短時間労働者」）とは，1 週間の所定労働時間が「通常の労働者……の 1 週間の所定労働時間に比し短い労働者」と定義されている（同法 2 条 1 項）。また，有期雇用労働者とは，事業主と期間の定めのある労働契約を締結している労働者をいう（同法 2 条 2 項）。

労働条件に関する文書の交付については，労基法15条の労働条件明示義務に加えて文書を交付すべき一定事項について義務となる（同法 6 条 1 項）。

常時10人以上の労働者を雇用する使用者は，就業規則を作成する義務を負う（労基法89条）。就業規則のパート関連規定の作成・変更の場合のパートタイム労働者及び有期雇用労働者の過半数を代表する者からの意見聴取に努めなければならない（同法 7 条 1 項・2 項）。

パートタイム労働者の有給休暇などについては種々議論があったが，パートタ

イム労働者など所定労働日数が少ない労働者にも通常の労働者と同様の日数の年次有給休暇を与えると，均衡を欠く上に，使用者の負担も過大となるから，1987年の法改正により所定労働日数が少ない労働者についても年次有給休暇は付与されることとした（労基法39条3項）。

　要件を満たすことにより，次の図に示す日数が付与される。但し，上記の場合よりも少なく，比例的に付与される。

図　1年間の所定雇入れ日から起算した継続勤務期間　（単位：年）

週 所 定労働日数	労働日数	0.5	1.5	2.5	3.5	4.5	5.5	6.5以上
4 日	169日～216日	7	8	9	10	12	13	15
3 日	121日～168日	5	6	6	8	9	10	11
2 日	73日～120日	3	4	4	5	6	6	7
1 日	48日～ 72日	1	2	2	2	3	3	3

　一般の労働者（週所定労働時間が30時間以上，所定労働日数が週5日以上の労働者，又は1年間の所定労働日数が217日以上の労働者）には，表1が適用される。表2は，週所定労働時間が30時間未満で，かつ，週所定労働日数が4日以下，又は1年間の所定労働日数が48日から216日までの労働者に適用される。

3　労働者派遣

(1)　労働者派遣の仕組み

　労働契約は，労働者と使用者との間で，労働力の提供と賃金の支払いを義務づける契約である。この場合，労働者は，使用者の指揮命令の下で，労働力を提供する。「経営」と（労働力提供に関する）「使用」が分離しないのが原則である（これを労働者側から見れば，労働者は使用者に「直接」雇用されているともいえる）。

　しかし，使用者は，労働者を募集しようとしても，簡単に労働者を集められるわけではない。好景気の場合，特にそうである。また，技術者のように，使用者が適当な人材を見つけることが困難な場合もある。さらに，使用者は，人事コストを節約しようと考える。戦前は，労働者供給業者から，使用者は労働者の供給を受けた。しかし，こうした労働者供給には，強制労働や中間搾取をともなうことが多かった。このため，職業安定法は，1947年，労働者の人権を擁護するため，業としての労働者供給事業を禁止した（職安法44条）。

　しかし，その後も，使用者は，外部の会社（請負会社等）の労働力の利用を図ろうとした。そこに，職安法44条違反の問題が頻繁に生じた。また，この場合，

労災などの使用者の責任の所在がはっきりしないといわれた。

　他方で，労働市場において労働力を供給できる仕組みが求められた。フレキシブルな労働力の供給も求められた。そこで，1985年，労働者派遣法が制定され，労働者派遣という新たな仕組みが法定された。

　労働者派遣とは，①自己の雇用する労働者を当該雇用関係の下に，かつ，②他人の指揮命令を受けて，当該他人のために労働に従事させることをいい，③当該他人に対し当該労働者を当該他人に雇用させることを約してするものを含まないものであると定義されている（労働者派遣法2条1号）。

　派遣元（派遣会社といい，労働者派遣事業許可を受けた者を派遣元事業主というが，ここでは派遣元として説明する）と派遣労働者は派遣労働契約を締結する。派遣元と派遣先は労働者派遣契約を支払い，派遣先は派遣元に対して派遣料を支払っている。派遣元は派遣労働者に対して，賃金を支払う。

　これに対し，派遣労働者は，派遣先に対し労務の提供を行い，派遣先は，派遣労働者に対して指揮命令を行う。派遣労働者が実際に使用されるのは，派遣先の企業である（これが，②「他人の指揮命令を受けて，当該他人のために労働に従事させること」をさす。他人とは派遣先をさす）。例えば，銀行業，保険業，製造業等多様な業種の企業のさまざまな業務においてである。

　（2015年改正より）労働者派遣事業を行おうとする者は，労働者派遣事業許可を受けなければならない（労働者派遣法5条）。派遣先は，派遣元から，派遣の提供を受ける。派遣労働者は，派遣労働契約を締結する派遣元ではなく，派遣先の指揮命令の下で使用される。この限りでは，労働者派遣では，経営と「使用」が分離する。これが労働者派遣という仕組みである。派遣先は，自ら労働者を募集しなくても，必要な労働者を見つけることができる。

　また，不景気になり，派遣先に人材の余剰感があれば，派遣先は，派遣元との労働者派遣契約を終了させることができる。そして，実際には，派遣元は，中小の派遣会社が多いため，大手の派遣先との労働者派遣契約がなくなれば，派遣労働者を抱えることができなくなり，派遣労働者との労働契約を終了させざるを得

なくなる。これがいわゆる派遣切りである。派遣労働者の地位が不安定である理由でもある。

　労働者派遣には，登録型派遣と常用型派遣がある。登録型の場合，労働者が派遣元に登録しただけでは労働契約は成立せず，その後，派遣元と派遣労働者が派遣労働契約を締結することで，派遣労働契約関係が生じる。例えば，学生が仕事をするために，派遣元で登録しただけでは，労働契約は成立していない。派遣される企業が決まったのち，派遣元が派遣労働者（この例では学生）と派遣労働契約が成立したことになる。

　これに対し正規雇用である無期雇用の場合，派遣元と派遣労働者が期間の定めのない派遣労働契約を締結することで，派遣労働契約関係が生じている。技術職の派遣労働者は，派遣元で無期雇用により雇用されることがある。

⑵　労働者派遣法の基本的な内容

　このような労働者派遣のうち，建築，港湾，警備，医療（例えば，医師）の業務への派遣は禁止されている（労働者派遣法4条1項）。

　派遣先に労働者派遣を行える期間を派遣期間というが，この派遣期間には上限がある（派遣期間制限）。派遣先は，原則として，同一の事業所において3年を超えて継続して派遣の提供を受け入れてはならない（同法40条の2第2項）。しかし，これには例外がある。

　①　派遣先が，派遣労働者の受入開始から3年を経過するときまでに，当該事業所における過半数労働組合あるいは（過半数労働組合がない場合には）過半数代表者から意見を聴取した場合には，さらに3年間派遣期間の延長ができるものとする（同法40条の2第3項）。この場合には，異なる派遣労働者のみの派遣が可能であり，同一の派遣労働者の派遣であってはならない。次の図で，総務課で働く派遣労働者（図では女性）を同一企業の同一の総務課で3年を超えて派遣させてはならない。派遣先が，過半数労働組合あるいは過半数代表者から意見聴取を経れば，別の派遣労働者（図では男性）をさらに同一企業の総務課では使用することができるが，この場合も，図の総務課で働いていた派遣労働者を同一企業の同一の総務課で3年を超えて派遣させてはならない。

　②　派遣労働者が，派遣期間終了後，同一の企業内で組織単位（「課」を想定）を異動した場合には，派遣労働者のさらなる受入れを可能にする（同法40条の3）。図の例では，総務課で働く派遣労働者を同一企業の営業課で3年を超えて派遣さ

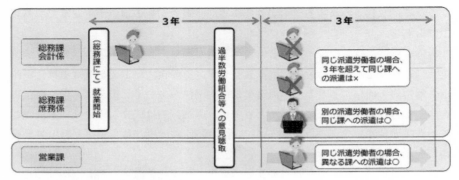

図は厚生労働省 HP「派遣で働く皆さまへ」より

せてもよいことになる。派遣労働者が異なる業務を経験することで，派遣労働者のキャリアアップにつながるというのが，立法者の意図である。

　③　日雇派遣が禁止されている（同法35条の４。禁止される日雇い派遣労働者には日々または30日以内の期間で雇用される労働者まで含まれる）。

　④　労働者派遣では，同じ企業のグループの中に派遣会社があり，その派遣会社がグループ内の企業に労働者を派遣するという形態もみられる（専ら派遣と呼ばれた）。現行法では，グループ企業への派遣は，全体の８割以下に制限されている。

　⑤　派遣元は，派遣労働者に対し，キャリアアップの措置として
　・段階的かつ体系的な教育訓練
　・キャリア・コンサルティング（希望する場合）
を講じなければならない（同法30条の２）。

(3)　黙示の労働契約と労働契約申込みみなし制度

　不景気のときに派遣先が労働者派遣契約を終了ないし解約すれば，派遣元は派遣先を失い，派遣労働契約を雇止め，解約せざるを得ない事態は有り得る。派遣労働者の地位は不安定なままである。この場合に，労働者派遣法違反が随伴することが多い。そこで，重大な労働者派遣法違反がある場合，①派遣労働契約が無効となるかどうか，また，②派遣先と派遣労働者との間の黙示の労働契約が成立するかが問題になった（これにより，派遣労働者は，それまで派遣の提供を行っていた派遣先に対して，直接雇用を要求することになる）。

　製造業派遣が許されなかったころ，偽装請負であるとして，労働者派遣法違反，

公序良俗違反などを主張して，プラズマディスプレイパネル（PDP）の製造を業
とする会社（注文人とする）と労働者との間の黙示の労働契約の成立を労働者が
主張した事件があった（パナソニックプラズマディスプレイ事件：最判平21・12・
18）。最高裁は，①「労働者派遣法の趣旨及びその取締法規としての性質，さら
には派遣労働者を保護する必要性等にかんがみれば，仮に労働者派遣法に違反す
る労働者派遣が行われた場合においても，特段の事情のない限り，そのことだけ
によっては派遣労働者と派遣元との間の雇用契約が無効になることはない」とし，
②注文人が，採用に関与しておらず，給与等の額を注文主が事実上決定していた
といえず，注文人が配置を含む労働者の具体的な就業態様を決定し得る地位にな
かったとして，黙示の労働契約の成立を否定している。

　一定の労働者派遣法違反の場合に，派遣先が派遣労働者に対して労働契約を申
し込んだものとみなすという労働契約申込みみなし制度が規定されている（労働
者派遣法40条の6）。①派遣禁止業務への派遣，②無許可の事業主からの派遣，③
派遣受入期間制限違反の派遣，④偽装請負（派遣法などの適用を免れる目的で，請
負その他労働者派遣以外の名目で契約を締結し，労働者派遣の役務の提供を受けること）
の各場合に，派遣先による「労働契約の申込みみなし」が可能になる。労働者派
遣法40条の6で定められる労働契約の申込みみなし制度により，上述の黙示の労
働契約の問題は，大方解決される。

　さらに，同一の組織単位に継続して3年間派遣される見込みがある有期雇用派
遣労働者には，派遣終了後の雇用継続のために，派遣元は以下の措置を講じなけ
ればならない（1年以上3年未満の見込みの派遣労働者に対しては，派遣元に努力義
務が課される）。

①　派遣先への直接雇用の依頼
②　新たな派遣先の提供（合理的なものに限る）
③　派遣元での（派遣労働者以外としての）無期雇用
④　その他安定した雇用の継続を図るための措置（雇用を維持したままの教育訓
　　練等）

雇用安定措置として①を講じた場合で，直接雇用に至らなかった場合は，別途
②～④の措置を講じる必要がある。

4　雇用形態差別

(1)　雇用形態間格差の問題状況

　非正規労働者の賃金等の処遇は，一般的にいって正規労働者よりもよくない。この裏には，戦後，日本の働き方が正規労働中心に構成され，非正規労働は女性や学生が生活の足しにするために従事する補助的・一時的労働として位置づけられてきた歴史がある。

　自分で応募して非正規労働に就いたのだから，処遇がよくないのも我慢すべきともいえそうである。しかし企業が正規労働者よりも割安と考えられた非正規労働者の活用を進めた結果，非正規労働者は雇用労働者全体の 4 割近くを占めるようになった。正規労働の働き方に場所的・時間的な「無限定性」が残ることで，家庭責任を負う人や体調に不安を感じる人が非正規労働を選ばざるを得ない実態もある。これを放置することは，個人の生存権を保障する意味でも経済政策的にも適切ではないだろう。

　こうした認識を背景の 1 つに，労契法 3 条 2 項は，労働契約は，労働者及び使用者が，就業の実態に応じて，均衡を考慮しつつ締結し，または変更すべきことを定める。比較される当事者間で同一の取扱いを求める均等待遇に対し，この規定が定める均衡待遇は，当事者間の労働条件の違いに応じたバランスのとれた待遇を求めるものである。労契法 3 条 2 項は，ある取扱いに違法評価を与えるものではないが，労働契約の解釈のあり方を示す規定として，次の雇用形態間における均等・均衡待遇を求める規定を後ろから支えている。

　雇用形態間の均等・均衡待遇を求める規定は，①フルタイム・パートタイム労働者間，②無期・有期労働者間，③派遣・派遣先労働者間について定められている。③派遣と①②これ以外とでは考え方が異なるため，両者を区別して整理してみよう。

(2)　パート・有期労働と雇用形態差別

　パート・有期労働者法は，フルタイム・パートタイム労働者間，無期・有期労働者間の不合理な待遇の禁止（8 条）と，差別的取扱いの禁止（9 条）を定める。

(a)　不合理な待遇の禁止

　不合理な待遇の禁止とは，事業主は，その雇用するパート・有期労働者の基本給, 賞与その他の待遇のそれぞれについて，当該待遇に対応する通常の労働者（い

わゆる正規労働者）の待遇との間で，当該パート・有期労働者および通常の労働者の，①業務の内容および当該業務に伴う責任の程度（これらを合わせて「職務の内容」という），②当該職務の内容および配置の変更の範囲，③その他の事情のうち，当該待遇の性質および当該待遇を行う目的に照らして適切と認められるものを考慮して，不合理と認められる相違を設けてはならない（短有労8条）というルールである。この規定は，改正前の本法（パートタイム労働法）8条と労契法20条を元にして制定されたため，この規定の解釈にあたっては，これらの条文に関する先例も参考になる。

　均衡がとれていることを求められる待遇には，条文にある基本給や賞与はもちろん，教育訓練や福利厚生など一切の待遇が含まれる。本条は，「同一労働同一賃金原則」を定めたものと呼ばれることがあるが，同一労働に従事していなければ待遇差が不合理と認められないわけではない。問題の待遇の性質やその目的に着目して，待遇ごとに，問題の差が不合理とはいえない程度に釣り合いが取れたとれたものか検討される。

　通勤手当や皆勤手当など，職務の内容等に直接関連しない待遇差については比較的不合理性が認められやすい（ハマキョウレックス事件：最判平30・6・1，長澤運輸事件：最判平30・6・1）。他方，基本給や賞与など職務の内容等との関わりが比較的強く，多様な人事上の目的や評価が関わる差についても不合理性を認めた裁判例が現れつつある（賞与：大阪医科薬科大学事件：大阪高判平31・2・15，退職金：メトロコマース事件：東京高判平31・2・20）。こうした判断基準の形成には，「短時間・有期雇用労働者及び派遣労働者に対する不合理な待遇の禁止等に関する指針」（同一労働同一賃金ガイドライン，平30・12・28厚労告第430号）も影響を与えている。

　本条違反が認められた場合には，当該行為は不法行為，法律行為であれば無効となる。無効となった部分については，通常の労働者の労働条件を参考に，労働契約や就業規則の定めを解釈することなどを通じて補充される。

(b)　差別的取扱いの禁止

　もう1つの差別的取扱いの禁止とは，「通常の労働者と同視すべき短時間・有期雇用労働者」については，パート・有期労働者であることを理由として，基本給，賞与その他の待遇のそれぞれについて，差別的取扱いをしてはならない（パート・有期労働者法9条）というルールである。こちらは同一の待遇を義務づける点で不合理な取扱いの禁止とは異なる。法違反が認められたときの効果は，不合

理な待遇の禁止と同様である。

「通常の労働者と同視すべき短時間・有期雇用労働者」は，①職務の内容が通常の労働者と同一のパート・有期労働者（職務内容同一短時間・有期雇用労働者）であって，②当該事業所における慣行その他の事情からみて，当該事業主との雇用関係が終了するまでの全期間において，その職務の内容および配置が当該通常の労働者の職務の内容および配置の変更の範囲と同一の範囲で変更されることが見込まれるものを意味する（パート・有期労働者法9条）。パート・有期労働者が正規労働者のような昇進や転勤の取り扱いを受けることが珍しいことを考えると，特に②の要件を満たす例（ニヤクコーポレーション事件：大分地判平25・12・10，京都市立浴場運営財団ほか事件：京都地判平29・9・20）はそれほど多くない。

(c)　その他の均等・均衡待遇に関する定め

通常の労働者と同視すべきと認められないパート・有期労働者についても，通常の労働者との均衡を考慮しつつ，当該パートタイム労働者の職務の内容，職務の成果，意欲，能力又は経験その他の就業の実態に関する事項を勘案して賃金を決定する努力義務が事業主に課されている（パート・有期労働者法10条）。

事業主には，職務の内容や責任が通常の労働者と同一のパート・有期労働者については，通常の労働者が従事する職務の遂行に必要な教育訓練と同様の教育訓練を原則として実施する義務，同一でないパート・有期労働者に対しても実施する努力義務が課されている（パート・有期労働者法11条）。福利厚生施設の利用機会については，事業主はすべてのパート・有期労働者に利用機会を付与するよう配慮する義務（短有労12条）を負う。

(3)　派遣労働と雇用形態差別

派遣先労働者と派遣労働者との均等・均衡待遇も，パート・有期雇用に関するそれと同じような条文構造で定められている。均衡待遇について，派遣元事業主は，その雇用する派遣労働者の基本給，賞与その他の待遇のそれぞれについて，当該待遇に対応する派遣先に雇用される通常の労働者の待遇との間において，当該派遣労働者および通常の労働者の職務の内容，当該職務の内容および配置の変更の範囲その他の事情のうち，当該待遇の性質および当該待遇を行う目的に照らして適切と認められるものを考慮して，不合理と認められる相違を設けてはならない（派遣法30条の3第1項）と定められる。均等待遇については，派遣元事業主は，職務の内容が派遣先に雇用される通常の労働者と同一の派遣労働者であっ

て，当該労働者派遣契約および当該派遣先における慣行その他の事情からみて，当該派遣先における派遣就業が終了するまでの全期間において，その職務の内容および配置が当該派遣先との雇用関係が終了するまでの全期間における当該通常の労働者の職務の内容および配置の変更の範囲と同一の範囲で変更されることが見込まれるものについては，正当な理由がなく，基本給，賞与その他の待遇のそれぞれについて，当該待遇に対応する当該通常の労働者の待遇に比して不利なものとしてはならない（同条2項）と規定される。これら以外に，派遣元事業主は派遣先に雇用される通常の労働者との均衡の取れた賃金を決定する努力義務を負う（派遣法30条の5）。

　派遣労働に関する均等・均衡待遇規定に特徴的なのは，派遣元事業主が過半数代表者との間で労使協定を締結し，その内容が遵守されている場合には，これらの規定が適用されないものとされていることである（派遣法30条の4第1項）。この労使協定には，適用対象となる派遣労働者の範囲（1号），派遣労働者が従事する業務と同種の業務に従事する一般の労働者の平均的な賃金の額として厚生労働省令で定めるものと同等以上の賃金の額（2号イ）と職務の内容，職務の成果，意欲，能力または経験その他就業の実態に関する事項の向上があった場合に賃金が改善されること（同号ロ），こうした賃金の決定が公正な評価の下に行われること（3号），通常の労働者との比較において不合理でない賃金以外の派遣労働者の待遇（4号），教育訓練の実施（5号），その他厚労省令で定める事項（6号）を記載し，雇用する労働者に周知する必要がある（同条2項）。

　こうした取組みを実効化するには，実際に派遣労働者を使用している派遣先の協力を得ることが効果的である。派遣先は，派遣先労働者に業務と密接に関連した教育訓練を実施する場合，これを実施困難な派遣元の求めに応じて，派遣労働者にもこの教育訓練を実施する義務（派遣法40条2項），派遣先労働者が利用する給食施設や休憩室，更衣室について派遣労働者にも利用の機会を与える義務（同条3項）などを負う。

5　無期転換申込権

　労働契約法は，有期労働契約が5年を超えて連続反復更新された場合は，有期契約労働者の申込みにより期間の定めのない労働契約に転換させる，いわゆる「無期転換申込権」を創設している（労契法18条）。

　例えば，1年の有期契約が，連続して更新されることがあるが，その期間が合

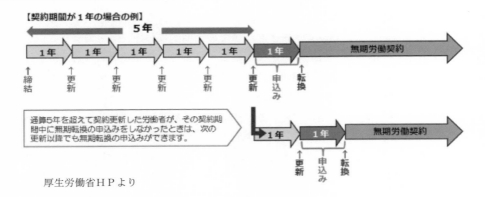

計 5 年を超え，有期契約労働者が無期の労働契約の申込みをすると，使用者が申込みを承諾したものとみなされ，期間の定めのない労働契約が成立する。厚生労働省は，有期労働契約の濫用的な利用を抑制し労働者の雇用の安定を図ることとしたものであると説明している（平24・8・10基発0810第 2 号「労働契約法の施行について」）。

　また，有期労働契約とその次の有期労働契約の間に，契約がない期間（いわゆる「空白期間」）が 6 か月以上あるとき，通算がリセット（クーリング）される（18条 2 項，省令（平24・10・26厚労省令148号）に詳細な基準がある）。

　労働契約法の特例として，研究開発能力強化法が公布され，科学技術（人文科学を含む）研究者・技術者（研究補助を含む），科学技術研究支援専門業務従事者については，無期転換申込権発生までの期間（原則） 5 年を10年とする特例が設けられている。大学教員等の任期に関する法律にも同様の規定がある。

　さらに，専門的知識等を有する有期雇用労働者に関する特別措置法の公布により，①「 5 年を超える一定の期間内に完了することが予定されている業務」に就く高度専門的知識等を有する有期雇用労働者，②定年後に有期契約で継続雇用される高齢者については，労働契約法に基づく無期転換申込権発生までの期間（現行 5 年）を延長することとなった（①の者は， 5 年が10年となる。②の者は，定年後引き続き雇用されている期間は，通算契約期間に算入しないことになる）。

コラム 2 - 4　増大する「非正規」労働者

　女性労働者の非正規化が進んでいる。非正規労働者とは，正規労働者ではない者をいう。では，正規労働者とはどのような労働者をいうのであろうか。正規労働の定義は曖昧であり，正規労働について規定した法律はない。ここでは勤め先での呼称が「パート」「アルバイト」「労働者派遣事業所の派遣社員」「契約社員」「嘱託」「その他」である者を非正規労働者とする。1985年女性雇用者に占める非正規雇用は32.1％であったが，2018年には56.8％で，男性雇用者の非正規率22.4％に比較すると，女性労働者の非正規化が顕著である。まず，強固な性別役割分担意識の下で，あくまでも主たる家計の稼ぎ手は男性であり，女性はその補助に過ぎないと位置づけられていた。国の政策も「男性は仕事」「女性は家庭」というモデルを用いて，女性を不安定な低コストの労働力として扱ってきた。当初は非正規労働が補助的な労働であり，それを自分で選択したとの理由で低い労働条件も，不安定雇用も当然であるとされていた。

　仕事は，こうした補助的なものから，徐々に基幹的業務まで担うようになり，特に経済が悪化した1990年後半からは，若年者や高齢者，非正規労働を不本意ながら選択せざるをえなかった者を含めて，非正規労働者は増大していった。非正規労働者は，1994年の971万人から2018年の2120万人へと 2 倍以上増加し，正規労働者は，1994年の3805万人から2018年の3476万人へと減少している（総務省「労働力調査」）。

　このような非正規労働者と正規労働者の年収についてみると，2018年，男性正規労働者は平均で500〜699万円が22.8％と最も高く，次いで300〜399万円が19.8％となった。一方，男性非正規労働者は，100万円未満が29.0％と最も高く，次いで100〜199万円が28.6％となった。

　女性正規労働者の年収は，200〜299万円が28.1％と最も高く，次いで300〜399万円が23.7％となった。一方，女性非正規労働者は，100万円未満が44.1％と最も高く，次いで100〜199万円が39.1％となった。

　このように非正規労働者に共通な問題は，雇用が不安定で，労働条件が相対的に低く社会保険の加入率も低いことである。また，労働組合がないなど，労働法システムから事実上排除されているということも問題である。非正規労働者の増大が，貧困層の拡大につながらないように，セーフティーネットの構築が必要である。それにはまず，正規労働者との労働条件格差を解消することである。短時間有期労働者法 1 条は，「…短時間・有期雇用労働者について，その適正な労働条件の確保，雇用管理の改善，通常労働者への転換の推進，職業能力の開発及び向上等に関する措置等を講ずることにより，通常の労働者との均衡のとれた待遇の確保等を図ることを通じて短時間・有期雇用労働者がその有する能力を有効に発揮することができるようにし，もってその福祉の増進を図り，あわせて経済及び社会の発展に寄与することを目的とする」と規定する。この目的を達成するための具体的措置を早急に講じることが必要であろう。

第 5 節　賃　　金

　成果主義型賃金と年功序列賃金，どっちがいい？

　2019年 7 月に，大手電機メーカーが，新卒でも，学生時代に著名な学会での論文発表などの実績があれば1000万円を超える報酬を支給するという新たな報酬制度導入を発表して話題になった。また同時期には大手飲食店が，26歳以下で TOEIC800点以上，簿記 3 級以上の有資格者などを対象に，入社 1 年目から年収1000万円を保証する幹部候補生を募集すると発表してやはり話題になった。昔からよくある「頑張りとやる気次第であなたも高収入！」といった類のアヤシイ話ではなく，誰もが知っているような大手企業の発表であったことで世間の注目を浴びた。

　大学の授業などで「頑張ったらその分給料が上がるというしくみと，長いこと働いていたら皆給料が上がるというしくみの会社，どちらに就職したいか」と質問してみたとき，前者を選ぶという回答がだいたい 8 〜 9 割を占めていたことがある。理由は「努力が報われる社会になるべき」「そのほうが頑張って働く気になれる」「仕事のできないオジサンが若者より高い給料をもらっているのはオカシイ」などといったことのようだ。もっとも，逆の傾向を示す統計もある。少し古いが，日本労働政策研究・研修機構（JIL-PT）の「第 7 回勤労生活に関する調査」（2016年 9 月）によると，年功序列賃金を支持する割合として，1999年には60.8％であったものが，2015年には76.3％となっているのである（20代の若者に限っても，1999年には56.2％だったものが，2007年には75.5％，2015年時点でも72.6％となっている。こうしてみると，若者の間で，一概に年功序列賃金制度が毛嫌いされているというわけでもなさそうだ。

　成果主義型賃金が脚光を浴び始めたのは1990年代，いわゆるバブル崩壊の下で，「総人件費を変えずに，従業員のやる気を引き出せる方法」として，多くの企業が飛びついた。しかし2000年代の初頭には既に，労働者のほうからは「正しく評価されない」「（皆が頑張ると）頑張っても結局賃金は上がらない」といった不満がではじめ，企業のほうでも「職場の人間関係が悪化」「客観的な評価自体が困難」「評価やフィードバック等，管理職の負担が大きい」「目に見える成果につながらない仕事を従業員がやらなくなる」といった問題が指摘されるようになってくる。結局そういった中で，多くの企業では（企業ごとに程度の違いはあるものの）成果主義的な要素と，年功序列賃金的な要素をある程度組み合わせた賃金設計に落ち着いて，現在に至っている。

　ちなみに，上で述べた学生の回答も，よくよく聞いてみると，どうも「正しく評価されるもの」「評価されたらきちんと賃金が上がるもの」だということを暗黙の前提としているものが多いようだ。もしかすると，それがいざ就職して実際に働きは

じめてみたら，「思ったほどちゃんと評価されない，賃金もあがらない」と感じて，結果的に，上で紹介した JIL-PT の調査結果のようになっている，ということなのかもしれない（なお，「自分は成果で評価される企業にしか就職したくない」と自信たっぷりに書いてくる学生に限って，テストの点だけでは不合格になるので，出席点で救済せざるをえないことも結構あったりするのは，気のせいだろうか）。

　このように，成果主義型か年功序列型か，どちらが好みかは人それぞれだとしても，労働者にとって賃金が，働くうえでもっとも大きな関心事の 1 つであることには違いはないだろう。このように「賃金」は，法的な側面以外も絡んでいる論点も多いが，ここではそんな「賃金」が法的にはどうなっているのか，まだどんな法的論点があるのかをこれから見ていこう。

1　賃金の定義

賃金とは，賃金，給料，手当，賞与その他名称の如何を問わず，労働の対償として使用者が労働者に支払うすべてのものをいう（労基法11条）。

重要となるのは，労働の対償といえるかどうかである。わが国では，儀礼的，恩恵的な意味で支給されることが多かったため，それが「労働の対償」といえるが，明確でないことがある。

病気見舞い金，結婚祝い金，死亡弔意金等は，「任意的恩恵的給付」であり，労働の対償ではなく，賃金とはいえない。この場合も，労働協約や就業規則により，支給時期，額，計算方法等が定められ，それに従って支払われている場合には，その限りで，賃金となる。

これに対して，家族手当・住宅手当は，賃金規程等で制度化されている限り，賃金となる。福利厚生給付，住宅資金の貸付け（雇用機会均等法 6 条 2 号），労働者の資産形成のための金銭給付，住宅の貸与などは，労働者の福利厚生のために支給する利益または費用であり，賃金ではない。会社の浴場施設や運動施設・レクリエーション施設も，同様である。

また，作業服，作業用品代，出張旅費などは，労働の対償ではない。

さらに，労基法は，解雇予告手当（20条），休業手当（26条）等の場合に，平均賃金という概念が利用されている。平均賃金は，それを算定すべき事由が発生した日以前の 3 か月の支払賃金総額を，3 か月の総日数で除して算出される（12条1 項・2 項，ほかの詳細は同条 3 項・4 項）。

2　賃金額の保障──最低賃金法

　賃金は，当事者の合意によって定められるのが原則である。しかし，これを完全に当事者の合意に委ねた場合，売り惜しみのきかない労働力が買い叩かれ，労働者の賃金が低くなるおそれがある。これによって，労働市場も機能しなくなるおそれもある。

　最低賃金制度とは，最低賃金法に基づき国が賃金の最低額を定め，使用者は，その最低賃金額以上の賃金を労働者に支払わなければならないとする制度である。

　当初は，労基法上規定されていたが，特別法として最低賃金法が制定され，当初は，業種間協定による制度であった。

　現行の最低賃金には，都道府県ごとの地域別最低賃金と特定の産業または職業について定める特定最低賃金とがある。

　最賃法の適用を受ける労働者，使用者は，労基法と同一である（最賃法 2 条）。但し，心身の障害により著しく労働能力が低い者については，使用者は都道府県労働局長の許可を経て，特例として減額した最低賃金を受けることが認められている（最低賃金減額特例）。

　使用者は，最低賃金の適用を受ける労働者に対して，その額以上の賃金を支払わなければならない。それに達しない賃金を定める労働契約は，その部分については無効である。無効となった部分は最低賃金額と同様の定めをしたものとみなされる（同 4 条 2 項）。

　最低賃金の額は，最低賃金審議会の調査・審議に基づいて（10条）時間単位で定められる（ 3 条）。地域別最低賃金は，法律上は，最低賃金審議会への聴聞の後，厚生労働大臣または各都道府県の労働局長が最低賃金について定める（最低賃金法10条）。

　その額は，当該地域における労働者の生計費及び賃金並びに通常の事業の賃金支払い能力を考慮して決定されるが，生計費については，「労働者が健康で文化的な最低限度の生活を営むことができるよう，生活保護に係る施策との整合性に配慮する」とされている（同 9 条 3 項）。

　中央最低賃金審議会では，その年，何円の最低賃金がアップするのかの地域の最低賃金の目安が策定されている（2020年度現在）。目安では， 4 つのランクにすべての都道府県が振り分けられる。ランクごとに，各都道府県が振り分けられたのち，ランクごとに，賃金の上昇幅が提示される。例えば，Aランクには，東京，

いかもしれないが，特に問題となりやすいのは，手待時間（作業の合間に生ずる，不活動時間）や警備員等の仮眠時間など，「拘束はされているが，作業していない（あるいは作業の密度が低い）」時間である。まず手待時間については，その時間中に何らかの対応（顧客・電話応対など）が求められていれば，基本的には労働時間に含まれる（すし処「杉」事件：大阪地判昭56・3・24）。また仮眠時間についても，待機を義務づけられていたり，警報が鳴れば出動するなどの応対が求められている場合には，労働時間に含まれるとするのが判例・通説の立場である（大星ビル管理事件：最判平14・2・28）。ただし裁判例の中には，不活動時間の自由度がかなり高い（大道工業事件：東京地判平20・3・27），仮眠中の活動が義務づけられていなかった（ビソー工業事件：仙台地判平25・2・13）等として，労働時間に含まれないとするものもある。また，夜行バスでの，交代運転手の仮眠時間が労働時間にあたらないとしたものとして，カミコウバス事件：東京高判平30・8・29があるが，「仮眠」が安全な運行に欠かせないことを考えると，警備員と同様に考えてよいかは疑問も残る。

　そのほか最近では，病院の医師などの，在院中の自主的な研究活動時間が，労働時間にあたるかも問題となっている。医師に関しては最近，所定労働時間外に行う在院の自己研鑽は一般的には労働時間に該当しないが，診療の準備や診察にともなう後処理として行う行為や，（学位取得のための論文作成等でも）不実施について就業規則上の制裁等の不利益が課されている場合等には労働時間に該当するといった通知が出されている（「医師の研鑽に係る労働時間に関する考え方について」令和元・7・1基発0701第9号）。医師や研究者の研究などは，自主的といっても「全く業務と無関係」とは言い切れないものも多いため，どこまでを労働時間に含めるかは難しい問題といえよう（医師の学会参加，自己研鑽の労働時間性が否定されたケースとして，長崎市立病院事件：長崎地判令元・5・27がある）。

⑷　労働時間の特殊な算定ルール（事業場間の通算）

　ところで労基法では，特殊な場合における「労働時間の算定」についても規定している。ここではそのうち，事業場間の通算を簡単に見ておきたい（ほかにも事業場外での労働，裁量労働のルールがあるが，これらについては2で紹介する）。

　労働者が複数の事業場で労働した場合，労働時間が通算される（労基法38条1項）。例えば，東京本社で5時間働いた後，横浜支社で4時間働いたような場合には，9時間労働した，ということになるのである。したがって，通算した時間が法定

労働時間（1日8時間）を超えれば，それは時間外労働として規制される（2で後述）。労基法は原則的に事業場単位で適用されるのだが，労働時間については こう解さないと，事業場さえ違えば長時間労働がいくらでも可能となってしまう から，その意味では妥当なルールといえよう。

　もっとも近年は兼業が増えており，「異なる使用者」の事業場で働くという場 面も少なくない（例えば，A社で7時間働いた後，B社で5時間バイトする，など）。 行政解釈はこういった場合も通算されるとするが，これで通算されると，B社は 1時間を超えて働かせれば労基法違反となってしまうことになり，なんだか変な 感じもする（そもそも，B社にそこまでの時間管理をさせること自体が酷であると もいえる）。そういった点から，使用者が異なる場合の通算にはこの規定は適用す べきでないという学説も有力である。

2　法定労働時間の例外

　1で見た「1週40時間・1日8時間」という原則には，実際には多くの「例外」 が存在する。ここでは，「法定労働時間を超えてもよい」「トータルで見て，法定 労働時間に収まっていればいい」「実際の労働時間にかかわらず，一定時間働い たとみなす」という3つの例外を紹介する。

(1)　時間外・休日労働が認められる場合

　時間外・休日労働とは，法定労働時間を超えた労働，あるいは法定休日（労基 法35条。後述）の労働のことだ。1つめは，「法の基準を超えて働かせてもよい」 というタイプの例外であり，非常災害時等の時間外・休日労働，公務の必要があ る場合の時間外労働，労使協定に基づく時間外・休日労働の3タイプがある。

(a)　災害等の臨時の必要がある場合

　台風や地震といった災害や，大規模な機械設備の故障などで，企業施設が深刻 な被害を受けたり，復旧が必要となるような場合で，「臨時の必要がある場合」 には，使用者は行政官庁の事前許可を受けて，（場合によっては事後の届出）時間外・ 休日労働をさせることができる（労基法33条1項）。ただし，通常予見されるよう な範囲を超える災害等でなければならないし，かつ「臨時の必要がある場合」で なければならない（したがって例えば，単に業務が忙しくなったとか，被災してから 何か月も経過しているといった場合は，許されないといえよう）。

　なお行政官庁が，この場合の時間外・休日労働を不適当と認めた場合には，後

から，その時間に該当する休業・休日を与えるべきことを命じることができる（同条2項）。

(b) 公務のために臨時の必要がある場合

労基法別表1で定める事業以外の官公署の事業に従事する公務員（ややこしいが，いわゆる非現業の公務員のことである）について，公務のために臨時の必要がある場合には，時間外・休日労働をさせることができる（労基法33条3項）。とはいえ，一般職の非現業国家公務員にはそもそも労働基準法が適用されない（国公法附則16条）ため，この条文の適用対象となるのは，主に非現業の地方公務員などとなる（対象となる公務員の具体例は下表を参照）。

33条3項の対象となる公務員の具体例

国家公務員	特定独立行政法人（国立印刷局，造幣局など）の本庁，管理局など
地方公務員	県庁・市役所，公立学校（＊） ＊労基法別表1の12号には「教育」事業があるが，教育職員については給特法5条で，労基法33条3項が適用されると読み替えされている

地方公務員の場合，現業も非現業も労基法36条自体は適用除外されていないため，法的には後述する三六協定の締結も可能と思われるが，行政通達（平11・3・31基発第168号）で，時間外・休日労働は労基法33条3項を適用する（三六協定は不要）とされていることもあり，非現業の職場では三六協定が締結されていないことが多く，特に公立学校などでは，毎日が「臨時の必要」という（変な？）理屈で，長時間労働が常態化している。少なくとも「臨時の必要」といえるかどうかは，もう少し厳格に解されるべきであろう。

(c) 時間外・休日労働協定（三六協定）による時間外・休日労働

これは，使用者が，当該事業場の過半数代表との間で時間外・休日労働に関する協定（三六協定ともいわれる）を締結し，行政官庁に届け出れば，協定の定めるところにより労働時間を延長し，休日労働をさせることができるという制度である（労基法36条。ただし「労働させることができる」＝労働者が労働義務を負う，というわけでは必ずしもない。この点は本節5参照）。

この三六協定には，時間外・休日労働させることができる具体的な事由，労働者の範囲，延長できる時間などを書く必要があるが，三六協定で決めさえすれば何時間でも働かせられるのだろうか。従来から，「告示」によって時間限度の「基準」が定められてはいたが，その時間限度を超えて働かせられるという条項（特別条項）を置くことも可能であったため，実質的には青天井で時間外労働させら

れる，という問題があった。しかし2018年の労基法改正で，原則「月45時間・年360時間」までとされたうえで，特別条項を置く場合でも下記を超えて設定することはできない，とされた（労基法36条 3 ～ 6 項。2020年 4 月〔中小企業は2021年 4 月〕から適用）。

特別条項による上限（年 6 か月まで）

> ・時間外労働（休日労働除く）が年間720時間以内
> ・時間外労働と休日労働の合計が月100時間未満（ 1 か月のみ）
> ・時間外労働と休日労働の合計が， 2 ， 3 ， 4 ， 5 ， 6 か月間の平均で，いずれも 1 か月80時間以内

　青天井だった長時間労働に強い法規制を置いたという点で，この改正には肯定的な評価が多いが，「上限が甘すぎて，過労死が増えるのでは」「業務量が減らないのに上限だけ設けても，サービス残業が増えるだけでは」などといった懸念も呈されている。なおいずれにしても，年少者や妊産婦（後者は請求があった場合）については時間外・休日労働は禁止されている（労基法61条 4 項・66条 2 ・ 3 項）。

⑵　変形労働時間制，フレックスタイム制

　2 つ目の例外は，「トータルで見て，法の基準内に収まっていればよい」という例外だ。変形労働時間制と，フレックスタイム制の 2 タイプがある。

⒜　変形労働時間制

　これは「労働時間が，ある日やある週などで見たときには法定労働時間を超えていても，トータルの期間で平均して法定労働時間に収まっていればよい」という制度である。サービス業などでは「月の最終週は忙しいけどその他は結構ヒマ」というようなことはよくあり，経営者からすると，画一的な「 1 週40時間・ 1 日 8 時間」という規制が実態に合わない…という場合もありうる。こうした実態に対応できるように用意されているのが変形労働時間制だ。変形労働時間制には「 1 か月単位」「 1 年単位」「 1 週間単位」があるが（要件については下表参照），いずれも導入には一定要件を満たす必要がある。ここでは「 1 か月単位の変形労働時間制」を中心に見ておこう。

　この制度では， 1 か月以内の一定期間（変形期間という）を定め，その中で，平均して 1 週間あたりの労働時間が法定労働時間の中に収まっていれば，変形期間内の「特定された日」または「特定された週」において法定労働時間を超えていても時間外労働とはならない（労基法32条の 2 ）。例えば「 1 ・ 4 週目は週43時間，

変形労働時間制の概要一覧

	1 か月単位 （労基法32条の 2）	1 年単位 （労基法32条の 4）	1 週間単位 （労基法32条の 5）（※）
総枠の範囲	1 か月を平均して， 1 週間あたりの労働時間が法定労働時間の枠内に収まっていること	1 年以内の期間を平均して， 1 週間あたりの労働時間が40時間の枠内に収まっていること	1 週間40時間以内
手続き	就業規則または労使協定	労使協定の締結・届出	労使協定の締結と届出
労働時間の上限	1 日・ 1 週あたりの上限はなし	1 日10時間， 1 週52時間（ただし，週48時間を超える週数等の制限あり）	1 日10時間， 1 週40時間
対象事業	制限なし	制限なし	小売業，旅館，料理・飲食業（常時使用する労働者30人未満）

※労働時間の特定が難しい事案を対象としており，非定型的労働時間制ともいわれる。

2・3週目は32時間勤務」という場合，本来なら1・4週目は時間外労働が生じており割増賃金を払う必要があるが，この制度を使えば時間外労働にはならない（この4週を平均すれば週あたり37.5時間であるため）。

　1か月単位の変形労働時間制だけは，就業規則への規定でも導入が可能である（他は労使協定の締結が必要）ほか，特定の日・週の労働時間の設定も上限がない（他は上限あり）。ちなみに割増賃金については，たとえば今の例でいえば，1・4週目は43時間を超えたところからが時間外労働として割増賃金の対象となる（他方，2・3週目は40時間を超えたところからが時間外労働になる。変な感じもするが，変形期間全体で法定労働時間を超えた場合には，その分までは支払われる）。

　変形期間の中での各日・各週の労働時間は，具体的に「特定」しておく必要があり，使用者が後から任意に労働時間を変更することはできない（昭63・1・1基発1号）。この点，就業規則の中に「特定の日または特定の週の労働時間につき，会社が任意に決定・変更できる」というような条項が置かれていたケースで，労基法32条の2の「特定」の要件を満たさず，無効とされた裁判例がある（JR東日本（横浜土木技術センター）事件：東京地判平12・4・27，岩手第一事件：仙台高判平13・8・29等）。「急に忙しくなってきたから来週は50時間勤務ね，その代わり再来週は30時間でいいよ」などといきなり言われても労働者も困るだろうから，妥

当な判断であろう。

　ところで変形労働時間制は，いくら事前の「特定」を要件としているといっても，場合によっては，労働者の生活が不規則になる可能性もあろう。そこで労基法では，育児・介護を行う者や職業訓練を行う者などに変形労働時間制を適用する場合には「育児等に必要な時間を確保できるような配慮をしなければならない」としている（労基則12条の6）。特に影響が大きくなりやすい労働者への配慮を求めた規定だが，本来的には他の労働者についても，あまりにも生活が不規則にならないよう配慮されることが望ましいといえよう。

(b)　フレックスタイム制

　こちらは，ある期間（3か月。清算期間という）の総労働時間が法定労働時間の範囲内に収まっている場合に，始業・終業時刻を労働者が自由に決定できる，という制度である（労基法32条の3）。変形労働時間の一種ともいえるが，事前の各日・各週の労働時間の特定は不要であり，何よりも，労働者が自由に出・退勤時間を決められるという点が特徴的である。

　この制度を導入するためには，就業規則に「始業・終業時刻の両方を労働者の決定に委ねる」旨の規定を置いたうえで，労使協定にて，対象労働者，清算期間，清算期間内の総労働時間数，1日の標準労働時間を定める（必ず出勤していないといけない時間帯（コアタイム）や，勤務時間を自由に決定できる時間帯（フレキシブルタイム）を設定することもできる）。

　「保育園への迎えがあるから早く帰りたい」など，労働者が自分の都合に合わせて働けるという点では望ましいといえようが，導入している企業は2019年度で5％程度に留まっている。なお，清算期間の上限については，従来は1か月であったが，より自由度の高い働き方を可能にするという観点から，働き方改革関連法により3か月となった（2019年4月〜）。ただ，清算期間が1か月を超える場合，清算期間全体の労働時間が週平均40時間，1か月ごとの労働時間が週平均50時間を超えないこと（超えた場合は時間外労働となる）が要件とされているほか，労使協定を労働基準監督署長に届け出る必要がある。

(3)　みなし労働時間制

　3つ目の例外は，労働者の実際の労働時間に関係なく「一定時間，労働したものとみなす」という制度（みなし労働時間制）である。この制度自体は，あくまでも労働時間算定のためのルールであり，決して「法定労働時間を超えて働かせ

(2)　休　　日

(a)　休日の意義・趣旨

休日とは，労働者が労働契約上の労働義務を負わない日のことである。本格的な疲労回復のためにはやっぱり休憩だけでは不十分だし，そうでなくても，少し遠くに買い物に行きたい，資格の勉強したい，家族とすごしたい，引きこもってひたすらゲームしていたい，などということもあるだろう。そのために必要なのが「休日」である。

(b)　休日に関する規制

①　**週休 1 日の原則と例外**　　使用者は，毎週少なくとも 1 回の休日を与えなければならない（労基法35条 1 項）。行政解釈では，ここでの「週」とは日曜～土曜，「休日」とは暦日 1 日（午前 0 時～午後12時）を指すとされている。

最近では週休 2 日の会社も多いが，労基法上は週休 2 日が義務となっているわけではない（2 日ある場合， 1 日は法定休日，もう 1 日は法定外休日とされる）。休日の「特定」は法的には要求されていないが，行政通達では，就業規則などに具体的に一定の日を休日と定めるよう指導する，とされている。

ところでこの週休 1 日の原則には「 4 週間で 4 日の休日」を与えればそれでもいい，という例外（変形週休性）が置かれている（労基法35条 2 項）。「え，じゃあ24日連勤もアリなの？」という疑問が出てくるかもしれないが，結論的にはなんと「アリ」なのだ。労基法制定当時には， 1 か月単位で休日を決めていた会社も多かったから，ということのようだが，いくらなんでも問題ありすぎだろうということで学説からの批判も強い。

②　**振替休日と代休**　　振替休日とは，もともと特定されていた休日を「事前に」他の労働日に変更して，代わりにその日に働かせる，というものであり（労働日の変更），代休とは，事前の振替をせずに休日労働させ，「事後に」別途休日を与える，というものである。

振替休日の場合，「休日に労働させたこと」にはならないため，割増賃金の支払いは必要なくなる。しかし労働者にとっては，休日だったはずの日に勤務しなければならなくなるというのは，生活への影響もあるだろう。そこで振替が認められるためには，就業規則などの根拠規定（あるいは労働者の同意）と，あらかじめ振り替えられるべき日の特定が必要となると考えられる（裁判例では，業務上の必要性，事前の振替予告，振替休日の事前特定を要件として挙げるものがある。三菱重工業事件：横浜地判昭55・3・28）。これに対し代休は，あくまでも「休日に

労働させたこと」には変わりがないため，三六協定の締結および割増賃金の支払いが必要となる。

4　割増賃金

(1)　割増賃金の意義

　使用者は，法定時間外や法定休日，深夜に労働をさせた場合は，通常の賃金に一定割合を乗じた「割増賃金」を支払わなければならない（労基法37条。ここでは，これらを総称して「時間外労働等」とする）。割増賃金制度が置かれている背景には，「時間外労働等をさせられる労働者への（心身の負担に対する）補償」と，「経済的負担を使用者に課すことで（本来は例外的な）時間外労働等を間接的に抑制しよう」という視点がある。

　割増賃金は，三六協定を締結して労働させる場合だけでなく，臨時の必要に応じて働かせる場合（労基法33条1・3項）にも支払いが必要となる（労基法37条1項）が，このような要件等を満たさない違法な時間外労働等についても，使用者は当然に支払義務を負うというのが通説・判例の立場である（小島撚糸事件：最判昭35・7・14）。

(2)　割増賃金の規定

(a)　割 増 率

　では実際，どれだけ「割増」して払わなければならないのか。この割増率については，時間外労働（法定労働時間）を超えた労働と，深夜労働（23時〜朝5時の労働）に対しては25％以上（労基法37条1・2項），休日労働（法定休日の労働）については35％以上（割増賃金令（平6・1・4政令第5号））となっている。

　もっともこの割増率は国際的にはかなり低い（労基法制定時でさえ，50％が国際水準であった）ため，「時間外労働の抑制」効果が不十分である（使用者が，人を雇うよりも，長時間労働をさせる方に流れやすい）との批判は根強い。そのようなこともあり，2008年の労基法改正で，時間外労働が1か月に60時間を超えた場合，それ以降の労働に対しては割増率50％以上で払わなければならないとされている（労基法37条3項。ただしこの「50％以上」は，労使協定を結べば，「25％以上」＋有給の代替休暇，でも可能）。このルールは，中小企業には適用が猶予されていたが，働き方改革関連法の施行により，2023年4月からは全企業に適用されることとなっている。

　ちなみに「うわ，もう23時だ，トータルで14時間も働いちゃった」というように，時間外労働と深夜労働が重なることもある。この場合は，割増率は50％（25％＋25％）となる。休日労働が深夜に及んだ場合も同様に割増率は60％（35％＋25％）となる。ただ「休日に 8 時〜19時まで（ 8 時間以上）働いた」といったような場合（深夜に及ばない場合）は，残念ながら時間外労働の割増率は合算されない（35％のみ）。ややこしいが「休日はもともと所定内労働という概念がないから，『時間外労働』ということにもならない」という考えに基づいている。とはいえ，だからといって「休日は，朝 5 時〜夜10時までなら，35％増で働かせられる」というのもおかしな話であり（実際にはその間に 1 時間の休憩が必要），立法的解決が望まれよう。

　なお，前述した法内残業や法定外休日の労働については，労基法上は割増賃金の支払義務はない。したがって， 8 時間を超えないアルバイトなどだと「残業しても割増賃金が支払われない」ということはありうる（ただし，深夜に及べば深夜の割増賃金の対象にはなる）。

⒝　割増賃金の対象・計算

　割増賃金は実際にどうやって計算するのか。具体的には，「通常の労働時間に対する賃金（つまり，所定労働時間に行われた労働に対する賃金）」を算定の基礎として，これに割増率を乗じて計算される。なお，計算にあたって「30分未満の残業は切捨て」などとされているケースがしばしばみられるが，これは違法であり，1 分単位で正確に計算しなければならない（桑名市事件：名古屋地判平31・2・14では，15分未満の切捨て処理が違法とされた。ただし行政解釈では，事務簡便のため，その月における時間外の総労働時間数に30分未満の端数がある場合にはこれを切り捨て，それ以上の端数がある場合にはこれを 1 時間に切り上げることはできるとされている）。

　また使用者は，家族手当，通勤手当，住宅手当など（名称は問わない）のほか，臨時に支払われる賃金や， 1 か月を超える期間ごとに支払われる賃金などを，算定の基礎から除外できる（労基法37条 5 項，労基則21条）。これは，家族手当，通勤手当，住宅手当などは「働いた量」とはリンクしない（労働者の個別事情に応じて払われている）手当だという発想に基づいている。逆に家族手当などであっても，個別事情に関わりなく一定額が支給されているような場合は除外できない（平11・3・31基発170号。最近では，労働時間とは関係なく支給されていた祝日手当，公休出勤手当等につき「除外できない」としたケースとして，洛陽交運事件：大阪高判平31・4・11がある）。また，臨時に支払われる賃金や， 1 か月を超える期間ごと

に支払われる賃金は，計算が煩雑になることから，やはり除外することが可能となっている。

(3)　定額残業代（固定残業代）

　近年，定額残業代（固定残業代）といわれる制度を採用する企業が増えている。これには，①一定の手当（役職手当，営業手当など）を割増賃金として支給する，というタイプのもの（手当型）と，②通常の賃金に，あらかじめ割増賃金を含むというタイプのもの（定額給型）とに分かれる。これは「払うべき割増賃金相当額を，あらかじめ決めておく」というしくみであり，企業からすると毎月の割増賃金コストを固定化でき（月による人件費の変動を抑制できる），計算も楽，ということなのだろうが，法的には問題にならないのだろうか。

　この点行政通達では，実際に払われている額が「法所定の計算による割増賃金以上となる場合」は法違反とはならない（昭24・1・28基収3947号）とされている（金額適格性要件）。なお当然のことだが，実際に払われている額よりも，労基法37条に沿って計算した額のほうが多くなった場合には，差額分を払わなければ労基法違反となる（結婚式場運営会社A事件：東京高判平31・3・28）。判例も，手当型であれ定額給型であれ，基本的にはこの立場を出発点としている（日本ケミカル事件：最判平30・7・19，医療法人社団康心会事件：最判平29・7・7）。

　ただし，実際に「違法といえないか」の判断要素は，それぞれのタイプで少し異なっているため，以下で実際に問題となったケースを見ていこう。

　①　**手当型**　　例えば「営業手当3万円」を，割増賃金に代えて支給している，というケースである。例えば「労基法通りに計算したら今月は5万円のはず」という場合は，そもそも金額適格性を満たさないからアウトなのだが，「計算したら2万円だった」という場合は，手当の中に収まっているから問題ないだろうか。

　この点，勤務薬剤師に対して支払われていた「業務手当（約10万円）」が割増賃金に当たるかが問題となった前掲・日本ケミカル事件最高裁判決は，その手当が割増賃金の「対価」としての性質を有するか，という基準を挙げている（対価性）。この事件では，具体的には，採用条件確認書に「業務手当が30時間分のみなし時間外手当である」旨の記載があったことや，実際の時間外労働も月約28時間であったことなどから，「対価」としての性質を有する，と判断されている（この事案では，実際に30時間を超えた労働があった場合には差額を支払っていたようである）。金額適格性に加えて，「対価性」の充足を求めているといえよう。ちなみに，「割増

賃金が5万円になる月もあるけど，1万円の月もあるんだから，トータルで見れば営業手当3万円でも納まっているはず」というのは許されない（各月での精算が必要）。

　実際に多いトラブルは労働者が退職に際して「これまでの不払いの割増賃金を払ってくれ」と労働者が請求した際に，使用者側が「あなたに払っていた○○手当，あれが割増賃金の分だったんだ」と反論する，というケースである。そもそも割増賃金の代わりであるとの説明がなかったような場合には，割増賃金の代わりとは認められない傾向が強い（アクティリンク事件：東京地判平24・8・28）。また，ある手当を割増賃金の代わりだとすると，かなりの長時間労働を前提としていることになってしまうようなケースでは，そのような定額残業代の定めを公序良俗違反として無効とするものもある（穂波事件：岐阜地判平27・10・22，イクヌーザ事件：東京高判平30・10・4）。

　②　定額給型　　例えば「月額25万円（時間外手当込み）」といったようなケースである。こちらは手当型に比べて，「どこまでが通常の労働時間分の賃金で，どこからが割増賃金分なのか」が分かりにくいこともあり，特に「両者が判別できるか」が重視される（判別性（明確区分性）要件）。はっきりと判別できなければ，そもそも金額自体が労基法の水準に達しているかどうかも判断しようがないから，これは当然であろう。事件としては，オール歩合給のタクシー運転手（高知県観光事件：最判平6・6・13）や，勤務医（前掲・医療法人社団康心会事件）で，判別できないとして割増賃金性が否定されている。なおかつては，高賃金労働者につき，労基法37条違反を認めなかった（割増賃金が基本給の中に含まれているとの合意の有効性を認めた）裁判例もあった（モルガン・スタンレー・ジャパン事件：東京地判平17・10・19）が，医療法人社団康心会事件判決は，年収1700万円の医師について判別性基準に照らして労基法37条違反を認めており注目されよう。

　なお，いわゆる年俸制については，「○時間分の割増賃金込み」といった設計が多いが，年俸制であっても同じく，どこまでが通常の賃金でどこからが割増賃金なのかが明確に判別できることが必要であるし，労基法37条に沿って計算した結果，その時間分を超えていれば，差額を支払わなければならない（年俸制労働者につき，計算の結果，営業手当が金額適格性を満たしていないとしたケースとして，ワークスアプリケーションズ事件：東京地判平26・8・20がある）。

　そのほか珍しいケースでは，基本給を概算払いしていたケース（月間総労働時間が180時間を超えたら1時間あたり2560円を払い，140時間未満の場合は2920円を控除

するとされていた）で，判別できないとして割増賃金の支払いを命じたケースがある（テックジャパン事件：最判平24・3・8）。また，タクシー運転手について，「歩合給（基本給）から割増賃金を控除する」とされていた（つまり，割増賃金が増えるほど歩合給が減り，トータルの賃金が変わらない）ケースで，このような支給方法は通常賃金と判別ができず，また法の本質に反するとして労基法37条違反としたものがある（国際自動車（差戻）事件・最判令2・3・30，朝日新聞2020年3月31日朝刊。同事件の原審（東京高判平30・2・15）・原々審（最判平29・2・28）は労基法違反を否定していたが，割増賃金の実質的不払いに等しい等,学説からの批判が強かった）。

　ちなみに若者雇用促進法では，手当型・定額給型のいずれを問わず，定額残業代のトラブルが多いことから，指針の中で，求人に際して，「固定残業代を除いた基本給の額」「固定残業代に関する労働時間数と金額等の計算方法 ③ 固定残業時間を超える時間外労働」「休日労働および深夜労働に対して割増賃金を追加で支払う旨」の明示を求めている（第1節1(1)参照）。

5　時間外・休日労働義務

(1)　時間外・休日労働義務の根拠をめぐる議論

　労基法では，1週40時間，1日8時間の法定労働時間や1週1休日の原則（32条・35条）を定めており，これに違反して労働者に時間外・休日労働（以下，時間外労働等）をさせた使用者には，6か月以下の懲役または30万円下の罰金という刑罰が科される（同法119条1項）。もっとも労基法36条が定める時間外休日労働協定（以下，三六協定）が締結されている場合等の場合には，時間外等労働は違法ではなくなる。しかし，三六協定は免罰規定であり，労基法所定の刑罰の適用を免れるに過ぎないものであり，労働者に時間外労働等の義務を課すような私法的効力を当然に有するものではない。労働者が時間外労働等の義務を負う（反対にいえば，使用者が労働者に時間外労働等を命じる）ためには，適法な三六協定が締結されていることのほかに，時間外労働等を義務付ける何らかの契約上の根拠が必要である。

　前述したように，三六協定なき時間外等命令は違法な業務命令であり，労働者はこれに応ずる義務はないから，三六協定が全く締結されていない場合や，不適法な三六協定の場合には，労働者に時間外労働等の義務は発生しない。後者の例については，全員参加の親睦会代表を過半数労働者代表として締結された三六協

定が不適法であるとして労働者の時間外等労働義務が否定されたトーコロ事件（最判平13・6・22）がある。三六協定等の労使協定における過半数労働代表者は，協定の目的を示したうえで，従業員の挙手もしくは投票で選出されなければならないからである（労基則 6 条の 2 参照）。

　次に，時間外労働等を義務づける契約上の根拠であるが，これには就業規則，労働協約，労働者自身の同意等が考えられよう。まず，使用者が一方的に作成変更できる性格を有する（労基法90条参照）就業規則の規定からは，時間外労働等を義務付けることはできない。なぜならば，労基法が刑罰をもって設定される法定労働時間を，使用者が一方的に就業規則で規定すれば，労働者に時間外労働等を義務付けられるとすることはできないからである。次に，労働協約の時間外労働等規定をもって組合員に義務付けできるかについては，これを肯定する見解（日立武蔵工場事件最高裁判決：最判平 3・11・28補足意見）も存するが，労働協約とは時間外労働の上限を設定したり，割増賃金の増額等の「労働者の待遇に関する基準」（労組法16条）を設定するものであり，組合員への義務付けを行うものではないものと考えられよう。労働者自身の合意についても，時間外労働等があり得ることを示す包括的同意でよいとするものと，個別具体的な時間外労働等の条件（日時，時間，目的等）を提示した上で労働者の同意を得る個別的同意があり得る。

(2)　最高裁判決と労契法 7 条

　民間企業における時間外労働義務に関するリーディングケースは，前掲日立武蔵工場事件最高裁判決であり，同判決の多数意見（法廷意見）は，三六協定が締結され，行政官庁（労働基準監督署長）に届け出られた場合，三六協定の範囲内で業務上の必要があれば労働時間を延長して労働者を労働させることができると就業規則に規定している場合には，当該就業規則の規定内容が合理的なものである限り，労働契約の内容となり，労働者に時間外労働義務が生じるとの判断を示した。続いて，同判決は，当該就業規則が三六協定の範囲内で期間外労働を命じると規定していたことから，当該三六協定の合理性を検討し，時間外労働させる事由が明確であること，および時間外労働の月当たりの上限が40時間であることをあげて，当該就業規則が合理的なものであると結論した。

　これにより，適法な三六協定が締結・届出され，かつ合理的な就業規則に定められていれば，労働者は時間外労働義務を負うことになるが，これはどのように理解されるのであろうか。以上の立論は，使用者が労働者に時間外労働を命じる

法的根拠がどこにあるかと言えば，合理的な就業規則にあるというだけのことではないだろうか。たとえば労働者が高熱を出していたり，家族が重病である場合にまで，労働者が時間外労働義務を負っているとは言えないであろう。このような場合の時間外労働を命じることは，使用者の時間外労働等命令権の濫用（労契法3条5項）という構成も可能であろうが，やはり個々具体的に労働者が時間外労働を負うかは，業務上の必要性や労働者の個人的事情等を考慮して，はじめて判断できるものであろう。

　同判決の多数意見の判断基準は，その後，使用者が合理的な労働条件を定める就業規則を労働者に周知させていた場合には，労働契約の内容は，当該就業規則で定める労働条件によるものとすると規定する労契法7条に立法化された。ここでは，就業規則の合理性に周知性という要件が加味されたほか，その対象が時間外労働義務という義務付けの問題から労働条件全体にまで拡大されることになったのである。多くの場合，時間外労働の具体的内容は三六協定に定められることになるから，実際には三六協定の合理性が問題となるところ，前掲日立武蔵工場最高裁判決からすれば，時間外労働させる理由が明確であることのほか，月40時間が上限となっていたことからすれば，三六協定に定められる時間外労働の上限が「労働基準法36条第1項の協定で定める労働時間の延長及び休日の労働について留意すべき事項に関する指針」（平30・9・7厚生労働省告示第323号）の別表の目安時間内であることが必要とされよう。なお，使用者が労働者に時間外労働を命じることができる場合であっても，労基法や育介法上の制限を受けることになる。

> ### コラム2-6　「働き方改革」と労働時間規制
>
> 　本節でも触れてきたように，働き方改革の中で労働時間規制が大きく見直されたが，ここではその背景を再確認したうえで，改めて若干の問題提起をしてみたい。
>
> 　まず，働き方改革のベースとなっている2017年3月の「働き方改革実行計画」には，「（長時間労働は）健康の確保だけでなく，仕事と家庭生活との両立を困難にし，少子化の原因や女性のキャリア形成……男性の家庭参加を阻む原因」「かつての『モーレツ社員』という考え方自体が否定される日本に」「働き方の根本にある長時間労働の文化を変える」「日本の労働制度と働き方には，……労働生産性の向上を阻む諸問題がある」などの文言がみられる。そうするとここからは，「長時間労働や，それを支えてきた日本の文化・制度・働き方」によって「仕事と生活の両立や少子化，労働生産性」に問題を来たしている，という発想を見て取れる。
>
> 　たしかに，長時間労働の下では，仕事と生活の両立には支障を来たすだろうし，女性や高齢者などが働きにくくなるのも事実であろう。その点では，こういった

して「出勤」していなければならないということではなく，たとえば，休職期間や病欠期間なども通算される。基本的には，継続勤務か否かについては，勤務の実態に即して実質的に判断すべきという実質的継続の立場をとっている。

　例えば，定年退職した労働者を引き続き再雇用する場合も継続勤務しているものと取り扱われる。ただし，定年退職後，再雇用までに相当の空白期間があり，客観的に労働関係が断絶していると認められる場合には通算されない。継続勤務をめぐる判例としては，専門学校において，前期と後期の間に約 2 か月の空白期間がある場合，原告である講師らが実態として毎学期契約を更新し続けていることを重視したうえで継続勤務を肯定した文際学園事件（東京高判令 2・1・29）がある。

(3)　全労働日の 8 割以上の出勤

　「全労働日」とは，原則として，労働者が労働契約上労働義務を課せられている日を指す（エス・ウント・エー事件：最判平 4・2・18）。全労働日の 8 割以上出勤という要件は，自らの責めに帰すべき事由による欠勤率が高い労働者を対象から除外する趣旨で定められたものである（八千代交通事件：最判平25・6・6）。したがって，逆にいえば，労働者の責めに帰すことができない事由による欠勤については，出勤率算定の分母「全労働日」と分子「出勤日」の双方から除外し，出勤率の算定に含めないものとされる。たとえば，正当な争議行為による不就労日，使用者に起因する経営上の障害による休業日等がそれに該当する。

　さらに，労働者が法律上の権利を行使して休業する日については，労働者の権利保障の観点から，出勤率算定から除外せず，「全労働日」に含めたうえで「出勤日」として算定することとされる。たとえば，労災により休業を余儀なくされた期間，産前産後や育児・介護の休業期間，そして年休を取得した日などがそれに該当する。

(4)　労働者の時季指定権

　一定日数の年次有給休暇の権利を取得した労働者は，時季指定権の行使または労使協定による年次有給休暇日の特定によって，年次有給休暇の効果を発生させることができる。労基法39条 5 項は，「使用者は，前各項の規定による有給休暇を労働者の請求する時季に与えなければならない」と規定している。また，白石営林署事件（最判昭48・3・2）において，年休権は，「労基法39条 1 項， 2 項の

要件の充足により，法律上当然に労働者に生ずるものであって，その具体的な権利行使にあたっても，「使用者の承認」という観念を容れる余地はない」と判示しており，原則として，使用者は労働者の時季指定を拒むことはできないものとされる。

(5)　年休の法的性質

労基法39条1項は，使用者は一定の要件を満たした労働者に所定の日数の年休を与えなければならないと定めている。また，同条5項は，使用者は年休を労働者の請求する時季に与えなければならないと定めている。

かような規定における年休の法的性質はどのようなものであるのかについては，これまでさまざまな議論がなされてきた。大きく分けると次の3つの立場に分類される。

① 　請求権説：労働者の請求を使用者が承認することにより，年休が発生すると考える説。

② 　形成権説：労働者の請求という一方的意思表示により，年休の効果が発生すると考える説。

③ 　二分説：労働者の年休権は法律の要件により発生する権利と，具体的な日を決定する権利の2つから成っていると考える説。二分説はさらに，ア）年休権は労基法上の特別の権利であり労働者の請求とは年休の時季を指定する権利であるとする「時季指定権説」，イ）年休権は一種の種類債権であり，その時季の指定するものであるとする「種類債権説」，ウ）年休権は一種の選択債権であり労働者の請求とは選択債権の選択権であるとする「選択債権説」に分かれている。

この件につき一定の決着を付けたのは，前述の白石営林署事件である。本件では，年休は「法律上当然に労働者に生ずる権利」であるとしたうえで，労働者が「時季指定をしたときは，使用者が時季変更権の行使をしないかぎり，右の指定により年休が成立」すると判断した。すなわち，二分説のなかのア）時季指定権説の立場に立ったものと解される。

(6)　年休の使途について

前述の白石営林署事件では，「年休の利用目的は労基法の関知しないところであり，休暇をどのように利用するかは，使用者の干渉を許さない労働者の自由で

ある」と述べ，年休の自由利用原則を認めている。労働者は年休の時季指定にあたり，その理由や目的を使用者に告げる必要はない。ただ，労働者の時季指定によって事業の正常な運営が妨げられるおそれが生じた場合には，労働者の年休の使途によっては，後述する使用者の時季変更権の行使を控えようという趣旨にもとづき，使用者が労働者に年休の使途を聞くことは許容される。

　なお，労働者が争議目的で年休を使うことについて，本件では，労働者が所属事業場において業務の正常な運営の阻害を目的として全員いっせいに休暇届を提出することは，実質的に年休に名を借りた同盟罷業にほかならず，本来の年休権の行使ではないから，これに対する使用者の時季変更権の行使もあり得ず，年休の効果は否定されると判断した。

3　使用者の時季変更権

(1)　概　要

　一定日数の年次有給休暇の権利を取得した労働者に時季指定権が存在することは先述したとおりである。ただし，労基法39条5項但書において，使用者は，労働者の請求した時季に年休を与えることが事業の正常な運営を妨げる場合には，他の時季に年休を与えることができるとされている。これを使用者の時季変更権という。時季変更権の適法な行使は，労働者の時季指定権行使の効果を消滅させ，労働者に当該労働日の就労義務を負わせる効果をもつ。つまり，使用者の適法な時季変更権の行使は，年休の効果発生の解除条件となる。

　同法39条5項但書は「他の時季に有給休暇を与えることができる」と規定しているが，労働者はいつでも別の日に指定できるので，使用者が時季変更権を行使するにあたり他の時季を指定する必要はない。したがって，使用者が労働者の時季指定を承認しないという意思表示をすることも，時季変更権の行使として認められる。

　使用者の時季変更権の行使は，労働者から年休の時季指定がなされた後，事業の正常な運営を妨げる事由の存否を判断するのに必要な合理的期間以上には遅延させず，できるだけ速やかになされなければならないとされている。そのため，通常遅くとも年休開始日前に時季変更権を行使しなければならない。

　ただし，電電公社此花電報電話局事件（最判昭57・3・18）では，当日の午前8時40分頃に時季指定権を行使した労働者に対し，使用者が午後3時頃に時季変更権を行使した事案について「使用者の時季変更権の行使が，労働者の指定した

休暇期間が開始または経過した後になされた場合であっても，労働者の時季指定自体がその指定した休暇期間の始期にきわめて接近してなされたため，使用者において時季変更権を行使するか否かを事前に判断する時間的余裕がなかったようなときには，それが事前になされなかったことのゆえに，ただちに時季変更権の行使が不適法となるものではなく，客観的に時季変更権行使の事由が存在し，かつ，その行使が遅滞なくされるものである場合には，適法な時季変更権の行使があったものとして，その効力を認めるのが相当である」と判示している。ちなみに，同事件では，予定日の一定日数前までに時季指定を行うことを定めた就業規則を，合理的なものである限り有効であるとの判断もくだしている。

(2)　「事業の正常な運営を妨げる場合」

「事業の正常な運営を妨げる場合」に当たるか否かはどのように判断されるのであろうか。一般的には，時季指定した労働者の指定日の労働が業務の運営にとって不可欠で，かつ代替要員を確保するのが困難であるかどうか，といったファクターによって個別に判断されることになろう。たとえば，年末の特に業務繁忙期である場合や，同一時期に多数の労働者の休暇指定が競合している場合などがこれにあたると考えられる。東亜紡織事件（大阪地判昭33・4・10）は，「有給休暇を与えることが事業の正常な運営を妨げる場合とは，その企業の規模，有給休暇請求権者の職場における配置，その担当する作業の内容性質，作業の繁閑，代行者の配置の難易，時季を同じくして有給休暇を請求する者の人数等，諸般の事情を考慮して，制度の趣旨に反しないよう合理的に決するもの」であると判示している。

(3)　長期の年休請求の場合

労働者が長期の有給休暇を請求する場合は，使用者において代替勤務者の確保がより難しくなり，事業への影響がより大きくなるので，使用者による時季変更の裁量が大きくなることが考えられる。

時事通信社事件（最判平4・6・23）は，通信社の記者が使用者との調整なしに1か月という長期の年休を請求した事案について，「労働者が右の調整を経ることなく，年休の日数の範囲内で始期と終期を特定して，長期連続で年休の時季指定をした場合の行使については，右休暇が事業運営にどのような支障をもたらすか，右休暇の時期，期間につき，どの程度の修正，変更を行うかに関し，使用

者にある程度の裁量的判断の余地を認めざるを得ない」と判断し，労働者が時季指定した 1 か月の半分に対する使用者の時季変更権の行使を適法とした。

　時季変更権の行使が許されるかどうかは，実際の事業上の支障の程度によるが，使用者は安易に時季変更権を行使すべきでないことはいうまでもない。仮に使用者がいかに努力しようとも，労働者の時季指定によれば事業の正常な運営ができないということであれば，労使双方が妥協点を見出す作業が不可欠となる。

4　年休の計画的付与

(1)　概　　要

　本来ならば，年休とは，労働者各人の自由な意思に基づき，使用者に気兼ねなく当然に消化されるのが理想である。しかし，日本では年休消化率が一向に上がらず，せっかくの権利が十分に享受できないでいる状況が長く続いている。そこで，年休取得率を引き上げるための方策として生み出されたのが「年休の計画的付与」制度である。

　これは，1987年の労基法改正により導入された制度であるが，後述する2019年4 月からスタートした年休義務化にともない，会社が効率よく義務を果たすための手段として，計画的付与の制度が，にわかに再注目されるという皮肉な状況もみられる。

　まずは，制度の概要からみてみよう。これは，労基法39条 6 項により，労働者の過半数代表と使用者が労使協定を締結することにより，年休を与える時季に関する定めをしたときには，所定の年休日数の 5 日を超える部分については，その定めに従って年休を付与することができるという制度である。なお，本制度に合わせて，入社後最初に年休が与えられる日数も，6 日から10日に引き上げられた。

　計画的付与制度における年休の時季の定め方については労使協定に委ねられており，たとえば，事業場全体でのいっせい休暇，部署やグループ毎の交替制休暇，計画表に基づく個別指定休暇など，さまざまな方法をとることが可能である。ただし，時間単位で年休を付与することは計画的付与においては認められない。

　なお，入社後 6 か月を経過していない労働者や年休付与日数が 5 日間以下の労働者は，「年休日数が 5 日を超える」という条件を満たさないため，計画的付与の対象から除外されることになる。しかし，もし事業場全体で一斉休暇などを導入した場合，除外された労働者に対して何も対応しなければ，一斉休暇の影響を受けて，その分の給与が減らされてしまうという不公正きわまりない状況が発生

することになる。したがって，一斉休暇などの場合は，除外された労働者に対して，たとえば有給の特別休暇を与える，または休業手当として平均賃金の60% 以上を支払う，などの対応を検討する必要があるだろう。

(2) 過半数代表の選出方法

労働者の自由に任せていてはいつまで経っても年休取得率が上がらないということで，事業場単位でいっせいに付与してしまおうという趣旨だが，ここで問題になるのは，過半数代表の選出方法である。事業場に過半数を組織する労働組合があれば，当該労働組合が過半数代表になるが，多くの職場にはそれが存在しない。そうなると，過半数代表を投票や挙手等の手段で選出することになるが，選出方法が形骸化していたり，使用者の意向が強く反映された選出が行われることが往々にしてある。そうなると，結局のところ，労使協定も労働者の意向に沿ったものにならず，むしろ使用者の都合に合わせたものになってしまう。

労使協定が成立すると，計画的付与の対象となった当該事業場の全労働者は，時季指定権を行使できなくなる。すなわち，労使協定で付与日とされた日は，年休を「必ず」取らなければならなくなる。このような一部の労使による形骸化した手続きで労使協定を締結したような場合，意思を反映する機会を得られなかった労働者や，計画的付与に反対の労働者，そして過半数を組織していない労働組合等に多大な影響を及ぼすことになる。

関連する判例として三菱重工業長崎造船所事件（福岡高判平 6・3・24）がある。これは，事業場の労働者の98%が加入している圧倒的多数派労働組合が締結した労使協定によって決められた年休の効力が，少数派労働組合の組合員に及ぶかということが争点の中心であった。その点について福岡高裁は，「本件計画年休は，その内容においても，事業所全体の休業による一斉付与方式を採用し，計画的付与の対象日数を 2 日に絞るとともに，これを夏季に集中することによって大多数の労働者が希望する10日程度の夏季連続休暇の実現を図るという法の趣旨に則ったものであり，現時点において年休取得率の向上に寄与する結果が得られていると否とを問わず，（注：少数組合である）長船労組の組合員に適用を除外すべき<u>特別の事情</u>があるとは認められない以上，これに反対の長船労組組合員に対しても効力を有するものというべきである」との判断をしている。なお，この判決のなかに出てくる「特別な事情」の具体的な内容についてはふれられていないが，この第 1 審判決（長崎地判平 4・3・26）では，少数組合との交渉の存在や，労働

者側の事情による適用除外を認めていることなどが「特別の事情」としてあげられている。

　最近の興味深い判例として，シェーン・コーポレーション事件（東京高判令元・10・9）がある。これは，法定年休日数の2倍の20日間の年休を付与していた被告会社が，20日間のうち15日間について労使協定を締結しないままで「計画的付与制度」をとっていたというケースである。原告労働者は，労使協定を締結していないのだから，計画的付与制度は有効ではないと考えて，出産を控えていた妻と生まれてくる子の世話のため，希望する日の年休を申請したところ，使用者は認めなかった。結局，申請とおりに休暇をとった労働者に対して，会社側は「無断欠勤」扱いにして雇止めにした。東京高裁は，法定の年休を超えた部分については，労使協定がなくても計画的付与が可能であるとしながらも，会社が法定の年休の部分と法定を超えた部分とを区別することなく計画的付与制度として指定しているので，どの日が法定を超えた有給休暇に関する指定であるかの特定ができず，したがって，全体として計画的付与制度は無効になると判断し，年間20日の有給休暇の全てについて，労働者が時季指定できると結論付けた。法定と法定外の年休における計画的付与制度の正当性をめぐる初の司法判断であり，注目に値する。

5　年休付与の義務化

　(1)の年休の計画的付与制度をもってしても，年休取得率はなかなか上昇を見せないままであった。表3は，最新の企業規模別の労働者1人あたりの年休取得状況であるが，これをみると，企業規模が小さくなればなるほど，年休取得率が低くなることがわかる。

表3　企業規模別の労働者1人あたり平均年休取得状況（平成31年）

企業規模	労働者1人平均取得率
総　　計	52.4%
1000人以上	58.6%
300〜999人	49.8%
100〜299人	49.4%
30〜99人	47.2%

出典：厚生労働省「平成31年就労条件総合調査」をもとに筆者作成

年休取得率の伸びが低率なままの状況が長期間続くなか，政府は「第4次男女

共同参画基本計画」のなかで，2020年までに年次有給休暇取得率を70% にするという成果目標を掲げた。この目標達成を後押しするように，2019年4月1日から施行された働き方改革関連法（正式名称「働き方改革を推進するための関係法律の整備に関する法律」）の施行により，労基法39条7項，8項が新設され，年休付与の義務化が始まった。

　この統計が示すように，中小企業は特に年休取得率が低く，今回の年休付与の義務化は中小企業には厳しすぎるといった声も聴かれたが，中小企業への猶予措置はなく，企業規模を問わず全ての事業所に罰則付き（6か月以下の懲役または30万円以下の罰金）で適用される。

　今回の年休付与の義務化により，使用者は，年休の付与日数が10日以上である労働者（管理監督者や有期雇用労働者も含まれる）に対して，「5日」については，基準日から1年以内に，労働者ごとにその時季を指定する義務を負うことになった。時季指定に際して，使用者は，労働者の意見を聴取しなければならず，また，できる限り労働者の希望に沿った取得時季となるよう，聴取した意見を尊重する努力義務が課されている。

時季指定義務のポイント

出典：厚生労働省「年次有給休暇の時季指定義務」

　ただし，労働者が年休取得の時季を指定した場合や，使用者から計画的付与制度による年休の付与がなされた場合，あるいは，その両方が行われた場合には，これらの日数は当該義務の履行から除外され，これらによって取得した年次有給休暇の日数の合計が年5日に不足する場合には，その不足日数について使用者に時季指定義務が残ることになる。たとえば，労働者が自ら3日の時季指定をして年休を取得した場合，使用者は，2日の時季指定をすればよいことになる。

られた。しかし戦後復興から高度経済成長へと産業社会が急速に進展するとともに労災発生の可能性も増大したことから，これに対応するために1972年，全122か条からなる労働安全衛生法が制定されるとともに，労基法中の関係規定を削除した（なお労安衛法は頻繁に改正され，またこれに付随する多くの諸規則〔労働安全衛生規則等〕やじん肺法等の特別法規が制定され，今日にいたっている）。一方，災害補償についても同じく労基法は，第8章に「災害補償」として14か条の災害補償に関する規定をおき，個々の使用者に対し，労働者の業務上の傷病等について災害補償をなすべきことを命じた。しかしいくら罰則をもって災害補償を実現させようとしても，その支払いに迅速性，確実性を欠くおそれがある。そこで労基法上の制度を補うともに，被災労働者とその家族に対し，より手厚い保護を図るために，同法施行と同時に労災保険制度（労災補償保険法）が発足した。こうして労働災害・職業性疾病に対する対策としては，大きく災害の危険や有害な環境から労働者の生命や健康を事前に守るという側面と，不幸にして発生してしまった労働災害や職業性疾病について，事後的に補償するという側面の2つがある。

そこで以下，これら2つの法制度の内容について，具体的にみることにしよう。

1　労働安全衛生体制

(1)　労安衛法の名宛人と監督

労安衛法は「労働基準法と相まって……職場に於ける労働者の安全と健康を確保する」だけでなく，さらに「快適な職場環境の形成を促進する」（1条）ことを目的としている。そのために事業者やその他の関係者に，様ざまな義務を課し，罰則や監督行政による取り締まりを行っている。

労基法上の労働安全に関する責任者は「使用者」である。これに対し労安法では「事業者」，すなわち「事業を行う者で，労働者を使用する者」（2条3号）を労働安全義務の名宛人としている。これは労基法上の使用者（10条）が「事業主のために行為するすべての者をいう」としていることなどから，違反の責任を末端の現場責任者だけに負わせるなどということがないよう考慮したものである。また労安衛法は事業場の事業実施の最高責任者（たとえば工場長）を「総括安全衛生管理者」（10条）とし，安全衛生管理体制を強化している。しかし事業者のみを名宛人とするだけでは労災防止を図るのに十分ではないことから，建設物等の発注者，工事等の特定事業の元請人，機械の貸与者，危険な機械や健康に有害な物質を製造・輸入・譲渡・提供する者，重量物の発送者などにも，必要な範囲

で安全・衛生管理の義務を課している（3条・29条・30条等）。

　労安衛法の実効性を確保するために，同法の規定の多くには，罰則をともなっている。その対象は法律上の作為・不作為の義務がある者である。しかし事案によっては，危険防止等について決定ないし処分権限のある者も該当する。また事業者の代理人・使用人その他の従業者がその業務に関して違反した場合に，事業者にも罰金刑が科せられることがある（122条，両罰規定）。つぎに労働基準監督署は，労基法の場合と同様に，労安衛法遵守のための監督・指導・摘発の任を負っている。

(2)　労働安全管理体制

　労安衛法は事業者に対し，労働災害防止を図るために，事業場ごとに安全管理体制の確立を求めている。まず，一般事業場については，上記の総括安全衛生管理者のほかに，これを補佐する安全管理者（11条），衛生管理者（12条）が選任されなければならない（小規模事業所では，安全衛生推進者または衛生推進者が選任される〔12条の2〕）。また労働者の健康管理等に携わる産業医（13条）や，一定の危険作業についての作業主任者（14条）の選任が求められる。さらに事業場の業種と規模に応じて安全に関する事項を調査審議し，事業者に意見をのべることを目的とした調査機関として，一定規模以上の事業場について安全委員会（17条）および衛生委員会（18条）あるいは，両者を合わせた安全衛生委員会（19条）の設置が求められる。つぎに，重層的な下請構造がみられる建設や造船業の事業場においては，元請業者による統括安全衛生責任者（15条）とこれを補佐する元方安全衛生管理者（15条の2），店社安全衛生管理者（15条の3）および安全衛生責任者（16条）の選任が求められる。

(3)　危険防止措置と就業にあたっての措置

　事業者は，労働者が被るおそれのある各種の危険を防止するために必要な措置を講じなければならない。また元請業者，注文主，請負業者，機械等貸与者は，それぞれの立場において労災防止に必要な措置をとることが義務付けられている（29条−34条）。これらの措置の具体的な内容は，労働者の「危険又は健康障害を防止するための措置」（第4章），労災事故の原因となる「機械及び有害物に関する規制」（第5章），そして安全衛生教育や技能講習などの「労働者の就業にあたっての措置」（第6章）である。その措置に関する詳細は，労働安全衛生規則その

他の特別規則で定められている。なお事業者がこれらの措置を怠っているために生命・身体に対する重大な危険が生じる可能性がある場合，当該業務命令は無効であり，労働者は就労を拒否することができる（電電公社千代田丸事件：最判昭43・12・24参照）。

2　健康の保持・増進と快適な職場環境の形成のための措置

労安衛法は，労働者が働くにあたっての安全を確保するための基準を設けるだけでなく，労働者の「健康の保持増進のための措置」（第7章）に加えて，さらに事業者に「快適な職場環境の形成のための措置」（7章の2）の実現を義務付けている。

(1)　健康の保持・増進のための措置

労安衛法における労働者の健康の保持・増進するために事業者がとるべき措置としては，有害な一定の業務に対する作業環境測定（65条）と労働者の健康診断の実施（66条1項）が重要である。同法はまず事業者に対し，有害業務を行う屋内作業等で政令が定めるものについて，作業環境を測定し，結果を記録し（65条），その結果の評価により健康保持のための必要な措置をとらなければならない（65条の2）とする。

つぎに事業者は労働者に対し，定期的な一般健康診断（雇入れ時と最低年1回）と有害業務に関する特別健康診断を実施しなければならない（66条1〜4項）。またそれとともに，その結果を労働者に通知しなければならない（66条の6）。このことに関連して，健康診断に際し，労働者の同意なしにHIV検査などを受診項目に加えることは，労働者のプライヴァシー保護の観点から認められない（T工業〔HIV解雇〕事件：千葉地判平12・6・12）。一方労働者にとっては，労安衛法に基づく使用者が行う健康診断を受けなければならない（66条5項）。ただし指定された医師等での受診を希望しないときは，他の医師等で受診し，その結果を証明する書面を事業者に提出することは可能である（66条の2）。なお労働者の受診義務違反について，罰則適用は予定されていない。それは健康診断が労働者のためになされるものだからである。ただし頸肩腕症候群に関する総合受診を事業者指定の病院は信用できないとして拒否した場合，就業規則で健康回復を目的とする健康管理従事者の指示に従わねばならないと規定されているときには，労働者は労働契約上従う義務があるとして，これを無視した労働者に対する懲戒処

分（戒告）が有効と判断された（電電公社帯広電報電話局事件：最判昭61・3・13）。

(2)　快適な職場環境の形成のための措置

　労安法にはさらに事業者に対し，事業場の安全衛生の水準を向上させるため，作業環境を快適な状態に維持管理するための措置をはじめ，労働者の従事する作業について，その方法を改善するための措置，作業に従事することによる労働者の疲労を回復するための施設または設備の設置または整備など，継続的かつ計画的に講じることによって，快適な職場環境の取得促進，短時間勤務や隔日勤務等の多就業型ワーク・シェアリングの実施，職場優先の意識や固定的な性役割分担意識の是正のための意識啓発等の取り組みがある。

　また事業者が行動計画を策定・実施し，その行動計画に定めた目標を達成したことなどの一定の基準を満たした場合，事業主の申請によって都道府県労働局が当該事業者を認定する仕組みが設けられている。認定を受けた事業者は，そのことを示す「認定マーク」を広告等で使用することができ，それは企業のイメージ・アップや有能な人材の獲得につながる可能性もあろう。

3　労災補償制度

(1)　労災補償制度とは

　労災補償制度とは，労働者の業務上の負傷，疾病，障害および死亡（以下，「傷病等」という）について，本人もしくは遺族に対して補償される制度である。

　この制度が確立される以前は，市民法に則り，使用者に損害賠償を請求していた。この場合，不法行為（民法709条）として，請求者である被災労働者側（遺族を含む）が，使用者の故意・過失を立証する責任を負わなければならない（過失責任主義）。しかし，この点を立証することは実際において困難であり，たとえ立証し得たとしても，訴訟を行うには少なからぬ費用と時間を要し，また，使用者に相当の資力がない場合には，補償を受けられないおそれも出てくる。

　労災補償制度は，このような法制度の不備を解決するべく，1947年，労基法および労災保険法の創設によって，使用者の故意・過失を必要としない無過失責任により補償を受けられる権利として確立されたのである。

(2)　労基法における災害補償

　労基法第8章「災害補償」では，業務上の傷病等について，療養補償，休業補

償，障害補償および遺族補償などの責任義務を負うと規定されている。業務上の傷病等であることから，使用者に無過失責任を課し，補償額は平均賃金を基礎として定型・定率的に定められており（療養補償を除く），また，使用者の補償責任の履行を確保するため罰則も設けられている（労基法119条）。これらのことから，民法上の損害賠償とは性格が異なったものとなっている。しかし，使用者の支払能力の状態によっては，補償を受けられないおそれがある点において，私法による補償制度と同じ限界を有している。

(3) 労災保険法における災害補償

　災害補償制度のもう１つは，労災保険法に基づく給付である。労災保険制度は，業務上および通勤による傷病等について，必要な保険給付を行うことを目的として制定され（労災保険法１条），政府が保険者となっている（労災保険法２条）。使用者の過失の有無にかかわらず，また，通勤災害においても，法の規定による定型的な給付がなされるもので，被災労働者あるいは遺族に対し，直接保険給付が行われる社会保険方式を採用している。なお，通勤災害制度は，わが国のモータリゼーションに対応して，1973年に制定されたものであるが，この制度がない国では，会社が用意したバス等での通勤中の事故は労災補償の対象となるものの，マイカー通勤等の事故はカバーされないという問題が生じている。

　適用関係では，正社員，パートタイマー，アルバイトなどの労働者を使用する，すべての事業（国の直営事業及び官公署を除く）が対象となる（労災保険法３条１項）。なお，労災保険法上，「労働者」概念は明記されていないが，労基法９条の概念と同様であると解されている。中小事業主や傭車運転手などの一人親方等，「労働者」以外のものについては，例外的に特別加入制度が設けられている（労災保険法33条）。

　保険料は賃金総額に業種ごとの労災保険率を掛けて算出した額を全額事業主が負担する（労働保険料徴収法11条）。また，一定規模以上の事業については，過去３年間の保険給付額に応じ，保険料率を40％の範囲内で増減させるメリット制が採用されている（労働保険料徴収法12条３項）。

　労災保険法により労基法上の補償に相当する給付がなされた場合，使用者は労基法上の補償責任を免れる（労基法84条１項）ことから，実際には，労基法上の災害補償制度が適用されることはほとんどない。この点において，労災保険制度は，労基法がもつ災害補償の限界を補う大きな役割を果たしているといえよう。

　民法上の損害賠償責任との関係では，労災保険法による給付が行われても労働者や遺族は使用者に対し，別途損害賠償を請求することが可能である（労災民訴）。労災保険法による給付は定型的であり，また，必ずしも高い水準とはいえず（休業した場合の給付額は平均賃金の 8 割），慰謝料に関しては考慮されていないことなどから，使用者の損害賠償責任は免れ得ないと考えられているからである。

　このほか，労災保険法は無過失責任主義であるのに対し，損害賠償には過失相殺法理が適用される。労災保険法による給付は賃金額をもとに，定型的に決定されるが，損害賠償は実損額について個別的に算定される。労災保険法による給付には年金で支給されるものもあるが，損害賠償は一時金で支給されるなどの相違点があげられる。

(4)　労災保険制度の法的性格

　労災保険制度は労基法上の労災補償責任を超えて諸々の制度を展開してきた。具体的には，遺族補償給付や障害補償給付の年金化，一人親方あるいは中小事業主などの特別加入制度の創設，通勤災害制度の導入，要介護状態における介護補償給付の支給，労働福祉事業の創設および費用の一部国庫負担の導入などがあげられる。

　このような，いわゆる「労災保険法の一人歩き」現象から，労災保険制度の機能が被災労働者の生活保障を主軸とする方向に変化していることに鑑み，労災保険が社会保障化したという意見がある。その一方，使用者の補償責任を前提として，保険料全額を使用者に負担させている点を捉え，ほかの社会保険とは異なる特徴を有していることから，そのような見方に疑問を呈する意見もあり，議論は錯綜している。

4　業務上災害・通勤災害の認定

(1)　「業務上災害」の認定

(a)　「業務上災害」の要件と意義

　労災保険法上の業務災害とは，労働者が業務上において傷病等が発生した場合をいう（労災保険法 7 条 1 項 1 号）が，この業務災害にかかる保険給付は，労基法規定の災害補償事由（労基法75条から77条・79条および80条）が生じた場合に行われる（労災保険法12条の 8 第 2 項）。労災保険給付が行われると，使用者は災害補償の責めを免れる（労基法84条 1 項）ことから，両法における業務上の傷病等の

範囲は，同一であると解されている。

　業務上の傷病等として認定されるためには，その傷病等が業務に起因して発生したものでなければならない（業務起因性）。業務起因性が認められるためには，業務とその傷病等との間に，相当な因果関係の存在が必要とされる。

　業務起因性は労働関係がもとになり成立することから，業務上傷病等が，「労働契約に基づき事業主の支配下にあること」を条件に発生したことを要する（業務遂行性）。

　従来，業務災害認定にあたっては，業務起因性と業務遂行性の2要件が必要であるとされていたが，その後，後者は，業務上の有無を判断する1つの概念にすぎなくなった。したがって，業務遂行性がなければ業務起因性も成立しないことになるが，業務遂行性があっても業務起因性があるとは限らないのである。

　このような枠組みのもと，「負傷・死亡」または「疾病」について，業務上認定の可否が行われる。

　「業務上」の認定がなされると，労災保険から給付が行われるが，ほかの社会保険による給付水準と比較すると，その格差は大きいものがある。また，厚生年金等から障害あるいは遺族給付が支給される場合でも，一部調整が行われるものの，両者が併給して支給される。このように「業務上」と認定されるか否かにより，保障の厚みが異なることから，労働者にとって極めて重要な意義を有している。

(b)　「業務上災害」の判断枠組み

　労働者が事業場内において，通常どおり業務に従事している際に発生した災害は，事業主の支配下・管理下にあることから，原則として業務遂行性および業務起因性が認められる。しかし，業務遂行性があっても，自然災害，第三者による行為，私的事情による行為などによって発生した場合は，業務起因性が否定される。もっとも，これらの場合でも，業務に内在する危険が現実化したものといえる場合は，業務起因性が肯定されうる。たとえば，作業中に同僚との間で意思疎通を欠いたことから，憤怒した相手方に殴られ負傷した事案では，暴行が作業に内在する危険から生じたもので，被災者側の私的挑発行為により生じたものではないとして業務上災害と認定された（浜松労基署長（雪島鉄工所）事件：東京高判昭60・3・25）。また，競馬場に勤務する女性が，同じ職場に勤務していた男性警備員にストーカー的行為をされたうえ，勤務先で殺害された事案において，その暴行が業務に内在する危険が現実化したものであるとして，業務起因性が肯定さ

れている（尼崎労基署長（園田競馬場）事件：大阪高判平24・12・25）。

　事業主の支配下にあって管理下にない出張については，特別の事情がない限り，全過程において事業主の支配下にあるといえるので業務遂行性が認められる。また，宿泊を伴う場合は，「宿泊施設内で行動している限り」，業務遂行性があるとされ，宿泊施設内での飲酒は，その目的，量などを考慮のうえ，「出張に伴う宿泊に当然付随する行為」として，飲酒後発生した事故について業務起因性を認めた事案もある（大分労基署長（大分放送）事件：福岡高判平5・4・28）。

　一方，業務上の疾病（職業性疾病）にかかる認定については，その疾病が業務起因性を有するものであって，業務と疾病との間に相当因果関係の存在が認められなければならない。職業性疾病は，業務に内在する有害因子のばく露により，それが徐々に影響して発病する場合が多く，また，労働者が有害な作業環境を離れた後に発症するケースも少なからずある。さらに業務だけが原因でなく，本人の素因や基礎疾患が合わさって発症するケースもあることから，労働者側で業務起因性を立証するのは極めて困難であるといえる。そのため，労規則別表 1 の 2 において職業性疾病を列挙し，それに該当する疾病については，その業務への従事と関係する疾病のり患を証明することにより，業務起因性が推定されている。

　なお，業務上認定で注目を集めているのは，過労死・過労自殺問題であるが，この問題に関しては本節コラムに譲ることとする。

⑵　「通勤災害」の認定

⒜　「通勤災害」の性格

　通勤災害保護制度は，「通勤」が使用者の支配下における行為とはいえないことから，労災保険法創設時には規定されていなかった。すなわち，業務災害は，事業主の支配下において発生するものであるが，通勤災害は，住居や経路，手段の選択について，労働者の自由意思に任せた通勤から生ずるものであり，事業主には，これを予防する手立ても責任もないからである。しかし，「通勤」は，業務に必然的に伴うもので，業務との関連性が密接であること，また，1960年代の高度経済成長期における産業の都市集中化による通勤事情への影響などを背景として，1973年12月に通勤災害が労災保険法上の保護対象として加えられることになったのである。

　通勤災害は，一種の社会的危険から起こる災害と考えられており，使用者の責任によるものではないため，給付の名称に「補償」の文言が付されておらず，ま

た，療養給付を受ける場合，200円を超えない範囲の一部負担金を必要とし，さらに労基法19条の解雇制限規定の適用がないなど，労災保険法における業務災害の場合とは異なる取扱いがなされている。

(b)　「通勤災害」の定義と判断枠組み

　労災保険法は，「通勤災害」を「労働者の通勤による負傷，疾病，障害又は死亡」であると規定している（労災保険法7条1項2号）。ここで「通勤」とは，労働者が，「就業に関し」，住居と就業場所間の往復のほか，兼業労働者の就業場所間の移動や単身赴任労働者等の住居間移動につき，「合理的な経路及び方法により行うことをいい，業務の性質を有するものを除くもの」と定義されている（同条2項）。

　通勤災害として認定されるためには，通勤と災害との間に相当因果関係がなければならない。また，通勤災害は，通勤に通常伴う危険が具体化したものであることから，その災害が通勤に内在する危険の現実化したものと認められるか否かにより判断される。

　なお，労働者が移動の経路を「逸脱・中断」した以降は，通勤とはみなされない（同条3項）。ただし，「逸脱・中断」が日用品の購入等日常生活上必要な行為であって，やむを得ない事由により行うための最小限度である場合は，逸脱・中断後，通勤経路に復した以降は「通勤」となる。

　退勤の途中，通勤経路から離脱し義父宅に立ち寄り，同人の介護を行った後の帰宅途中における被災事案につき，「介護」が「日用品の購入その他これに準ずる行為」にあたるなどの理由により通勤災害と認められた（羽曳野労基署長（通勤災害）事件：大阪高判平19・4・18）。このことが契機となって，「介護」が「日常生活上必要な行為」として労災則8条に追加されたのである。高齢社会を迎え，仕事と介護の両立を余儀なくされる労働者への必然的措置といえよう。

　一方，食料品購入のため，通勤経路を40メートルほど逸脱し被災した女性労働者につき，通勤災害とは認められなかった事案（札幌中央労基署長（札幌市農業センター）事件：札幌高判平元・5・8）があるが，女性の社会進出に伴い，共働き世帯が増加していることに鑑み，仕事と家事の両立が不可避な労働者の保護を必要とする観点から，生活必需品購入にかかる逸脱・中断については，「合理的な経路」と解すべきであろう。

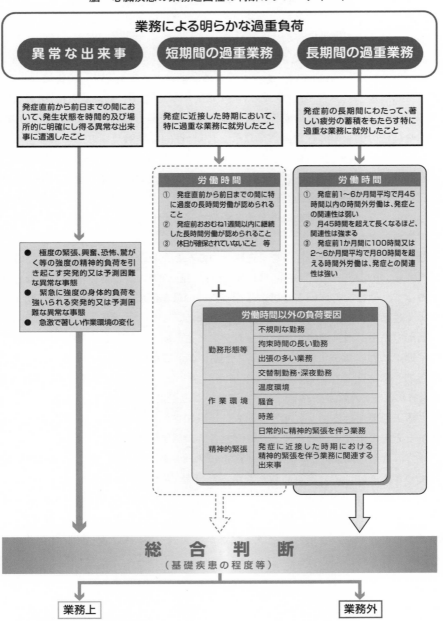

脳・心臓疾患の業務起因性の判断のフローチャート

業務による明らかな過重負荷

異常な出来事　　**短期間の過重業務**　　**長期間の過重業務**

異常な出来事	短期間の過重業務	長期間の過重業務
発症直前から前日までの間において、発生状態を時間的及び場所的に明確にし得る異常な出来事に遭遇したこと	発症に近接した時期において、特に過重な業務に就労したこと	発症前の長期間にわたって、著しい疲労の蓄積をもたらす特に過重な業務に就労したこと

労働時間
① 発症直前から前日までの間に特に過度の長時間労働が認められること
② 発症前おおむね1週間以内に継続した長時間労働が認められること
③ 休日が確保されていないこと　等

労働時間
① 発症前1～6か月間平均で月45時間以内の時間外労働は、発症との関連性は弱い
② 月45時間を超えて長くなるほど、関連性は強まる
③ 発症前1か月間に100時間又は2～6か月間平均で月80時間を超える時間外労働は、発症との関連性は強い

● 極度の緊張、興奮、恐怖、驚がく等の強度の精神的負荷を引き起こす突発的又は予測困難な異常な事態
● 緊急に強度の身体的負荷を強いられる突発的又は予測困難な事態
● 急激で著しい作業環境の変化

＋　　　　＋

労働時間以外の負荷要因

勤務形態等	不規則な勤務
	拘束時間の長い勤務
	出張の多い業務
	交替制勤務・深夜勤務
作業環境	温度環境
	騒音
	時差
精神的緊張	日常的に精神的緊張を伴う業務
	発症に近接した時期における精神的緊張を伴う業務に関連する出来事

総 合 判 断
（基礎疾患の程度等）

業務上　　　　　　**業務外**

出典：厚生労働省 HP より

コラム 2 - 8　過労死・過労自殺

　日本人の「働きすぎ」「長時間労働」の悪しきシンボルである過労死——"karoshi"というローマ字表記はオックスフォード英語辞典にも掲載され，悲しいかな，国際的に通用する——とは，過重労働による脳・心臓疾患に関する疾病（心筋梗塞，脳出血，脳梗塞など）にともなう急性死ないし命を取り留めても後遺症が残る場合である。当初はこれが業務上災害と判断されることは少なかった。それは被災者側の私生活（酒・たばこの嗜好や夜更かし等の生活習慣）や遺伝的・体質的素因，基礎疾病（現在の疾病発症の基礎となるもの）などの要因も考えられるからである。また行政の業務上災害認定基準は，発症直前または前日の災害的出来事の有無を重視していた。しかし厚労省は，飲酒・喫煙嗜好のない社用車運転手のクモ膜下出血発症を業務外疾病（私病）とした行政判断が取り消され，業務上災害にあたるとした横浜南労基署長（東京海上横浜支店）事件（最判平12・7・17）を契機に，翌2001年12月，従来の認定基準を改めた。以後，発症前の長期間（2～6か月）にわたる疲労の蓄積（「過労死ライン」：1か月の平均・時間外労働80時間）などが考慮されるようになった（「脳血管疾患及び虚血性心疾患王の認定基準について」基発1063号）。

　一方，過労による自殺について，従前は結果の発生を意図した故意によるものとして，労災認定されることはなかった（労災保険法12条の2の2第1項参照）。それゆえに過労死事件を多く担当した弁護士でさえ自殺を業務上災害と認定させることは，「針の穴にらくだを通すことより難しい」（『新訳聖書』マタイによる福音書第19章23節参照）と考えていた。しかし息子の自殺の原因は長時間残業にあるとして，会社側に損害賠償を求めた民事裁判で遺族の主張が認められた電通事件（最判平12・3・24）——その年の10月以降，過労死危険ラインの80時間をはるかにこえた（130時間）時間外労働の果て，クリスマスの日に自ら命を絶った新入女性社員の例（2015年）とは別の，以前の事案——の第一審判決（東京地判平8・3・28）以降，大きな社会的関心をよぶにいたった（その翌月には，社員の海外出張先滞在ホテルでの投身自殺の業務起因性を認めた加古川労基署長〔神戸製鋼所〕事件〔神戸地判平8・4・26）が示された）。行政は1999年9月14日（基発544号・同545号）で精神障害・自殺に関する通達を発し，さらにその改正版として2011年12月26日「心理的負荷による精神障害の結果としての認定基準について」（基発1226第1号）がつくられ，疾病発病前おおむね6か月間の業務による強い心理的負荷の有無が重視されている。

　そして2014年6月「過労死等防止対策推進法」が制定され，同年11月施行された。同法は国の対策（実態調査・国民への啓発・相談体制の整備・民間団体の支援）と自治体や事業主の協力を求めている。同法は規制や罰則を定めるものではないが，過労死や過労自殺を減少させるのに役立つことが期待されている。

第 9 節　雇 用 平 等

トピック　「平等」とは？「差別」とは？

◇閉店作業後給与明細をもらったカフェ【56】のアルバイター・店内ホールにて

亮「今日はこれで上がり！ようやく給料日だよ。今月気がついたらすごい買ってて，クレカの請求マジヤバかった。これだけあれば十分足りそう。」

春香「亮さんスニーカーにお金かけすぎなんですよ。今日も新しいの履いてきたじゃないですか。先月貸した1万円返してくださいね。」

亮「まぁ，春香だって給料入ったんだし，少し後でも……あれ？春香，俺より時給50円高くない？」

春香「ん？亮さん1200円に上げてもらってないんですか？私がこのバイトを始めたとき人が全然集まらなくって，時給を50円あげたって吾郎店長言ってましたよ。」

亮「エー，知らない。」

未悠「あたし春ちゃん入ってきたときに上げてもらったよ。ほら，これ見なよ。1200円って書いてあるでしょ。」

亮「ほんとうだ。未悠俺よりむしろ前のタイミングでこの仕事始めたよね。これって差別じゃない？」

未悠「あんたしょっちゅう仕事休むからさ，それでなんじゃないの？」

亮「おいおい，そんなに休んでないし，ちゃんと許可もらってるって。しかも俺たちやってる仕事，ほとんど同じだぜ。絶対おかしいって。ジョーは時給いくら？」

Joe「僕は，これ，1250円。」

亮・未悠「エー！」

Joe「時給のことなんてなかなか話さないから，みんなと同じと思ってたなぁ。あ，でも，僕，外国人のお客さんが来たら君に任せるよって言われて採用された。」

春香「ジョーはニューヨーカーだもんね。しかも半年前に日本に来たとは思えないほど，日本語もうまいし。」

亮「ま，ジョーが接客うまいのは認める。ただ俺だって仲良くしてくれている常連のお客さんいるし……これも差別のような。俺，ちょっと吾郎さんに話聞いてくる。吾郎さん今事務室？」

春香「事務室ですよ。さっきまで私そこに呼び出されていたので。」

未悠「春ちゃん何かあったの？ゴロー店長，呼び出しするなんて珍しいね。」

春香「実は，なんか私がバイトに入ってから売り上げが上がったらしくて，今月特別ボーナスもらいました！」

亮・未悠・Joe「エー！！春香／春ちゃんだけー？！」

誰かと一緒に働いていると，他の人と労働条件や賃金などいろいろなことが違うことが見えてくる。納得できる違いならいいけれど，そうでもないこともよくある話。アルバイターのみんなの違いは，どのような事情があれば許される，あるいは許されないのだろうか？この節で考えてみよう。

1　雇用平等とは何か

(1)　雇用平等に関する法の問題背景

　誰もが平等な社会を実現しよう！というスローガンに正面から反対する人はそれほど多くないだろう。歴史的に見ても貴族・平民，士農工商といった身分格差や白人・黒人といった人種差別など様々な不平等は，速度の違いこそあれ各国で是正の対象となってきた。高い賃金をもらっても同様の働き方や能力の同期がより高い賃金をもらっていればどこか不満に感じるように，平等への欲求は私たちの心の中にも潜んでいる。

　もっとも，何をもって「平等」というかは難問である。そもそも私たちは誰一人として同じではないし，社会的に置かれた立場も考慮すればその多様性はさらに増す。平等が問われる場面もさまざまで，各個人に同じ扱いをすれば平等（形式的平等）といえる場合もあれば，違いに応じて違う扱いをすることが平等（実質的平等）といえる場合もある。この「違い」の中には，取扱いの違いとして考慮すべき事柄もあれば，すべきでない事柄もあり，この点の判断基準も明確ではない。こうした複雑な問題状況や価値観の相違を考慮しながら微妙な舵取が求められているのが雇用平等に関する法（以下「雇用平等法」）なのである。

(2)　雇用平等法の展開

　このような不明瞭さを内包しつつも，平等を保障することは近代立憲国家の基本として位置づけられてきた。日本でも，すべて国民は法の下に平等であって，人種，信条，性別，社会的身分または門地により，政治的，経済的または社会的関係において差別されないことが憲法に明記され（14条），日本の雇用平等法の基礎になっている。

　この憲法の要請は，労基法では均等待遇原則（労基3条）や男女同一賃金原則（労基4条）として具体化された。これらの重要性は今日も変わらないが，募集・採用は対象外とされ，労基法の刑事的効力によりその内容を柔軟に解釈することが難しいなど，規制対象の広がりは限られていた。

　この限定性を補完したのが，法の下の平等を背景に性差別の禁止が公序（民90条）を形成しているという構成（公序法理）で性差別を規制する方法である。女性のみを対象とする結婚退職制を無効と判断した住友セメント事件判決（東京地判昭41・12・20）によってもたらされたこの論理は，その後日産自動車事件最高裁判決（最判昭56・3・24）において踏襲され，現在も新たな雇用平等法理を展開する際の法的構成の1つとして機能している。1985年には男女雇用機会均等法（均等法）が制定され，日本における差別禁止法が形作られた。

　雇用平等に関する法整備は男女平等以外の領域でも進んでいる。数多くの例外を認めつつも2007年には旧雇用対策法10条（現労働施策総合推進法9条）に募集・採用における年齢差別の禁止が定められ，2013年には障害者雇用促進法34条・35条に障害者差別の禁止が明文化された。労働契約に基づいて設定される雇用形態間の平等を実現するための法整備も進んだ。2007年には，雇用形態間の平等取扱いが労働契約上の基本原則とされ（労契法3条2項），フルタイム・パートタイム労働者間の均等・均衡待遇（2007年改正短労9条，2014年改正短労8条，2018年に現行の法律名に改称して次の有期・無期労働者の均衡待遇規定を吸収），有期・無期労働者間（2012年改正労契法20条），派遣労働者と派遣先労働者間（2012年改正派遣では努力義務，2018年改正派遣30条の3では強行規定化）での平等の実現が求められている。さらには女性が活躍しやすい環境を一定程度整えた企業にその旨の表示を認めるなど（女性活躍推進法10条）実効性確保の仕組みも充実しつつある。

(3)　雇用平等法の体系

　雇用平等法をどのように体系化するかについては議論があるが，少なくとも，差別事由の特徴に応じて大きく2つに分類されることについてはコンセンサスが形成されつつある。

　1つは性別や宗教など，自身の意思で変えることができない属性や基本的人権に関わる属性に基づく区別が問題になる場合である。この種の属性に基づく区別は，労働者本人の特徴を見ずに取扱いを区別する点で個人の尊重の否定につながる。そのため取扱いが有利か不利かを問わず，その属性に基づいて取扱いを区別すること自体が社会的に非難の対象になる。ただし年齢差別や障害者差別のように，その属性と労働能力に一定の相関関係があったり，その属性を有する者が社会的に置かれた立場を考慮する必要があったりして，その属性に基づく区別が比較的広く認められる場合もある。

　もう 1 つは通常の労働者と比較して相対的に短時間労働であることや労働契約に期間の定めがあることなど，労働契約に基づいて設定された属性に基づく区別が問題になる場合である。この属性は労働者の意思に基づいて設定されたものであるため，この属性に基づいて労働条件に差が生じても問題にする必要はないようにもみえる。しかし家庭責任を担っていたり，正社員の就職口が少なかったりしてこの属性を選ばざるを得なかった労働者の存在や，この差を放置することの社会的問題性などを考慮して，一定の規制が講じられている。この規制根拠の考え方の違いに対応してこの種の雇用平等法の法的性質の理解の仕方については争いがある。現行法は，パートタイム労働などの属性に基づいて賃金などの取扱いを区別すること自体は原則として許容する一方で，その賃金の差などの区別の程度が仕事内容の違いなどと比べて不釣合いに大きい場合にはこれを規制する仕組みを採用している。

2　性差別の禁止

　雇用の場における男女平等は，賃金については労基法 4 条，賃金以外の労働条件については均等法，これら全体を視野に入れつつ訴訟では労基法 4 条や均等法がカバーしない問題領域において用いられる公序法理というように，異なるルールを組み合わせて実現されている。まずは労基法 4 条の内容について確認してみよう。

(1)　男女同一賃金原則

(a)　基 本 構 造

　使用者は，労働者が女性であることを理由として，賃金について，男性と差別的取扱いをしてはならない（労基法 4 条）。性別にかかわらず同一の賃金を支払うべきことを求めるこの男女同一賃金原則は，ヴェルサイユ条約（1919年）やILO100号条約（1951年，日本は1967年に批准）などによって国際的に古くから承認されてきた基本原則である。本条は「女性であること」と定めているが，女性に対する優遇も女性差別に該当することから，男性差別も規制対象とすると解されている。

　ある男女間の賃金格差が性別を理由とするか否かは，均等待遇原則（労基法 3 条）と同様に，その格差を取り巻く事実を総合考慮して判定される。男女別の賃金表が用いられている場合のように（秋田相互銀行事件：秋田地判昭50・ 4 ・10），

賃金格差が性別に基づくことが明白な場合はこの証明は容易である。しかし近年はこうした事案は少なくなり，むしろ総合職，地域限定職などの雇用管理の方法による区別や世帯主か否かに基づく区別（三陽物産事件：東京地判平 6・6・16）など，一見性中立的な仕組みが用いられているが，その運用あるいはその仕組み自体に性差別が隠されているかが問題となるケースの方が一般的である。

　ある賃金格差が特定の性別を理由とするか否かを判定する際には，差別を訴える労働者と性別を除いておおむね同じ立場にある異性の労働者を比較対象者として設定して，これとの比較が行われることが多い。申立人と比較対象者が同一の労働をしている場合は労基法 4 条違反が認められやすいが，他の事情により常に認められるわけではないし，逆に同一労働をしていなくても認められることがある。

　賃金決定に関する証拠の多くは使用者の下にあり，労働者が賃金格差の理由を詳細に説明することは難しい。そこで労基法 3 条（均等待遇原則）の証明と同様に，労働者が使用者の差別意思と男女間の賃金格差を証明すれば，使用者が職務内容や能力評価，勤続年数など，この格差を正当化する合理的な理由を証明しない限り，労基法 4 条違反が成立すると解されている（前掲・秋田相互銀行事件）。国や社内統計を分析した結果，女性の方が男性よりも勤続期間が短い傾向にあるため，男性よりも賃金を低く設定する取扱いは，実際の勤続期間が分からない使用者には合理的な取扱いのようにもみえる。しかしこれは差別を申し立てている女性個人を評価したものではない点で，女性差別を否定する理由にはならない（統計的差別の禁止，岩手銀行事件：仙台高判平 4・1・10）。雇用管理区分に応じて賃金表を設定することは広く行われているが，この雇用管理区分が現実の職務内容等に対応しない場合には，賃金格差を合理化する理由にならない（兼松（男女差別）事件：東京高判平20・1・31）。

　労基法 4 条違反が成立した場合，刑事罰が科されるとともに（労基119条 1 号），差別的賃金を定めた労働契約の部分は無効となり，不法行為（民法709条）を理由として差別がなければ支払われたであろう賃金と実際に支払われた賃金との差額分等の損害賠償を請求することができる。賃金の支払基準が就業規則等に明確化されている場合には，労基法13条を基礎に差額賃金（日本鉄鋼連盟事件：東京地判昭61・12・4）を請求することもできる。

(b)　同一（価値）労働同一賃金原則

　ILO100号条約や女性差別撤廃条約は，同一労働同一賃金原則を定める。この原則は，同一労働に従事する男女には原則として同一の賃金を支払わなければな

らないというものである。雇用形態間差別の文脈でも同一労働同一賃金が論じられることがあるが，もともとは性差別禁止の文脈で論じられてきた原則である。

　ここでの問題は，労基法 4 条がこの原則を保障しているといえるかである。この原則は職務給に馴染む原則であるとして，年齢や学歴など属人的な要素で賃金を決めることが多い日本では，この原則を認める基盤が存在しないことなどを理由に，労基法 4 条はこの原則を保障しないとする立場が一方にある。裁判例も，この原則に近い考え方を採用したもの（日ソ図書事件：東京地判平 4・8・27）はあるが，この原則をはっきりと採用したものはない。他方で，労基法 4 条がこの原則を明示に排除していないことや，この原則を，雇用する労働者が同一の労働をしていれば使用者は同一の賃金を原則として支払うべきとする労働契約上の平等取扱いに関する義務の 1 つと理解してこの原則が日本でも保障されていると解する立場もある。

　国際的には，同じ価値の労働をしている者には原則として同じ賃金を支払わなければならないものとする同一価値労働同一賃金原則も多くの国で採用されている。この原則は，同一労働同一賃金原則を用いて同じ仕事をしている者の間での差別を禁止するだけでは，女性が支配的な比較的賃金の低い職と男性が支配的な比較的賃金の高い職との間に存在する賃金格差を是正することできないため，仕事を価値に換算して仕事の違いをまたいで比較をすることを意図している。日本ではこの原則を明記した法律や裁判例は存在しないが，この原則を否定するものもない。公序は柔軟に解することが可能であり（丸子警報機事件：長野地上田支判平 8・3・15），職務価値の比較を性差別の判断要素とした判決がある（京ガス事件：京都地判平13・9・20）。この原則を活用するときの鍵の 1 つである職務評価制度の活用が雇用形態間差別の文脈において模索されていることは，この原則を日本で運用する際の基礎を整える意味を持つだろう。

(2)　男女雇用機会均等法

(a)　均等法の展開

　賃金以外の労働条件に関する性差別禁止は，均等法によって規制されている。
　均等法は女性差別撤廃条約批准（日本は1985年批准）のための国内法整備の一環として勤労婦人福祉法（1972年制定）を改正する形で1985年に制定された。当時の均等法は，女性差別を禁止する一方で男性差別は許容する，片面的な差別禁止を定め，その禁止の程度も募集，採用，配置，昇進については努力義務にとど

まっていた。

　しかし優遇であっても性別で取扱いを区別することには変わりないし，かえっ
て女性は保護を要する弱い性との認識を根づかせかねない。性差別の禁止が公序
であると認めた最高裁判決（前掲日産自動車事件）も既に存在したことで，この
仕組みへの批判が強まった。

　そこで1997年の均等法改正では，差別禁止が全て強行的禁止とされ，女性優遇
も女性であることを理由とする差別に該当すると解することで実質的に性差別の
禁止が実現された。この改正では，ポジティブ・アクションの利用や，機会均等
調停委員会（現紛争調整委員会の機会均等調停会議）による調停を一方当事者の申
請で開始することを認め，均等法違反に対する勧告に従わない場合は企業名の公
表を予定する制度を設けるなど，救済や実効性確保の仕組みも強化された。

　2006年の均等法改正では，法文上も男女双方に対する性差別の禁止が明記され，
差別禁止の対象となる雇用ステージが拡大された。また，間接差別の禁止の明文
化，妊娠・出産等を理由とする不利益取扱いの禁止の明文化，セクシュアル・ハ
ラスメントに関する事業主の配慮義務の措置義務への強化などが行われた。

(b)　規制の仕組み

　① 　**直接差別の禁止**　　事業主は，性別を理由として応募者・労働者を差別し
てはならない（均等法5条・6条）。この差別の禁止は，次の間接差別の禁止と対
比して直接差別の禁止と呼ばれる。禁止対象となる雇用ステージは，募集および
採用（均等法5条），配置，昇進，降格および教育訓練（均等法6条1号），住宅資
金の貸付等厚労省令で定める福利厚生措置（同条2号，均等法則1条1号〜4号），
職種および雇用形態の変更（均等法6条3号），退職の勧奨，定年および解雇なら
びに労働契約の更新（同条4号）である。

　性別を理由とすることの証明は，均等待遇や男女同一賃金原則におけるそれと
基本的に同じ方法で行われる。適法なポジティブ・アクションに該当する場合や，
芸術上，防犯上，宗教上の理由などから特定の性別のみに当該業務を従事させる
職務上の必要性が存在する場合等については，例外的に性別に基づく取扱いが認
められる。

　均等法の直接差別の禁止は，指針（「労働者に対する性別を理由とする差別の禁止
等に関する規定に定める事項に関し，事業主が適切に対処するための指針」平成18年厚
労告614号）に基づいて1の雇用管理区分の中で機能すると解されている。雇用
管理区分とは，職種，資格，雇用形態，就業形態等の区分その他の労働者につい

ての区分であって，当該区分に属している労働者について他の区分に属している労働者と異なる雇用管理を行うことを予定して設定しているものをいう。具体的には管理職候補の総合職と定型的な業務を担当する一般職の区分や，正社員やパートタイム労働者の区分があてはまる。このルールは，例えば総合職の男性と一般職の女性との間の労働条件格差については，均等法の規制が及ばないことを意味する。そのため均等法制定当時，能力主義の採用を意識して広まりつつあった総合職・一般職などにコースを分けて雇用を管理する複線型の雇用管理制度（コース別雇用管理制度）が，強制的にあるいは事実上男女を特定のコースに誘導することで既存の男女別の雇用管理を温存させる機能も持つことになった。このような男女コース別雇用管理制度については，均等法で差別禁止が強行規定化された以降これを公序に反することを理由に違法とする例がある一方（野村證券（男女差別）事件：東京地判平14・2・20），合理的なコース転換制度を設けていれば前記時点以降も適法と判断した例がある（兼松（男女差別）事件：東京地判平15・11・5）。

②　間接差別の禁止　　資格の有無や学歴に基づいて人事処遇を区別することは，これまで紹介してきた差別の禁止のいずれにも当てはまらないようにみえる。しかし社会のありように まで視野を広げてみると必ずしもそうとはいい切れない。例えば，アメリカには黒人に十分な教育の機会を与えなかった歴史があり，日本にも女性には高等教育は不要と考えられていた歴史があるが，これらを前提とすると，前述の基準は黒人や女性に不利に働く。もしこのような基準の利用を制限無く認めれば，歴史的に形成された社会の差別的構造が足かせとなって平等が実現されない。間接差別の禁止は，このような社会構造を理由とする差別（構造的差別）を禁止することを主目的とした差別概念である。

均等法は間接差別の禁止を，事業主は，均等法が対象とする雇用ステージにおいて行われる措置であって労働者の性別以外の事由を要件とするもののうち，措置の要件を満たす男性および女性の比率その他の事情を勘案して実質的に性別を理由とする差別となるおそれがある措置として厚生労働省令で定めるものについては，当該措置の対象となる業務の性質に照らして当該措置の実施が当該業務の遂行上特に必要である場合，事業の運営の状況に照らして当該措置の実施が雇用管理上特に必要である場合その他の合理的な理由がある場合でなければ，これを講じてはならないと規定する（均等法7条）。「合理的な理由」は，当該措置の対象となる業務の性質に照らして当該措置の実施が当該業務の遂行上特に必要であ

る場合，事業の運営の状況に照らして当該措置の実施が雇用管理上特に必要である場合等を意味する。「厚生労働省令で定めるもの」としては，募集採用における身長体重要件，募集採用，昇進，職種変更における転勤要件，昇進における転勤経験要件が定められている（均等法則2条1号～3号）。

　間接差別は，直接差別とは異なり，事業主が差別的意図を有していなくても成立する。労働者側が問題とする措置の差別的効果を統計や実態を用いて証明し，当該措置の合理性を使用者が説明することを通じて，適法と解されていた措置の合理性を問い直すことができる。しかし均等法の間接差別の禁止は，3つの場面に適用対象を限定され，この問い直し機能をほとんど持たない点に国際的に見た特徴がある。公序概念（民法90条）など他の法律の下で間接差別の禁止が認められる余地は残されている。

　③　**ポジティブ・アクション**　　以上のような性差別禁止法を作り，差別を1つ1つ是正していけば，いつか性差別はなくなるかもしれない。しかしこれでは社会に根づいた差別的な社会構造や意識を是正するまで長い時間がかかり，この間，性差別の犠牲者が生まれ続けることになる。このような状態を早期に是正し，差別の連鎖を防ぐための手段としてポジティブ・アクションの利用が認められている。

　均等法は，ポジティブ・アクションを「雇用の分野における男女の均等な機会及び待遇の確保の支障となっている事情を改善することを目的として女性労働者に関して行う措置を講ずること」と規定し（均等法8条），同法の差別禁止の例外として認める。例えば，1つの雇用管理区分において女性労働者が男性労働者よりも相当程度少ない場合に，昇進・昇格の基準を満たすなど同程度の資格を有する男女のうち，女性を優先して採用することが認められる。男性は社会において女性よりも一般的に優位な地位にあるため，男性に対するポジティブ・アクションは認められない。国は，ポジティブ・アクションを実施しようとする事業主を支援することができる（均等法14条）。

　ポジティブ・アクションは，差別の是正を目的とするとはいえ，男女を区別して扱うことにほかならない。そのため，その内容によっては男性差別として違法評価される可能性は残る。

　④　**婚姻，妊娠，出産等を理由とする不利益取扱いの禁止**　　事業主は，女性労働者が婚姻し，妊娠し，または出産したことを退職理由として予定する定めを置くこと（均等法9条1項），婚姻を理由として解雇すること（同条2項），妊娠，

のゲームライセンス取得業務に従事してきた労働者が，産前産後休業後に6ヶ月間育児休業して職場復帰するに際し，同人の合意なしに，より負担の少ない国内のゲームライセンス取得業務に担当替えした措置が，同法が禁止する育児休業を取得したことを理由とする不利益取扱いには該当しないと判断された。しかし，本判決は，「控訴人が育休等を取得したことを合理的な限度を超えて不利益に取り扱うことがないよう，前年度の評価を据え置いたり，あるいは控訴人と同様の役割グレードとされている者の成果報酬査定の平均値を使用したり，又は合理的な範囲で仮の評価を行うなど，適切な方法を採用することによって，育休等を取得した者の不利益を合理的な範囲及び方法等において可能な限り回避するための措置を取るべき義務がある」として，成果報酬査定におけるゼロ査定を人事権の濫用として違法と判示した。

②　**医療法人稲門会いわくら病院事件**（大阪高判平26・7・18）　　3か月以上の育児休業を取得した男性看護師について翌年の職能給を昇給させないという不昇給規定は，育児休業のみを私傷病以外の他の欠勤，休暇，休業の取扱いよりも合理的理由なく不利益に取り扱うものであるから育児介護休業法10条や公序に反し無効であり，また，昇級試験の受験機会を与えなかった行為は違法であるとして，会社に対し，昇給していれば得られたはずの給与・賞与及び退職金額と実際の支給額との差額相当の損害賠償，並びに昇格試験受験機会を与えなかったことについての慰謝料の支払いを命じた。

③　**社会福祉法人全国重症心身障害児（者）を守る会事件**（東京地判平27・10・2）　　育児のための短時間勤務制度を利用したことを理由として昇給が抑制された事案について，育児介護休業法23条の2（所定労働時間の短縮措置等を理由とする不利益取扱いの禁止）が強行規定であり，所定労働時間短縮措置を理由とする不利益取扱いは，特段の事情が存しない限り違法であり無効としたうえで，本件の昇給抑制は違法として，不法行為に基づき賃金差額相当額と慰謝料の支払いを命じた。

④　**学校法人近畿大学事件**（大阪地判平31・4・24）　　原告が育児休業を取得したところ，1) 被告が当該年度に原告の昇給を不実施としたこと，2) 原告を採用する際に採用前の原告の経歴の一部を減年するなどして換算した基準年齢から初任給を決定したところ，被告が勤続5年経過時に減年部分の再調整を実施すべきであったにもかかわらず，不実施としたことが違法であるとして，調整がなされた場合に支給されるべき賃金および賞与の額と現実の支給額との差額について，

不法行為に基づく損害賠償請求がなされた事案である。裁判所は，1）について，昇給基準日前の 1 年間のうち一部でも育児休業をした職員に対し，当該年度における昇給の機会をいっさい与えないことは，育児介護休業法10条の不利益取扱いに該当し，違法であったとして不法行為責任を認めた。2）については認めなかった。

(2)　解雇の有効性，退職合意の成立に関するもの

①　**日欧産業協力センター事件**（東京高判平17・1・26）　育児休業を取得しようとしたことを契機に雇用契約の終了を通知された事案において，使用者による雇用契約終了の通知が整理解雇と認定され，解雇権濫用法理に基づき，労働契約上の地位確認が認容され，育児休業申請に対する使用者の対応が違法とされ，不法行為の損害賠償責任を認めた事案である。

②　**TRUST 事件**（東京地立川支判平29・1・31）　妊娠が判明した労働者との間で退職の合意が成立していたかどうかが争点となった事案について，均等法の趣旨に照らし，妊娠中に退職の合意があったかどうかについては，労働者が自由な意思に基づいて合意したものと認めるに足る合理的な理由が客観的に存在するか慎重に判断すべきとしたうえで，本件では労働者の自由な意思に基づく退職合意は認められないとして，労働契約上の地位，未払い賃金，慰謝料が認められた。

③　**ネギシ事件**（最決平29・7・4）　妊娠中の解雇の有効性が争点となった事案につき，原告の言動や態度が，職場環境を著しく悪化させ，業務に支障を及ぼすものであって就業規則上の解雇事由に該当し，当該解雇は客観的に合理的な理由に欠け，社会通念上相当と是認できないとは言えないとして解雇を有効としたうえで，妊娠をしたことを理由とする解雇ではなく被告が正当性の抗弁に成功したといえるから，均等法 9 条 3 項違反ではなく，同条 4 項但書により，本件解雇が無効となるものではないと判示した。

④　**出水商事事件**（東京地判平27・3・13）　会社が女性従業員の産休と育休取得に消極的態度をとり，産休と育休中にすでに退職扱いの通知をし，育休明けの復帰の求めに対して退職を求めた事件において，産休明けの職場復帰ができなかった期間（2 か月半）について会社は民法536条 2 項の帰責事由ありとして賃金請求権を肯定したうえ，会社の上記対応を労基法19条 1 項と育介法10条違反の不法行為と認めて慰謝料請求を認容した。

⑶　軽易業務への転換にともなう降格に関するもの

①　広島中央保健生協事件（最判平26・10・23，広島高判平27・11・17）　病院

勤務の理学療法士が，訪問看護ステーションの副主任であったところ，第2子を妊娠し，労基法65条3項に基づき訪問看護ステーションから身体的負担の小さい病院リハビリ業務を希望し異動後副主任を免じられた。育休明けに訪問看護ステーションに異動になったが，副主任に戻されなかったため，提訴した。最高裁は，妊娠中の軽易業務への転換を契機としてなされた女性労働者の降格措置は，9条3項の趣旨目的に照らせば，原則として同項の禁止する不利益取扱いにあたるとしつつ，例外として，1)労働者が受ける有利・不利な影響の内容や程度，事業主による説明内容その他の経緯，労働者の意向等に照らして，労働者が自由な意思に基づいて降格を承諾したものと認めるに足りる合理的な理由が客観的に存在するとき，または，2)事業主の業務上の必要性の内容や程度，労働者が受ける有利・不利な影響の内容や程度に照らして，同項の趣旨・目的に実質的に反しないと認められる特段の事情が存在するときは，同項違反とならないとした。

　本件では，軽易業務転換を契機とする副主任からの降格を均等法9条3項に違反しないとした原審を破棄差戻しとした。差戻し審では，上記1)2)の例外事由は存在しないとされ，不法行為または債務不履行の損害賠償責任を肯定した。なお，均等法の解釈通達も最高裁の判断枠組にならって改正されている（平27・1・23雇児発0123第1号）。

コラム2-10　独身者のワーク・ライフ・バランス

　冒頭の「トピック」もそうなのだが，ワーク・ライフ・バランスというと「家庭責任を負う労働者（特に女性）」の話，というイメージが強いかもしれない。たしかにワーク・ライフ・バランスは，妊娠・出産に伴う問題（マタハラなど）や，育休取得が女性に集中している問題，家庭責任のために女性が非正規雇用を選択しがちである問題などとの関連で語られることが多いし，わが国の法政策自体が，少子化対策や少子化社会への対応をかなりの程度強調しながら展開してきたことは，まぎれもない事実である。

　ただ，労契法3条3項やワーク・ライフ・バランス憲章は，対象者を「家庭責任を負う労働者」に限定しているわけではない。裁判例でも，住居の移転を伴う配転一般に関し，仕事と家庭の調和（労契法3条3項）から認定判断は慎重にされるべき，と述べたものもある（仲田コーティング事件：京都地判平23・9・5）。長時間労働や意にそわない遠隔地配転などは家庭責任の有無に関わらず問題なのだから，基本的にはワーク・ライフ・バランスは「独身者を含む全ての労働者を

対象とした概念」と理解すべきであろう（学説の多くはこのように理解している）。

　もっともそのような理解にたつとしても，ワーク・ライフ・バランスの政策展開や契約解釈などに関して，「家庭責任を有する労働者」は，独身者などよりも優先されるべきか，という問題は残る。この点については，妊娠・出産・育児・介護などは社会を支える再生産活動であるなどとして，「優先される」とする学説が有力である。しかし，家庭責任を有する労働者への支援の必要度が高いことは当然だとしても，だからといって独身者などのワーク・ライフ・バランスが不要ということになるわけではない。特に近年のワーク・ライフ・バランスの議論は，少子化対策という（本来の労働法にはない）視点をかなり強く包含して展開しているため，ワーク・ライフ・バランスの法政策が「少子化対策につながるもの」だけに矮小化されないよう，留意が必要であろう（2⑴でリプロダクティブ・ライツを紹介しているが，行きすぎた少子化対策は，この権利と衝突することもありうる）。

　ところで，トピックでも出ていたように実際の労働現場では「あの人が育児休業を取得したせいで，私たちが忙しくなって迷惑している」といった観点からのハラスメントもしばしば問題となる。もちろん，育児休業の取得自体は正当な権利であり，それが妨げられるようなことは許されないが，背景にはそもそも，人手不足に加えて「独身者を含む全労働者のワーク・ライフ・バランスの確保」という観点が十分でないということもあるのではないだろうか（周囲の労働者の配慮の問題にして片付けるべきではないように思われる）。この点に関しては，均等法のマタハラ指針（平成28年厚労告第312号）では，事業主に求められる措置の例として，妊娠等した労働者の周囲の労働者への業務の偏りの軽減や，業務分担の見直し等（3⑷ⅰ）を挙げている。独身者のワーク・ライフ・バランスを考える上で，もっと注目されるべき視点であろう。

第11節　労働者の人格権

トピック　人間らしい働き方とは?

◇開店前の準備作業をするカフェ【56】のアルバイター・店内ホールにて

未悠「亮〜，コーヒーマシンにブレンド豆ちゃんと入っているか確認お願い。」

亮「OK〜。…これだけあれば大丈夫でしょ。この天気だと結構お客さん来そうだけど。」

未悠「ありがと。あ〜〜あ。あの変なお客さん，今日も来るのかな?」

亮「未悠にいつも雑談しかけるあのスーツの男だろ?ちょっと目つきがいやらしいのは男の俺でも気になる。」

未悠「この前，『彼氏いるの?』みたいな話してきてさ，さすがに気持ち悪いからゴロー店長に言って，話してもらったよ。お客さんだから強く言えないけどさ，セクハラだよね。」

Joe「僕はこの前，オーダーを間違えたら『土下座しろ!このガイジン!』って怒鳴られてさ，日本の『お客様は神様』が何か分かった気がした。」

亮「俺も一緒にシフト入っていたけど，あれはひどかった。絶対パワハラ。ジョーはすごく落ち着いていたけどさ，俺だったらキレるね。」

未悠「最近少し客層変わったかな。この店，制服結構おしゃれだし，髪型・髪色のしばりも少ないし，働くにはかなりいいのにな。」

亮「えっ?髪型とか自由なのが普通じゃないの?」

未悠「あんた接客系のバイトあまりしてこなかったでしょ。しばりあるのがかなりフツーよ。そのスニーカーでお店に立てないことも多いし，ジョーのひげも場合によってはアウト!」

Joe「Oh!ひどい!剃ったら簡単には伸びないよ。イスラムの人はどうするんだろう?」

亮「俺はこのスニーカーには絶対の誇りを持っているからね!そういえば，お店が忙しくなってきたから新しいバイト雇ったって吾郎さん言っていたね。」

Joe「おととい面接していたよ。女の子だった。」

亮「え，どんな感じの子?」

未悠「そこの大学の1年生で春香ちゃんて名前。法学部で，どこのサークルに入ろうか迷っているらしいよ。ちょっと小柄で，どっちかっていうとかわいい系。」

亮「おとといの話で何でそこまで知ってんの?その子のプライバシーは?」

未悠「はは。ま，これからお友達になるわけだし。私もこのバイト長いし。」

労働者も当然「人」。働くことでいろいろな制約を受けるのはやむを得ないとしても，人として侵害されてはならないものがあることも同じく確かなこと。この節では，労働者が職場でも人間らしく生きることの根幹にある権利——人格権——について学ぶことにしよう。

1　人格権とは何か

(1)　人格権保護が問題になる背景

　人格権とは，主として身体・健康・自由・名誉などの人格的属性を対象とし，その自由な発展のために，第三者による侵害から保護されなければならない諸利益の総体を意味する。この権利は，誰に対しても保障されるべき基本的な権利であり，雇用の場にとどまらず，市民社会全般において名誉毀損からの保護や肖像権といった人格権から導かれる保護の必要性が論じられている。

　この人格権の保障をあえて雇用の場の問題として論じることには理由がある。それは，ここで問題の中心となっている労働契約の目的が，労働者個人による役務提供という当該労働者の人格から切り離せない行為の提供にあるからである。この役務提供は，使用者からの指揮命令に基づいて，多くの場合，他の労働者とともに使用者の組織に組み込まれて集団的に行われる。この過程では，例えば労働者はときに意に沿わない業務を行い，私的な情報を使用者に提供せざるを得なくなる。使用者の支配下に労働者とその活動を置くことになる労働契約関係は，労働者の人格権が侵害される環境を生じさせやすいのである。

(2)　人格権をめぐる議論の展開

　こうした問題構造をふまえ，労基法にも労働者の人格権を保護する定めが置かれている。差別の禁止（3条等）や人身の自由（5条等）など，古くから認識されてきた人格権侵害の代表例を規制した定めである。

　戦後昭和年代の日本の労使関係は現在のそれと比較すると密接で，労働者に対して，企業の一員となり，忠誠や帰属意識を求める傾向にあった。この環境下では，労働者の自由やプライバシーといった人格権は重要視されないことが多く，裁判において人格権が問題になるのも，不当労働行為や思想信条差別など，既存の法律等に規定された人格権に対する侵害の適法性が，ある組合の行為や労働条件等に対する侵害行為の適法性を争う文脈で問われるのが一般的であった。

　しかしバブル経済崩壊後を中心に企業を取り巻く経営環境は厳しさを増し，生

き残りを図る企業は能力主義の徹底や成果主義賃金制度の導入，正規労働者の非正規労働者への置き換え等の「合理化」を徹底するようになった。この動きは，労働者の企業への帰属意識の低下や人間関係の希薄化を招き，女性の社会進出を代表例とする働き手の多様化と相まって，既存の人格権保護規定では直接とらえることが困難ないじめや嫌がらせ（ハラスメント）が社会問題化するようになった。従来労働法領域では，労働契約関係が他の契約関係とは異なる性質を有することに着目して，独自の理論が主張されることが多かった。しかし人格権保障という市民法領域と共通する論点に向き合う必要が生じるに至ったことで，この権利に関する市民法領域における議論の展開をふまえつつ，労働法領域の特徴を反映した労働者の人格権が論じられるようになった。

　このような経緯から，労働者の人格権としての保護が要請される利益には，一方には，身体の自由や名誉，プライバシーといった普遍的なものがある。他方では，これらにとどまらない，職場での評価や就労における誇り，他の労働者と自由な関係を形成する利益といった労働を通じて獲得される労働者としての利益も労働者の人格権として把握すべきという主張がなされている。議論の中心は憲法上明記された人格権というより，名誉権やプライバシー権など憲法上個別的人権として列挙されていない精神的人格権にあり，人格権は新たな問題状況に対応するための法的基礎にもなっている。

　人格権の法的根拠をどこに求めるかについては争いがあるが，個人の尊重を定める憲法13条がその基底にあることには異論は少ない。これを軸に，性的人格に関する事柄の場合には法の下の平等（憲法14条），宗教的人格に関する事柄の場合には法の下の平等に加えて思想及び良心の自由（憲法19条）というように各問題場面に応じて法的基礎が求められることになろう。

(3)　人格権侵害が争われる問題類型

　人格権侵害が争点となる場面は多岐にわたる。比較的古いタイプの事案では，組合ベルトの取り外し命令に従わなかったことに対する教育指導としての就業規則の書き写し命令（JR東日本（本荘保線区）事件：最判平8・2・23）や，組合員に対して不当に仕事を与えなかったり，これまでの知識，経験等を十分に生かすことのできない業務に従事させたりすること（オリエンタルモーター事件：東京地判平18・1・20）といった組合差別的事案がある。思想，信条を理由とする不当配転，賃金差別，転向強要等（東京電力（群馬）事件：前橋地判平5・8・24），性

を理由とする昇格差別（岡谷鋼機事件：名古屋地判平16・12・22）なども，差別禁止が問題となる場面で人格権侵害が問題となるケースである。

　また，執拗な退職勧奨・強要（下関商業高校事件：最判昭55・7・10，エフピコ事件：水戸地下妻支判平11・6・15，ザ・ウィンザー・ホテルズインターナショナル事件：東京地判平24・3・9）のように積極的に人格権が侵害されることもあれば，10年以上に及ぶ授業担当からの排除（松蔭学園事件：東京地判平4・6・11），従来の職務経験に見合わない職務への配置（バンク・オブ・アメリカ・イリノイ事件：東京地判平7・12・4）のように，あたかも普段の配置の一環のようにして人格権が侵害されることもある。セクハラ（福岡セクシュアル・ハラスメント事件：福岡地判平4・4・16）も性的人格権に関する論点である。

　ほかに，プライバシーの侵害や（HIV感染者解雇事件：東京地判平7・3・30），「職場における自由な人間関係を形成する自由」に対する侵害（関西電力事件：最判平7・9・5）も人格権侵害の一種として把握されている。

　人格権は，新たな人格的利益を保護するための理論的基礎となっており，今後の展開も見過ごすことができない。以下では，人格権侵害が問題となる代表的な論点——プライバシー権（2），セクハラ（3），パワハラ（職場いじめ）（4）——を取り上げて，その問題状況を概観することにしよう。

2　労働者のプライバシー

(1)　プライバシー権と自己決定権

　プライバシー権は，憲法上明記されていないが，幸福追求権（憲法13条）を根拠に判例や学説において広く承認されている。この権利は，いくつかのタイプに分類される。

　プライバシーという言葉ではじめに思いつくのは，他人には知られたくない個人的な秘密だろう。プライバシー権も当初はこのニュアンスでとらえられ，「私生活をみだりに公開されない法的保障ないし権利」（「宴のあと」事件：東京地判昭39・9・28）と定義され，個人の私的領域に他者を無断で立ち入らせない自由権的・消極的権利として理解された。しかしその後，急速なICT（Information and Communication Technology，情報通信技術）の発達により情報が社会の様々な場面で活用されるようになり，個人情報を行政や企業等に提供せずに生活することが現実的ではなくなった。ここにおいて，プライバシー権は，一方では情報をコントロールする権利として理解されるようになり，私的な事柄を公開しないこと（消

極的情報コントロール権）にとどまらず，個人が自身の情報を閲覧，削除，訂正するといった個人情報の保護を，個人情報を提供された相手方に対して積極的に求めること（積極的情報コントロール権）も含む権利として理解されるようになった。

　他方で，プライバシー権は，家族のあり方の自由やライフスタイルの自由，尊厳死などに関わる生命処分の自由等も保障すると解されてきた。情報とは関連しないこれらの類型の権利は，情報コントロール権とは区別され，自己決定権に関する権利として整理されるようになった。

　このようにプライバシー権は，情報コントロール権と自己決定権に分類され，前者はある私的な情報を秘密にしておく権利と公開した情報に関与する権利にさらに分かれる。

(2)　個人情報保護法

　労働者のプライバシー権を直接的かつ包括的に保障する法律はない。個人情報保護に関する一般法である個人情報保護法と個々の法律に規定される個人情報の収集や管理に関する規定のほか，判例法理によって一定の保護が講じられている。

　個人情報保護法が保護する「個人情報」とは，生存する個人に関する情報で特定個人を識別可能なものを意味する（2条1項）。これには，氏名や年齢等の事実に関する情報のほか，個人の身体，財産等の属性に関する判断や評価を表す全ての情報が含まれる。本人の人種，病歴等のよりセンシティブな情報は「要配慮個人情報」（2条3項）としてより高度な保護が講じられている。

　個人情報保護法は「個人情報データベース等」を事業の用に供している者（個人情報取扱事業者）に対して，要配慮個人情報についてはその取得自体に原則として労働者の同意を必要とし，個人情報の利用については原則として本人が予め同意した目的（16条）や対象者（23条）の範囲でなければならないものとする。ここでの同意は事後の紛争防止の観点から本人が十分に認識可能な程度に具体的に利用目的を示した上での明示的なものである必要があるが，就業規則等による包括的同意で足りるか，個別的同意を要するかについては争いがある。そのほか，個人情報保護法には，個人情報を安全に管理するための措置を講じる義務（20条），本人が個人情報の開示を求める権利（28条）や訂正を求める権利（29条）等が定められている。

　個人情報保護法への違反は，不法行為責任を根拠づける事実となる（社会医療

法人Ａ会事件：福岡高判平27・1・29）。

(3)　プライバシー権侵害の問題類型

プライバシー権の侵害が疑われる取り扱いは，所持品検査（西日本鉄道事件：最判昭43・8・2）や戸籍上の姓の利用強制（学校法人日本大学第三学園事件：東京地判平28・10・11）等，様々な形態で生じる。ここでは代表的な問題類型を概観することにしよう。

(a)　採用時の調査

使用者には採用の自由が認められ，法律その他の制限に反しない限り，採用基準や方法などを自由に決定することが認められている（三菱樹脂事件：最大判昭48・12・12）。これの一環として行われる採用調査は，その方法によっては労働者のプライバシー権を不当に制約するものになる。

最高裁判決の中には，採用時における思想信条の調査等を，採用の自由を前提に，個人にプライバシー権があることをあまり意識せず，継続的な人間関係として相互信頼を要請する労働契約関係の特徴，思想・信条の調査が間接的であること等を理由に認めたものがある（前掲三菱樹脂事件）。しかし個人情報保護法が制定され，募集時に収集可能な個人情報の範囲を原則としてその業務の目的の達成に必要な範囲に限定する職業安定法（5条の4第1項）のルールが存在する今日，こうした論理はそのまま通用するとはいえないだろう。

採用時に認められる調査は，当該労働契約の趣旨に照らして信義則上合理的と認められる範囲に限られる（大森精工機事件：東京地判昭60・1・30）。指針（平11労告141号）は，原則として収集してはならない情報として，人種，民族，社会的身分，門地，本籍，出生地その他社会的差別の原因となるおそれのある事項，思想及び信条,労働組合への加入状況を掲げる。労働者に無断でHIV（Ｔ工業（HIV解雇）事件：千葉地判平12・6・12）やＢ型肝炎の検査（Ｂ金融公庫（Ｂ型肝炎ウィルス感染検査）事件：東京地判平15・6・20）を行うことを違法とした裁判例がある。

入手した個人情報は，適正に管理されなければならない。これには，入手した労働者の秘密を正当な理由なく他人に知られることのないよう厳重に管理することとともに，情報の正確・最新のものへの更新，破壊・改ざんの防止，不正アクセスの防止，不要となった情報の破棄・削除を実施するための措置が含まれる（前記指針）。

(b)　健康診断の受診強制

　他方で裁判例は，法定の健康診断について労働者に受診義務を課し（労安衛法66条5項），法定外の健康診断についても，就業規則の合理的規定に基づいて受診を命じることを認める（電電公社帯広局事件：最判昭61・3・13）。問題となるのは自身の健康とこれに関する情報を預けることになる医師を選択する権利が労働者に認められるかである。労働安全衛生法は法定健康診断についてこれを認めており（66条5項但書），法定外の健康診断についても，健康情報というセンシティブな情報が開示，保有される対象を決めるというプライバシー権をめぐる問題状況は基本的に変わらないことから，この権利が信義則上認められるべきである。

(c)　インターネット利用等に対する監視

　職場においてもプライバシーを保障されるべき空間があることは，例えば，更衣室をビデオカメラで隠し撮りすることが当然許さないことから分かる。使用者は，このようなことが起きないよう職場環境を整える義務（丙川商事会社事件：京都地判平9・4・17）を負う。

　問題は，労働者の日常的な職場における活動，例えばインターネットの利用状況を常時監視することが認められるか否かである。インターネットの利用を認めるにあたり常時監視を受けることを条件とすることを利用規程等に明記すればこれを認めるべきとする立場も有力である。しかし使用者の管理下にあっても労働者は人格を放棄しているわけではなく，電子機器による精密な監視を受けることへの心理的負担をふまえると，規程を置く場合であっても常時監視を行うことについて適法な目的や合理的な理由・方法によらなければならないと解するべきだろう（監視規程がない場合について，F社Z事業部事件：東京地判平13・12・3）。監視によって情報を得ることについては，個人情報保護法の規制も受ける。

(d)　人事考課情報の開示請求

　成果主義や能力評価制度の広まりによって，労働条件決定に人事考課が与える影響は強まっている。ブラックボックスになりがちなこの人事考課情報の開示請求が認められるならば，その公平性，透明性の向上に役立つため，積極的情報コントロール権の考え方に基づいてこのような請求が認められるかが問われてきた。

　個人情報保護法は，「業務の適正な実施に著しい支障を及ぼす場合」（28条1項2号）等一定の場面を除き，人事考課情報を含む個人情報の開示請求，これを前提とする内容の訂正と削除，利用の停止請求を認める（28〜30条）。この定めの存在や，開示請求の人事考課の公正さを担保するにあたっての必要姓，労働者の

人格的・職業的発展における不可欠性をふまえれば，信義則に基づくプライバシーに配慮する義務の一内容としてこの請求も認められると解すべきだろう。裁判例には，これを否定するものがあるが（商工組合中央信用金庫（職員考課表提出命令）事件：大阪地決平10・12・24），個人情報保護法を通じてこの権利の重要性が確認された今日，その射程範囲は限定されていると考えられる。

(e)　身だしなみの規制

仕事をする際に制服の着用を義務づけたり，髪型を制限したりすることはよく行われる。しかし，どのような身だしなみをするかは，本来私たちの自己決定に委ねられるべき事柄であるため，こうした命令は無制約に認められるわけではない。労働者の身だしなみ決定に関する自由と，ある身だしなみを強制する使用者の必要性（営業の自由）との調整を背景に，身だしなみの制限は「企業の円滑な運営上必要かつ合理的な範囲内にとどまり，具体的な制限行為の内容は，制限の必要性，合理性，手段方法としての相当性を欠くことのないよう特段の配慮が要請される」（東谷山家事件：福岡地小倉支決平9・12・25）。ひげを剃ることなど，制限の影響が就業時間外に及ぶ場合には，その制限の妥当性はより慎重に判断される（郵便事業事件：大阪高判平22・10・27）。ある身だしなみをすることが宗教的事情に関わる場合には，宗教的自己決定とともに差別的取扱いの有無が問題になり，性同一性障害を理由に，身体の性別とは別の性別での服装で出勤することについても，性的アイデンティティに関わる自己決定の問題として，その保障が論じられる必要がある。

3　セクシュアル・ハラスメント，マタニティ・ハラスメント

(1)　セクシュル・マタニティハラスメントの定義

セクシュアル・ハラスメント（以下，SH）とは，相手方の意に反する性的な行為と定義することができる。これは，いわば社会的定義であり，ここでは主観的要件で成立する。しかし，加害行為者を解雇・懲戒したり，使用者に対する損害賠償責任が問われる法的場面においては，「違法な性的行為」という客観的要件が必要となる。なお，男女雇用機会均等法（以下，均等法）は，SH を「職場において行われる性的な言動」と定義し，事業主の措置義務を定めている（11条）。その具体的内容は「指針」（「事業主が職場における性的言動に起因する問題に関して雇用管理上講ずべき措置についての指針」，以下「SH 指針」）に定められているが，SH だけでなく，同性愛，性的志向，性自認も対象とされている。SH 指針は，

SHを対価型と環境型に分類しているが，職場環境が悪化すれば退職に追いやられるのであるから，両者の差異は相対的なものに過ぎない。また，SH指針は，環境型の例として，「女性労働者が，仕事が手につかないこと」等を例示しているが，これはもはや不法行為のレベルであり，雇用管理上の措置を求めるSH指針の例示としては不当であろう。

　次に，マタニティ・ハラスメント（以下，MH）とは，「職場における妊娠・出産等に関する言動」を意味する（均等法11条の2）が，妊娠等を理由とする不利益取扱いも，これに含まれて議論されることがある。MHの予防には，職場の同僚の理解が不可欠であるが，常に要員不測であるわが国の職場においては，他の労働者の業務負担が過重となりがちであり，これがMHを発生させる原因にもなっているから，何よりも事業主による業務体制の整備が不可欠であろう。

(2)　違法性要件

　すべての性的な行為がSHと判断されるのではなく，被害者の性的自由，性的自己決定権を侵害する場合に違法なSHと評価されることになる。具体的には，行為の態様，男性行為者の地位・年齢，被害者女性の年齢・婚姻歴の有無，両者の関係，行為が行われた場所，言動の反復・継続性，被害者の対応等を総合的に判断して評価される（横浜セクシュアル・ハラスメント事件：東京高判平9・11・20）が，被害女性の年齢や婚姻歴の有無を過度に評価することは問題であろう。

(3)　加害者等の法的責任

　SHの加害者は，不法行為責任（民法709条）を負うほか，懲戒や解雇という雇用関係上の責任を負うことになる。使用者については，不法行為責任を負う場合と債務不履行責任（同法415条）を負う場合とがある。前者は，さらに上司等により職務遂行過程で行われるSHにつき，使用者が損害賠償責任を負う民法上の使用者責任（同法715条）を負う場合と，SHの申立てを使用者が放置した結果として被害が拡大したような場合とがあるが，SHが顧客等の第三者から行われた場合には，使用者責任を追及することは困難である。

　このほか，使用者は，安全配慮義務とは別個の義務として，被用者の労務遂行に関連して，被用者の人格的尊厳を侵し，その労務提供に重大な支障を来す事由が発生することを防止し，またはこれに適切に対処して職場が労働者にとって働きやすい職場環境を保つよう配慮する注意義務を負っている（福岡事件：福岡地

判平4・4・16）。なお，SH指針は，事業主の措置義務として，①方針の明確化と周知・啓発，②相談体制の確立，③事後の迅速かつ適切な対応等が定められているが，これは職場環境配慮義務の最低の条件であり，これらの措置を執っていなかった結果としてSHが発生した場合には，使用者に債務不履行責任が生じることになろう。

　MHについては，均等法に規定される以前の事案であるが，妊娠に伴い業務軽減を求めた女性労働者に対し，女性所長が「妊婦として扱うつもりはないんですよ」，「万が一何かあっても自分は働きますちゅう覚悟があるのか，最悪ね。だって働くちゅう以上，そのリスクが伴うんやけえ」等の発言をしたこと等が問題となったツクイほか事件（福岡地小倉支判平28・4・19）がある。同判決は，同発言に嫌がらせの目的は認められないとしても，社会通念上許容される範囲を逸脱するもので相当性を欠くとものとして，同発言につき使用者責任を肯定している（このほか，同判決では，妊娠した原告に対して業務軽減等の適切な措置を執らなかったことが雇用契約上の付随義務としての就業環境整備・健康配慮義務に違反しているとして，30万円の債務不履行が認定されている）。

4　パワーハラスメント

　職場におけるパワーハラスメントは，2000年代の初め頃から社会問題化し，様々な紛争として顕在化している。注目されるべきは，その件数の多さであろう。たとえば，訴訟という類型でみるならば，労働法関係の判例誌に掲載されたパワーハラスメントに関する裁判例の多さ，とりわけ最近5年におけるそれは特筆に値しよう。あるいは，厚生労働省「平成30年度個別労働紛争解決制度の施行状況（令和元年6月26日）」によれば，平成30年度の(1)民事上の個別労働紛争の相談件数，(2)助言・指導の申出件数，(3)あっせんの申請件数の全てにおいて，「いじめ・嫌がらせ」が首位を占めているところであって，こうした状況は5年以上にわたって続いている。

　とはいえ，労働者側がパワーハラスメントなり職場いじめなりを主張しているけれども，子細にみれば，他の法的問題（たとえば不当労働行為など）として考えるべきでないかと思われる事案も少なくない。また，そもそも，2000年代以降，唐突にパワーハラスメントと呼称すべき加害的な言動が，あらゆる職場で生じるようになったというわけでもない。「パワーハラスメント」という言葉が登場する以前から，今でいうパワーハラスメントと考えられる言動は存在していたので

あって，この点には，留意が必要である。

(1) パワーハラスメントとは何か

　実は，つい最近まで，パワーハラスメントについての法的な定義は存在していなかった。ここでいう法的な定義というのは，法令における定義という意味である。

　すなわち，2019年の「労働施策の総合的な推進並びに労働者の雇用の安定及び職業生活の充実等に関する法律（以下『労働施策総合推進法』）」の改正により，パワーハラスメントについて一定の規制が設けられることになるまで，法令における定義は存在しなかった。しかも，厳密にいえば，同法においても「パワーハラスメント」という用語は使われていない。とはいえ，同法に基づく「事業主が職場における優越的な関係を背景とした言動に起因する問題に関して雇用管理上講ずべき措置等についての指針（令和2年1月15日厚生労働省告示第5号，以下『指針』）」には，「職場におけるパワーハラスメント」との文言が用いられており，それは同法における新設条文のひとつである30条の2第1項における文言の言い換えであることからすれば，同条文は，パワーハラスメント概念について言及するものといえよう。すなわち，労働施策総合推進法30条の2第1項，あるいは指針からすれば，パワーハラスメントは，「職場において行われる①優越的な関係を背景とした言動であって，②業務上必要かつ相当な範囲を超えたものにより，③労働者の就業環境が害されるものであり，①から③までの要素を全て満たすもの（指針2（1））」と定義される。たとえば，オフィスで，①上司が新入社員に対し，②データ入力の些細なミスを理由に「まともにパソコンも使えないやつは死んでしまえ，殺すぞ」などと長時間にわたり叱責し，③その新入社員が萎縮しパソコンを使用するのさえためらうようになった場合，当該上司の言動はパワーハラスメントの上記定義を満たすものといえよう。

(2) 労働施策総合推進法における規定等

　上記の通り，労働施策総合推進法にパワーハラスメントに係る規定が新設された。具体的には，第8章として30条の2から30条の8までが新設されたが，なかでも重要なのは，事業主の措置義務に関する条文である30条の2と30条の3のふたつとなろう。30条の2第1項では事業主に措置義務が課され，第2項ではパワーハラスメントに関し相談したことなどを理由とする解雇その他不利益取扱の禁止

が定められ，同 3 項以下では「指針」を定める根拠規定などが置かれている。

　また，30条の 3 では，パワーハラスメントにつき，広報・啓発をなすなど国の責務（ 1 項），研修を実施するなど国の講ずる措置に協力する事業主の責務（ 2 項），関心と理解を深め必要な注意を払う事業主（役員）の責務（ 3 項），関心と理解を深め必要な注意を払い事業主の講ずる措置に協力する労働者の責務（ 4 項）について規定しているが，これらはいずれも努力義務規定となっている。とはいえ，経営層が自らパワーハラスメントをなすような事案が複数みられる（以下(3)参照）ことからすれば，同条 3 項の規定の持つ意味は少なくないだろう。

　事業主における措置義務の内容に関しては，指針において，詳らかである。具体的には，①事業主の方針等の明確化及びその周知・啓発，②相談（苦情を含む）に応じ適切に対応するために必要な体制の整備，③職場におけるパワーハラスメントに係る事後の迅速かつ適切な対応といったことが核とされている。たとえば，①パワーハラスメントについての方針を就業規則などに規定し，それを労働者に周知し一定の啓発をなし，②外部などに相談窓口を設け，③パワーハラスメントに係る相談の申出があった場合，被行為者と行為者への迅速対応をなすとともに，パワーハラスメント方針について改めて周知等をなし再発防止に向けた措置を講じることなどが事業主には求められる。なお，措置義務に関する規定の施行は，大企業につき2020年 6 月 1 日，中小企業につき2022年 4 月 1 日となっている。

　ところで，労働施策総合推進法における規定そして指針は公法的規制であって，私法上の効力を直ちに生じさせるものでないが，事業主において指針に沿った取組がなされていたかどうかにより訴訟上の結論が左右される可能性があるし，指針の内容は，職場環境配慮義務といった各種ハラスメントを射程とする付随義務の具体的内容と重なり得る点に，十分留意すべきであろう。

(3)　パワーハラスメントに関する裁判例

　パワーハラスメントに関する裁判例は数多い。そこでは，使用者における職場環境配慮義務違反や安全配慮義務違反が問われることが少なくない（職場環境配慮義務などにつき本章第 2 節 2 参照）。また，使用者に対し債務不履行責任を問うものや不法行為（使用者）責任を問うもの，あるいは加害行為者に対し不法行為責任を問うものが多くみられる（これについても同参照）。

　どの事案が典型的であるというのは難しいが，比較的著名な事案として，先輩看護士による後輩看護士への加害行為が 3 年近くに及んだという事案の誠昇会北

本共済病院事件（さいたま地判平16・9・24）がある。具体的には，行為者が被行為者に，買い物をさせ，肩もみをさせ，家の掃除をさせ，車を洗車させ，長男の世話をさせ，風俗店へ行く際や他病院医師の引き抜きのためスナックに行く際に送迎をさせ，パチンコ屋での順番待ちをさせ，馬券を購入しに行かせ，女性を紹介するよう命じ困らせ，ウーロン茶1缶を3000円で買わせ，職員旅行の際に飲み物費用を負担させ，介護老人施設作りに関する署名活動をさせ，被行為者がその交際相手とのデート中に仕事を理由に病院に呼び戻し，勝手に携帯電話を覗き被行為者の交際相手にメールを送信するなどしたという事案であった（なお被行為者は自殺）。同事件では，被告行為者の不法行為責任と，被告法人の安全配慮義務違反による債務不履行責任が肯定されている。

　また，行為者が被行為者に対し飲酒を強要し，あるいは，夏季休暇中の被行為者に対し深夜に「お前。辞めていいよ。辞めろ。辞表を出せ。ぶっ殺すぞ，お前」などという留守電を残したなどといったザ・ウィンザー・ホテルズインターナショナル事件（東京高判平25・2・27）では，被告行為者の不法行為責任と被告法人の不法行為責任（使用者責任）が肯定されている。

　さらに，どちらかといえば，近時の事案において職場環境配慮義務違反が問われやすい傾向にあるが，職場環境配慮義務違反が肯定された具体的事件として，主として言葉による加害行為がなされた事案である社会福祉法人和柏城保育園事件（福島地郡山支判平25・8・16）や，言葉による加害行為のほか一定の業務を集中させられるなどした事案である医療法人社団恵和会事件（札幌地判平27・4・17）などが挙げられる。

　ところで，公務事案の場合は国家賠償法1条1項責任が問われ，あるいは，代表取締役その他代表者による場合は会社法350条責任が問われることもある。たとえば，前者（公務事案）としては，被行為者の配転直後，行為者らが聞こえよがしに「何であんなのがここに来たんだよ」などと言ったり，外見をからかったりするなどした事案の川崎市水道局事件（東京高判平15・3・25）が挙げられるが，被告である市の安全配慮義務違反による国家賠償法1条1項の責任が肯定されている。後者（代表取締役等事案）としては，代表取締役であった行為者がミスをするなどした被行為者に対し，「てめえ，何やってんだ」・「どうしてくれるんだ」・「ばかやろう」などと汚い言葉で大声で怒鳴り，あわせて頭を叩くことも時々あったほか，殴ることや蹴ることも複数回あったという事案のメイコウアドヴァンス事件（名古屋地判平26・1・15）が挙げられるが，被告会社は，会社法350条によ

り行為者が被行為者に与えた損害を賠償する責任を負うとされている。なお，これら両事案において，被行為者は自殺している。

　なお，上記(2)で，経営層による事案も複数みられるとしたが，その例としては，先述のメイコウアドヴァンス事件のほか，カンリ事件（東京高判平27・10・14）を挙げることができる。同事件は，被告会社の代表者によるプライバシー侵害や強要が問題となったが，東京高裁は，「在日韓国人であり日常生活において専ら通名を使用してきた労働者に対して本名の使用を命じ又は勧奨することは，労働契約上の付随義務として信義則上負う職場環境配慮義務…による労働契約上の責任を生じさせることがある」ほか，その態様等具体的事情によっては不法行為上違法となるとして被告会社の代表者の不法行為責任を肯定した。

　しかし，読者の中には，被行為者側による主張が認められなかった事案はないのか，という疑問も生じることだろう。これについては，前田道路事件（高松高判平21・4・23）や，医療法人財団健和会事件（東京地判平21・10・15）を挙げることができる（なお，後者は，被行為者である原告によるパワーハラスメントに係る請求の部分について棄却されたという事件である）。いずれの事件でも，被行為者側に一定の問題行動があった事案である（前者では不正経理等，後者ではミスが許されない医療現場でのミスの積み重ね等が，それぞれ認定されている）。

　このようにしてみると，被行為者において何らの落ち度もなく，いわば職場いじめとして整理すべき事案類型（たとえば先述の誠昇会北本共済病院事件や川崎市水道局事件など）と，被行為者において何らかの問題行動が伴う，上司などによる叱り方の問題として整理可能な事案類型（たとえば先述のメイコウアドヴァンス事件や前田道路事件など）という，ふたつの類型が，パワーハラスメント事案にあるといえるかもしれない（あくまで事案的な整理に過ぎないが）。

　ともあれ，労働者の人格的利益なり人格権なりについて侵害行為が生じないような風土作りが，使用者に強く求められる時代に遷移しつつあるといって間違いないだろう。

コラム 2 -11　個人情報の保護と活用のバランス

　個人のプライバシーを守るという発想は，ウェットで家族主義的と批判されてきた日本企業の考え方を変えた。社員の住所・電話録を会社全体で共有することや慶弔物故事項を社内ニュースに掲載することは，個人情報保護法上当然に許されることではなくなった。ICT の発達を受けた企業へのさらなる情報の集積と社会的重要性の高まりは確実である。マイナンバー制度に対するマイナンバー法のような，情報の重要性に応じたより厳格な規制が必要となる場面も増えてくるだろう。

　ただ個人情報は，保護されるだけでなく，活用されることで私たちの生活や働き方を豊かにする。そのため両者のバランスの取り方が常に課題となる。例えば，個人情報保護法の2015年改正（現行規定）は，要配慮情報の取得について本人同意の要件を追加し，内閣府の外局として個人情報保護委員会を新設して立入検査や指導の権限を付与する（40条〜42条）一方，ビッグデータ活用を意識して，特定個人を識別・復元できないようにした個人情報を「匿名加工情報」として第三者提供等の規制を外し，例外的に本人の同意なく利用目的の変更を認める条件を緩和した（15条 2 項）。

　類似の問題構造は，使用者の安全配慮義務と労働者の健康情報に関するプライバシーとの関係にも見られる。労働者の健康情報は要配慮情報に該当するが，これが開示されなければ，使用者は十分な健康配慮措置を講じることが難しい。では不開示ならば使用者はその健康情報に関連する安全配慮義務違反をすべて免れるべきかというとそうとも言い切れない。使用者は，指揮命令を通じて労働者の身体健康に影響を与える立場にあり，労働者からの申告の容易さも職場の関係・環境に依存することをふまえると，何もせず健康状態を認識できる場合に安全配慮義務を負うことはもちろん，健康状態把握のための一定の働きかけを義務づけられてもおかしくない。

　プライバシーをめぐる感覚自体，個人や関係性によって変化することもこの課題の共通解の設定を難しくする。冒頭の個人情報の取り扱いを当然と感じた人もいる一方，「過剰反応」と感じた人もいるだろう。プライバシー権が個人の尊厳を確保するためのごく基本的な権利であることからは，個人情報の扱い方は本人が決定するという観点をまずは認識したうえでこの問題に取り組むべきだろう。

第12節　労働契約関係の終了

トピック　進むリストラの新たな形態

　企業の事業不振の際に，従来から会社が労働者を解雇（整理解雇）することが問題になってきた。

　最近では，大手航空会社が，パイロットと客室乗務員を大量に整理解雇したことが問題になった。この航空会社は，会社更生手続開始申立てをし，東京地裁が会社更生手続開始決定を下していた。会社は，路線便数計画を公表し，国際線の事業規模を約4割に，国内線の事業規模を約3割削減することとし，新事業再生計画を発表し，リストラによる再建の実施，事業縮小，黒字化等を目指していた。東京地裁に提出した更生計画案では，株式100％減資，（更生3社に対する重複債権控除後の）一般更生債権者に対する87・5％の債務免除，企業再生機構からの3500億円の出資，グループ全体での人員削減案等が盛り込まれていた。

　会社は，整理解雇基準として，パイロット，客室乗務員について，一定期間の過去または現在の疾病にあった者（もしくは休職者），および年齢基準（53歳，副操縦士については48歳）を立てた。パイロット81名，客室乗務職84名が解雇の対象となった（日本航空事件（客室乗務員）：東京高判平26・6・3，日本航空事件（運航乗務員）：東京高判平26・6・5等，日本航空事件（客室乗務員）：大阪高判平28・3・24）。解雇対象者とされた人のなかには，学生の子供がいる人も含まれていたし，独身の人も，住宅ローンを抱えている人もいた。

　解雇は，賃金のみにより生活している労働者とその家族の生活を破壊する。しかも，不況であれば，労働者の再就職は困難である。解雇が労働者に及ぼす影響は大きい。

　他方で，使用者が解雇そのものは行わないが，労働者に退職を勧奨・強要する手法が，比較的頻繁に用いられている。労働者が任意の意思表示により自己都合退職したのであれば，法的には問題は少ない。しかし，使用者が，執拗に退職を迫ったり，名誉を棄損したりして，退職を勧奨するとなると，これは退職を強要しているといえる。この場合，裁判では，不法行為の損害賠償が主に問題になっている。さらに進んで，使用者が，解雇の対象者や退職勧奨の対象者を異動させ，異動先において，勤続年数の高い労働者に相当する仕事を与えず，労働者の退職を待つという扱いがある。追い出し部屋と呼ばれる。

　近時，業務改善プログラム（PIP）と呼ばれるプログラムによって，労働者を解雇したり，労働者に退職勧奨したりすることが問題になっている。業務改善プログラムは，派遣会社や転職あっせん会社などが，ビジネスとして開発したものである。労働者の業務遂行能力を図ったうえで，労働者を再び教育訓練しようとするもので

あるが，大企業のうち，この業務改善プログラムを利用している企業がみられる。業務改善プログラムにより当該労働者の能力・成績が十分でないと判明した場合に，会社は，業務改善プログラムの教育訓練での結果を利用して，労働者を解雇したり，退職勧奨したりする。会社の事業が不振でなくても，こうした形での解雇や退職扱いがなされることもある。

裁判例では，PBC評価と呼ばれる業務能力評価制度が，「あくまで相対評価であるため，PBC評価の低評価が続いたからといって解雇の理由に足りる業績不良があると認められるわけではない」と判断して，他の諸要素も考慮して，解雇が無効であると判断されている（日本IBM事件：東京地判平28・3・28）。

解雇や退職の法的な問題をここで学ぶことになる。

1　労働契約の終了事由

労働契約の終了事由には，解雇，辞職・退職，定年等による労働契約の終了等がある。使用者の一方的な意思表示により労働契約を終了させるのが解雇である。これに対して，労働者の意思表示により労働契約を終了する退職があり，ほかに，使用者と労働者の合意解約がある（退職と合意解約については，3で詳述する）。

2　解　　雇

(1)　民法上の規制

民法では，雇用の定めのない労働契約について，各当事者は，いつでも解約の申入れをすることができると規定されている。解約の申入れ以後，2週間の経過によって，契約が終了する。これにより，労働者は辞職の自由を，使用者は解雇の自由を各々有する。期間の定めのない継続的な雇用契約関係では，各当事者において任意にこれを終了させることができる。ただし，予期しない契約の終了により相手方に損害が生じるため，予告期間を定めているのである。

(2)　労基法，労契法上の規制

労働基準法も，解雇予告期間について定めている。民法では，解約予告期間は14日で足りるが（民法627条），労基法20条は使用者の行う解雇の予告期間につき30日前と定めている。しかし，民法の上の規定は，任意規定であり，これに反する特約（例えば，即時解約を行う旨の規定）は，有効となってしまうおそれがあった。これに対して，労基法20条の規定は，強行規定であり，民法の解約予告規定を修

正している。

　予告期間を定めず解雇する場合には，使用者に平均賃金30日分の予告手当を支払うことを義務づけている（労基法20条）。

　つまり，労基法20条は，解雇に際して，少なくとも30日前に予告するか，30日分以上の平均賃金（解雇予告手当）を支払うことを使用者に義務づけている。

　学説では，予告義務違反の解雇は，無効であるとする説（無効説），反対に，予告義務違反は私法上の解雇の効力には影響しないとする説（有効説），解雇無効の主張と予告手当の請求を労働者が選択して請求できるとする説（選択説）が唱えられていた。判例は，予告期間も定めず予告手当の支払いもせずになした解雇の通知は，即時解雇としては効力を生じないが，使用者が即時解雇を固執する趣旨でないかぎり，通知後30日の期間を経過するか，または通知ののちに予告手当の支払いをしたときは，そのいずれかの時から解雇の効力が生じるとする（細谷服装店事件：最判昭35・3・11）。

　さらに，労基法では，産前産後・業務上災害に関する解雇制限規定を定めている（労基法19条）。第1に，業務上負傷や傷病で休業している場合である。第2に，産前産後の休業中の女性労働者の場合である。これらの労働者が休業している期間および期間終了後30日間は解雇が禁止されている。業務に起因してうつ病を発症し休業していた労働者に対してなされた解雇は，本条に反して無効と解されている（東芝事件：最判平26・3・24）。

　業務上負傷・傷病により必要な労災保険法の療養給付を受けた場合に，療養開始後3年経過しても治癒しない場合には，使用者は，当該労働者を労基法81条の打切補償を支払うことにより，同法19条1項但書の適用により，解雇することができるが（専修大学事件：最判平27・6・8），このように打切補償により解雇する場合には，解雇までの間において業務上の疾病の回復のための配慮を全く欠いていたというような特段の事情がない限り，当該解雇は客観的合理的理由を欠くことがなく，社会通念相当と認められる（専修大学事件（差戻審）：東京高判平28・9・12）ことがある。

　法律によって禁止された事由に該当しない限り，解雇権の行使は自由になしうるのであろうか。労働者側から見れば，解雇によって，労働契約関係が中断することは，収入が途絶えることを意味する。そこで，かつては，解雇に正当事由を要求する，正当事由説も唱えられた。

　また，合理的な理由のない解雇は，これを抑制すべし，という考えが生み出さ

れるようになる。継続的な信頼関係において，十分な解雇理由もなく解雇するのは，それ自体，権利濫用にあたるというのである。つまり，解雇権の行使は，権利濫用の法理によって，制約を受けるという解雇権濫用法理の登場である。

最高裁は，解雇権の行使は，「客観的に合理的な理由を欠き社会的に相当なものとして是認することはできず，……解雇権の濫用として無効であるといわなければならない」と判断し（日本食塩製造事件：最判昭50・4・25），解雇権濫用法理を確立していった。

そして，その後の労働基準法の2003年の改正により，「解雇は，客観的に合理的理由を欠き，社会通念上相当であると認められない場合は，その権利を濫用したものとして，無効とする」との規定が設けられ（旧18条の2），2007年の労契法の制定により，労契法16条に移されている。解雇権濫用法理が確立したため，解雇の自由は，制約を受けていると理解すべきである。

⑶　労基法・労契法以外の規制

上記の労基法19条・20条，労契法16条の規定以外に，次のような解雇は，以下の法律により禁止されている。

① 労働者の国籍，信条，社会的身分を理由とする解雇等差別的取扱い（労基法3条），

② 労働者が労働組合の組合員であることや，組合に加入したり組合を結成したりしたことなどを理由とする解雇等不利益取扱い（労組法7条1号），

③ 労働者が労働委員会に対し不当労働行為の救済を申し立てたことなどを理由とする解雇等不利益取扱い（労組法7条4号），

④ 労働者が婚姻，妊娠，出産したこと，産前産後の休業をしたことなどを理由とする解雇等不利益取扱い（均等法9条2項・3項），

⑤ 労働者が育児休業，介護休業の申し出をしたこと，または実際にそれらの休業をしたことを理由とする解雇等不利益取扱い（育児・介護休業法10条・16条），

⑥ 労働者が労働基準監督署などに対し，使用者の労働基準法違反や労働安全衛生法違反の事実を申告したことを理由とする解雇等不利益取扱い（労基法104条2項，労安衛法97条2項），

⑦ 労働者が都道府県労働局長に紛争解決の援助を求めたこと，またはあっせんを申請したことを理由とする解雇等不利益取扱い（個別労働関係紛争の解

決の促進に関する法律 4 条 3 項），労働者が都道府県労働局長に紛争解決の援助を求めたこと，または調停を申請したことを理由とする解雇等不利益取扱い（均等法17条 2 項・18条 2 項）である。

(4)　解雇権濫用法理の具体的な内容

　解雇事由には，裁判例を大きく分けて，主に，経営を理由とした解雇（いわゆる整理解雇），疾病を理由とした退職・解雇，能力・適性不足を理由とした解雇に分類されると考えられる。以下では，順に，労契法16条に基づいて，いかなる場合に解雇が有効となるか無効となるかをみていく。

(a)　整 理 解 雇

　整理解雇とは，企業が経営上必要とされる人員削減のために行う解雇である。整理解雇は，①人員削減の必要性があること，②解雇回避努力義務が履践されていること，③人選基準があり当該基準に合理性があること，④労働組合または労働者に説明・協議していることが，必要とされる。

　他社の注文を受けて肌着等を製造していた会社が，減産の指示を受けることになり，労働者29名を整理解雇せざるを得なくなったという事件があった。解雇の必要性があったかどうかを検討しないまま，朝礼で工場長がいきなり解雇の予告を行った（つまり，説明・協議がない）。長崎地裁大村支部は，整理解雇の 4 要件を立てて，これにより，整理解雇を無効とした（大村野上事件：長崎地大村支判昭50・2・24）。

　最近の裁判例では，4 要件ではなく，4 要素であると解される傾向もある。この 4 要件ないし要素は以下のようなものである。

　①　人員削減の必要性　　　人員削減の必要性は，整理解雇が許されるための経営状況（第一要件）として，企業の収益悪化により赤字となり，倒産必至となっている状態までは必要ではない。整理解雇について「企業の経常利益がマイナスとなり，整理解雇以外の方法で，当面その解消が期待できない場合には，必要な範囲で，整理解雇の必要性」が認められると説かれる（保原喜志夫「整理解雇をめぐる判例の法理（三）（四）」判例時報）。なお他部門への配置換えが困難であることをもって「企業の合理的な運営上やむをえない措置」と認められた例（東洋酸素事件：東京高判昭54・10・29）がある。

　②　解雇回避努力義務　　　解雇を行う前に，配転（マルマン事件：大阪地判平12・5・8 等）・出向（京都エステート事件：京都地判平15・6・30等）の実施，役員

報酬の支払い（日本通信事件：東京地判平24・2・29等），希望退職募集の実施（あさひ保育園事件：最判昭58・10・27．反対，前掲東洋酸素事件，シンガポール・デベロップメント銀行事件：大阪地判平12・6・23）が，解雇回避努力義務として求められる。ほかに，新規採用の停止，残業の削減，転籍などが挙げられる。つまり，解雇は，最終手段であるべきで，それよりも労働者にとって負担の少ない手段を解雇権の行使の前に履践しているかどうかが問われる。

　③　**人選基準の客観性・合理性**　　わが国の整理解雇の人選に関しては，客観的で合理的な基準を定める必要がある。年齢基準（最近では，日本航空事件（客室乗務員）：東京高判平26・6・3，日本航空事件（運航乗務員）：東京高判平26・6・5等），傷病基準（日本航空事件（客室乗務員）：大阪高判平28・3・24），勤務態度不良等が，人選基準としての合理性が肯定されている。

　④　**説明義務・交渉義務**　　組合や労働者に対する説明，協議がない場合も解雇は無効と解されている。

　(b)　**疾病を理由とした解雇**

　日本の就業規則においては，「心身の障害により職務に堪えられず，治癒しない場合」を，解雇事由ないし退職事由とする定めを置いていることが少なくない。ここでは，「職務に堪えられない」「治癒」の解釈が主に問題になった。

　近時は，業務の内容や勤務時間等について軽易な業務に復帰可能であれば，休職終了時に原職での労働能力を十分有していなくても，退職はさせられないとする裁判例が有力である（日放サービス事件：東京地判昭45・2・16，カントラ事件：大坂高判平14・6・19，東海旅客鉄道（退職）事件：大阪地判平11・10・4）。

　障害者雇用促進法が2013年に改正され，障害を理由とした差別禁止が規定されるとともに（35条），障害がある労働者への配慮（措置義務の履行）が求められるようになった（36条の3）。精神的な疾患を理由とした解雇・退職扱いに関する事件があるが，この措置義務の対象は，精神障害に関して，精神障害者保健福祉手帳を持っている人に限定されない。このため，同手帳の有無を問わず，心身の疾患を有している限りでは，一定の配慮が必要とされ，そうした配慮なく解雇した場合，その有効性に影響を与えうる。アスペルガー症候群の労働者であれば，一定の配慮が必要があり，ジョブコーチ等の支援もつけず解雇した事件では労働契約法16条違反とされた（O大学事件：京都地判平28・3・29）。

　(c)　**能力・適性不足を理由とした解雇**

　能力主義・成果主義雇用管理が進行するにつれて，能力・適性がないことを理

由とした解雇が増えつつある。

　能力を理由とした解雇の場合，①労働能力の低下やこれに伴う勤務成績の低さ
の程度が著しく，②それが使用者による改善の指導にもかかわらず，改善されな
いことが，判断要素として挙げる（エース損害保険事件：東京地決平13・8・10）。
勤務成績が相対評価により低いというだけでは，能力を理由とした解雇は許され
ない（セガ・エンタープライゼス事件：東京地決平11・10・15）。

(5)　有期労働契約の解雇

　有期労働者の期間途中の解雇については，従来から，民法の雇用に関する規定
（民法628条）に定めがあったが，現在では，「使用者は，期間の定めのある労働契
約について，やむを得ない事由がある場合でなければ，その契約期間が満了する
までの間において，労働者を解雇することができない」（労契法17条1項）と定め
られている。やむを得ない事由の立証責任が使用者にあることを意図して定めら
れている。

　有期契約の更新拒絶が契約期間の満了時に問題になるのに対して，解雇は，契
約期間満了前に問題になる。

　特に，期間の定めのある労働契約における整理解雇を無効とする例は，少なく
ない（ワキタ（本訴）事件：大阪地判平成12・12・1，よしとよ事件：京都地判平成8・
2・27，弥生工芸事件：大坂地判平成15・5・16）。有期労働契約の整理解雇に対し，
裁判所がいわゆる整理解雇の4要件を課し，これを無効とする裁判例もある（安
川電機事件：福岡高決平成14・9・18）。

3　退職（辞職，合意解約，私傷病退職）

(1)　退職とは

　退職とは，労働者からの申し出による労働契約関係の終了であり，一般的には，
①労働者の一方的な意思表示によるもの（辞職）と，②労働者と使用者が合意を
して労働契約を終了させるもの（合意解約）の2つを指す（②のように，前者を「退
職」と捉え，合意解約と別のものとして捉える考え方よりは，辞職と合意解約をあわせ
て「退職」とする捉え方が一般的といえよう）。この項では，この「辞職」と「合意
解約」に着目し，それに関する法的問題について解説していく。

(2)　辞職と合意解約

　上でも述べたように，辞職とは，労働者が一方的に「辞めます」と伝えて労働契約を終了することであり，合意解約とは，労使のどちらか（通常は労働者）が「退職したい」と申し出て，それを相手方（通常は使用者）が承諾することで労働契約が終了するものである。

　労働者が退職する場合の手続きについては労働法には明確な規定はないが，使用者は就業規則に「退職に関する事項」を必ず定めなければならない（労基法89条3号）ため，就業規則の定めに従って手続きを行うことになる。実際には，「労働者が書面により退職を願い出て，会社が承認する」などのように「合意解約」型の規定が置かれていることが多いであろう。

　合意解約は，法的にはあくまでも「申込みと，その承諾」で成立し，労働法の解雇規制などは原則として適用されない。辞職についても，やはり労働法の解雇規制などは原則として適用されないが，民法627条が「いつでも（＝理由を問わず）解約の申入れをすることができる」としているので，退職の申込みから2週間たてば，たとえ使用者の承諾がなくても，労働契約は終了する。したがって，使用者が「絶対に辞めさせないぞ」などと主張していても，申込みから2週間立てば，辞職の意思表示があったと評価され，退職できるのである（ただし，これは無期雇用労働者の場合のルールである）。

　なお合意解約でも辞職でも，民法の意思表示に関する規定は適用されるので，錯誤や強迫等によって，無効ないし取消しとなることもある（心裡留保の事案として昭和女子大学事件：東京地決平4・2・6，強迫の事案としてニシムラ事件：大阪地判昭61・10・17等）。

(3)　退職をめぐる法的問題

(a)　退職申し入れの時期

　就業規則に「労働者は，退職の1か月前までに退職願を提出すること」などと規定されているような場合，民法627条の「2週間前」という規定とどちらが優先するのだろうか。これは，民法627条を任意規定と解するか強行規定と解するかで考え方が異なる。

　この点，厚生労働省のパンフレット（『知って役立つ労働法──働くときに必要な基礎知識』）などでは，上述の「2週間前」という基準を紹介する一方で，「就業規則の規定があればそれに従って退職の申し出をする必要がある」旨が述べられ

ており，前者の立場にたっていることが分かる。しかし学説・裁判例は後者の立場，つまり民法627条を強行規定と解したうえで，2週間よりも長い予告期間を就業規則で定めても，その効力を認めないとするものが多い（裁判例として，高野メリヤス事件：東京地判昭51・10・25，プロシード元従業員事件：横浜地判平29・3・30）。就業規則に規定しておきさえすれば何か月前でもそっちが優先するというのはどう考えてもおかしいし，民法627条も労基法も，労働者の意に反する足止めを強く問題視していることを踏まえれば，後者の立場で理解すべきであろう。

これと関連して，労働者が退職に際して引き継ぎをせずに辞めてしまった場合はどうか。裁判例では，労働者が2週間の期間をおかずに出社しなくなったケースで，労働者への損害賠償請求が認められたものもある（ケイズインターナショナル事件：東京地判平4・9・30）が，引継ぎのために，退職の申し出から89日以前に辞めた場合の退職金を減額するとしていたケース（前掲・プロシード元従業員事件）や，後任者が来るまで勤務し引継ぎを行うとの誓約書を欠かされていたケース（広告代理店A社元従業員事件：福岡高判平28・10・14）などでは労働者への請求が退けられている。一般論としては，退職に際して業務の引継ぎをきちんと行うことは信義則上の義務といえようが，残った年休の消化などよりも優先されるとは法的には言い難いであろう。少なくとも，引継ぎをしないから退職させないという扱いは許されない。

(b) 退職願の撤回

労働者がいったん退職を願い出たあとで「やっぱり，辞めるのをやめたい」ということも現実には少なくないが，このようなことは認められるのだろうか。

理論的には，それが「合意解約」の申込みであれば，信義則に反するなど特段の事情がない限り，使用者が承諾するまでは自由に撤回できる反面，「辞職」の意思表示であれば，使用者に到達すれば撤回はできない（民法97条），ということになろう。ただ実際には，労働者からの申し出がどちらの意図でなされたのか，はっきりしないことも少なくない。学説や裁判例では，合意解約と解するほうが，撤回が認められやすいという点で労働者保護に資するといった観点などから，よほど辞職の意思が明確である場合を除いて，原則として合意解約の申込みと解する立場が有力である（大隈鐵工所事件：最判昭62・9・18，株式会社大通事件：大阪地判平10・7・17）。

ただ合意解約の場合，どの時点で使用者が承諾したといえるのかが問題となりうる。上述の大隈鐵工所事件では，人事部長による退職願受領をもって合意解約

が成立したとされたが，退職届を受領した常務取締役観光部長に退職承認権限がなかったとして撤回を認めたケース（岡山電気軌道事件：岡山地判平 3・11・19），理事長が承認する前に代理人弁護士が「もう一度話合いたい」旨の電話をしたことで撤回を認めたケース（学校法人大谷学園事件：横浜地判平23・7・26）もあり，その企業における決裁権者の承認があったか否かがポイントになるといえよう。

(c) 退職勧奨

　退職勧奨とは，使用者が労働者に対して退職を勧めることであり，実際の退職には，労働者がそれに応じて退職するというケースも少なくない。退職を勧めること自体がすべて違法とはいえないが，近年は，かなり執拗・強引な退職勧奨や，退職勧奨に応じない労働者に対していじめ・嫌がらせがなされるケースもしばしば問題となっている。

　裁判例では，退職の意思がない労働者に対して十数回にわたる退職勧奨をなしたことを違法とした下関商業高校事件：最判昭55・7・10が著名であるが，目的・態様・手段などから見て，社会通念上相当と認められる程度を超えて，労働者に不当な心理的威圧を加えたり，名誉感情を不当に侵害するような言辞を用いた退職勧奨は不法行為と判断される傾向にある（退職勧奨を繰り返した後に降格・配転した新和産業事件：大阪高判平25・4・25や，視覚障害を有する高校教諭に特段の業務を与えなかった学校法人須磨学園事件：神戸地判平28・5・26等）。ただし，退職勧奨の態様などから，労働者の自由な意思形成を促す行為として許容される範囲であったなどとして，不法行為の成立が否定されるケースも多い（日本アイ・ビー・エム事件：東京高判平24・10・31，リコー事件：東京地判平25・11・12等）。

　もっとも，退職勧奨を受けて退職した場合，あくまでも退職の決意をしたのは労働者自身であるということで，慰謝料が認められても小額に留まるケースが多い。しかしながら実際には，解雇規制を回避するためにあえて退職勧奨がなされるようなケースも少なくないことからすると，形式的には「退職」でも，「解雇」といってよさそうな場合もあるだろう。イギリスでは，使用者が先導して不公正な形で労働契約を終了した場合，法律上解雇と同様に扱われるとされている（みなし解雇）。解雇と同様に扱われるということは，労働者は，慰謝料の請求だけでなく職場復帰を求めることもできる，というわけである。学説にはこれをヒントに，悪質な退職勧奨で退職した場合には，その退職が無効となる，とするもの（擬制的解雇論）や，無効となるとまではいえないものの，使用者の退職勧奨と退職との間に相当因果関係が認められる場合には，退職による逸失利益を賠償請求

できる，とするもの（準解雇論）があり，注目される。

(4)　私傷病休職と退職

　私傷病休職とは，労働者が業務外の傷病でしばらく労務提供ができない場合に，一定の期間，従業員としての地位を保持しつつ，就労を一時禁止ないし免除するという制度であり，法的な制度ではないが，就業規則にこういった規定が置かれていることが多い。

　休職制度は，一定期間中，労務を提供しなくても解雇されないという点では労働者にメリットがあるが，休職期間満了時点で休職事由が消滅しておらず復職不可能と判断されれば，自動的に退職になるという扱いが一般的であるため問題となる。

　かつての裁判例は，復職可能といえるためには，原職を支障なく行える健康状態になっていることを求めるものが主流だった。しかし昨今は，相当期間内の復職が可能であったり，そうでなくても企業の規模等から配置可能な職務が存在し，かつ労働者もそれを希望している場合には，休職事由が消滅したと解する傾向にある（JR 東海事件：大阪地判平11・10・4，名港陸運事件：名古屋地判平30・1・31等）。

　もっとも，近年の私傷病休職で多いのは，精神疾患に関するものであり，復職可能との診断書が提出されても，対応の困難性から復職不可能とする使用者の判断の方が尊重されるケースが目立つ（日本ヒューレット・パッカード事件：東京高判平28・2・25，コンチネンタル・オートモーティブ事件：東京高判平29・11・15等）。障害者就労に関する合理的配慮とも関連する問題であり，どこまでの対応が使用者に求められるのか，理論の精緻化が求められている（なお復職が争われたケースではないが，上述の O 大学事件：京都地判平28・3・29では，アスペルガー症候群に由来する問題行動を起こした准教授の解雇につき，大学として十分に配慮・援助等を講じていないとして，解雇無効とされている）。

4　定　年　制

(1)　定年制とは

　定年制とは，労働者が一定の年齢に達したことを理由として，労働契約を終了させるという制度のことである。

　定年制は，日本的雇用と呼ばれるわが国の長期雇用慣行・年功序列賃金体系の中で定着してきた。長期雇用慣行の下では，総じて解雇はあまり行われない。し

かし他方で高齢になった労働者をいつまでも雇用を続けるとなると，年功序列賃金の下で企業の人件費負担は重くなってしまう。そうした事情の下で，よほどのことがなければ一定年齢までの雇用を維持しつつ，一定の時点で雇用を打ち切り，若年労働者に切り替えていく制度として，わが国に広く根付いてきたものである。日本的雇用（特に年功序列賃金）はかなりの程度変容してきた，ともいわれるが，定年制による雇用維持機能は，まだまだわが国の企業社会にはそれなりに残っているといえよう。

1960年代あたりまでは55歳定年制が主流であったが，現在は後述する高年齢者雇用安定法（高年法）により，定年を設ける場合は60歳以上とすることと，65歳までの高年齢者雇用確保措置をとることが義務づけられている（8条・9条）。近年は労働力不足を背景として，さらなる定年の引上げが，国の取り組むべき政策と位置付けられている（労働施策総合推進法4条8号）。

定年をめぐっては，定年後の継続雇用時の待遇の低さもしばしば問題となる（多くの場合，定年時点でいったん契約を終了し，新たに「再雇用」されるが，殆どの場合，その際に給与が大幅に低下する）が，ここでは雇用継続の問題に限定して見ておきたい。

(2)　定年の法的性格

定年といった場合，厳密には，定年到達によって労働者が自動的に退職となる定年退職制と，定年到達により解雇されるという定年解雇制とがあるが，多くは前者であろう。

ある時点で労働契約が終わることが定年なのだとすれば，「そもそも有期雇用ということなの？」という疑問もありうる。しかし労基法13条が原則3年（例外5年）の契約期間上限を定めているため，有期雇用契約と解することは難しいであろう（この点通説は，定年到達前の解雇や退職が法律上制限されているわけではないので有期雇用契約と異なる，とするが，解雇はともかく，退職を制限しないことは有期雇用契約であっても可能であるため，やや説得力に欠けるようにも思われる）。さしあたり「将来における契約終了事由があらかじめ予約された無期雇用契約」と理解しておきたい。

定年制は，労働者の能力に関わりなく，年齢到達のみを要件として労働契約を終了させる制度であるため，年齢差別ではないかとの批判もある（アメリカやEUでは年齢差別として禁止されている）。この点について判例・通説は，長期雇用慣

行の下で一定年齢までの雇用保障機能を有する点で労働者にメリットがあることや，人事の刷新など企業の組織運営上の適正化のために行われるものであることなどから，定年制を合理的（有効）とする（秋北バス事件：最大判昭43・12・25，アール・エフ・ラジオ日本事件：東京地判平12・7・13）が，他方で，整理解雇などで定年前に（労働者に落ち度がなくとも）雇用が失われる場合もありうることから，雇用保障機能を前提とする通説に疑問を呈する学説もある。

(3)　定年と高年齢者雇用安定法（高年法）

(a)　高年法の概要と展開

　1970年代以降，高齢社会の到来の中で「公的年金の支給開始年齢引上げ」と「高年齢者の雇用確保」が，政府の重要な政策課題として位置づけられるようになる。それに呼応して1986年には，高年法が（従来の中高年齢者雇用促進特別法を改正する形で）制定された。

　制定当初の高年法では，60歳定年制が努力義務とされていたが，8割以上の企業が60歳定年制を採用するに至った1994年に，定年を定める場合には，60歳を下回ることはできない，とされた（高年法8条）。さらに2004年には，60歳未満の定年禁止に加えて，65歳未満の定年を定めている事業主は，65歳までの雇用確保のために，①定年年齢の引上げ，②継続雇用制度の導入，③定年制の廃止，のいずれかの措置（雇用確保措置）を講じなければならないこととされた（高年法9条）。ただし2004年改正では，事業主が②を採用する場合（実際にはそのような事業主が8割以上を占めている），事業主が，過半数労働組合（ない場合は，過半数代表）と労使協定を結べば，協定の基準によって，「誰を継続雇用の対象者とするか」を選別できることとなっていた。そのため，対象者とされなかった（継続雇用を拒否された）労働者が，雇用関係を争うケースも見られた（継続雇用選定基準を満たしている労働者は，雇用継続の期待に合理的な理由が認められるなどとして，再雇用と同様の雇用関係存続を認めた津田電気計器事件：最判平24・11・29等）。

　もっとも，老齢厚生年金の報酬比例部分の支給開始年齢が2013年から段階的に引き上げられることとなっていたことを受けて，2012年の高年法改正では，労使協定による選別制度は廃止され，希望者全員につき，65歳までの雇用確保措置を講ずることが義務づけられた（親会社，子会社，関連会社等を通じての継続雇用でも可）。もっとも行政解釈では，勤務状況が著しく不良である等，就業規則に定める解雇事由等に該当する場合には継続雇用しないことができる，としている。

(b)　高年法違反の効力

事業主が高年法に違反した場合，どのような法的効果が生ずるのか。高年法は，指導，助言・勧告および企業名公表といった公法的なサンクションは予定されているが，私法上の効果（継続雇用の請求権や，継続雇用みなしなど）の規定がないため，この点が問題となる。

まず，60歳以降の継続雇用などを行わなかった場合については，裁判例は，総じて私法上の効果を否定しており（NTT西日本事件：大阪高判平21・11・27，愛知ミタカ運輸事件：大阪高判平23・3・25等），学説も否定説が多い。否定説に立てば，労働者の救済は基本的には損害賠償に留まることになろう。しかし上述した津田電気計器事件最高裁判決のように，別途雇止め法理を援用し，継続雇用されたのと同様の雇用関係が存続していると見るのが相当，との結論を導くものもある。

次に，60歳未満の定年（58歳など）を定めた場合（高年法8条違反）の法的効果も問題となる。この点については，そのような定めが無効になること自体は争いはないが，そのうえで（ア）定年がなかった状態になるとする学説と（イ）60歳定年を定めたものとなるとする学説とに分かれている。労基法13条のような，契約を直律する効力を定めた法規定がないこと等を根拠に，（ア）の学説が多数となっている（裁判例も（ア）の立場に立っている（牛根漁業協同組合事件：福岡高宮崎支判平17・11・30））。

(c)　65歳以降の継続雇用等をめぐる問題

現時点では高年法が直接適用されるケースではないが，65歳定年後の継続雇用（再雇用）の拒否が問題となるケースも近年増加している。定年後の継続雇用の拒否は，厳密には「雇止め」とは異なるが，裁判例の中には，労契法19条2項を類推適用して，満70歳までの継続雇用を期待することにつき合理性ありとして，雇用関係存続を導くものも見られる（学校法人尚美学園（大学専任教員B・再雇用拒否）事件：東京地判平28・11・30，学校法人南山学園事件：名古屋地判令元・7・30等）。

ところで，2017年3月に発表された「働き方改革実行計画」の中では，65歳以降の継続雇用延長などに向けた環境整備が打ち出され，国家公務員の定年も，2022年度から段階的に65歳に引き上げるとの方向性が検討されている（2020年3月13日閣議決定）。労働力不足を踏まえて矢継ぎ早に政策が打ち出されており，今後も注目されよう。

5　期間の定めのある労働契約の更新拒絶

期間の定めのある労働契約（有期労働契約）の期間が満了する場合，満了後は労働契約を更新しない旨通知した場合は，労働契約は終了するように見える。しかし，期間の定めのある労働契約が，連続更新されているにもかかわらず，労働契約が終了するのでは，雇用の安定性が損なわれる。そこで，いわゆる雇止めの法理が形成されていった。また，無期転換申込権が創設されている（第4節参照）。

(1)　立法前の経緯

まず，雇止め法理には，いわゆる実質無期契約型があった。

労働契約が連続更新されている場合，期間の定めのない契約と実質的に異ならず，雇止めの通知は，実質，解雇の意思表示にあたるため，解雇に関する法理を類推するとされた（東芝柳町工場事件：最判昭49・7・22）。解雇の法理を類推適用させた上で，採用，備止めの実態，作業内容，会社側の言動等から，信義則上，雇止めは許されないと判断された。

次に，期待保護型と呼ばれるものがある。長期にわたる契約の更新がない場合でも，期間の定めのない労働契約が存在する場合と実質的に異ならない関係が生じたとはいえないが，そうした場合でも，雇用関係の継続が期待されていたといえる限りで，解雇の法理が類推適用されるとした（日立メディコ事件：最判昭61・12・4）〔但し，この事件では，独立採算の工場であったため，他の事業部門への配置転換ができず，希望退職を募集しなかったとしてもやむを得ないものだったと判断された〕。

(2)　雇止め法理の実定法化

労働契約法が平成24年に施行され，次のような雇止め禁止の規定が法制化された（労契法19条）。

1．過去に反復して更新されたことがある有期労働契約において，その契約期間の満了時に当該契約を更新せずに終了させることが，①期間の定めのない労働契約を締結している労働者に解雇の意思表示をして契約を終了させることと社会通念上同視できると認められるか（1号），または，②当該労働者が当該有期労働契約の契約期間満了時に当該契約の更新を期待することについて合理的な理由があると認められる場合であって（2号），2．当該有期労働契約の契約期間が

満了するまでの間に労働者が当該契約の更新の申込みをしたか，または当該契約期間の満了後遅滞なく有期労働契約の締結の申込みをしており，３．使用者が当該申込みを拒絶することが客観的に合理的な理由を欠き，社会通念上相当であると認められないときは，使用者は，従前の有期労働契約の内容である労働条件と同一の労働条件で当該申込みを承諾したものとみなす，と規定された（労契法19条）。

　１号は，過去に反復更新された有期労働契約で，その雇止めが無期労働契約の解雇と社会通念上同視できると認められるものとして，明文化された（東芝柳町工場事件：最判昭49・7・22参照）。2号は，労働者において，有期労働契約の契約期間の満了時に当該有期労働契約の更新を期待することについて合理的な理由があると認められるものを明文化した（日立メディコ事件：最判昭61・12・4参照）。

　これら１号あるいは２号のいずれかの場合に，客観的に合理的な理由を欠き，社会通念上相当であると認められないときは，労働者が有期労働契約の更新または締結の申込みを行えば，使用者は，従前の有期労働契約の内容である労働条件と同一の労働条件で当該申込みを承諾したものとみなす，と規定されている。

　１号，２号のいずれの場合であるかは，従来の裁判例では，使用者の言動，他の労働者の更新の状況，業務の内容，更新手続の形式性等が考慮されている。「労働契約法の施行について」（平24・8・10基発0810第2号，平24・10・26基発1026第1号）は，19条1号または2号の要件に該当するか否かは，これまでの裁判例と同様，当該雇用の臨時性・常用性，更新の回数，雇用の通算期間，契約期間管理の状況，雇用継続の期待をもたせる使用者の言動の有無などを総合考慮して，個々の事案ごとに判断されるとしている。

　無期転換申込権の創設により，雇止め法理の適用範囲は，①無期転換申込権が発生しているのに，有期契約労働者が，法律上発生したはずの無期転換申込みに対して，承諾しなかったとき，②無期転換申込権が発生する前，つまり，連続5年以内の有期労働契約の更新時に，問題になるにすぎない。

　１年契約の初回の更新拒絶に解雇法理が類推適用され，雇止めの有効性が肯定された例もある（龍神タクシー事件：大阪高判平3・1・16）。業務が臨時的な一時的なもので終了した場合，雇止めが有効とされている（日本電子計算事件：東京地決昭63・11・30等）。

　勤務成績などによる雇止めの場合，有期労働契約が更新されたのは2回にとどまる限りで，雇止めは有効であるとされた（札幌交通事件：札幌高判平29・9・14）。

```
コラム 2 –12　不更新条項
```

　契約更新を行わない旨の条項を使用者が提示し，労働者が同意した場合（不更新条項と呼ばれる），雇止めが有効かどうかが争われてきた。このような不更新条項により，雇用契約を終了させる旨の合意が成立していたと解する裁判例があった（近畿コカコーラボトリング事件：大阪地判平17・1・13）。これに対して，不更新条項の存在は，権利濫用法理の適用に当たって，〔評価障害事実として〕総合考慮の一内容として考慮の対象となると判断し，当該雇止めを無効とされていた（明石書店事件：東京地決平22・7・30）。

　無期労働契約申込権が創設されて以来，有期労働契約が連続更新 5 年以内の場合に，有期労働契約の締結時または更新時（最後の更新時）に不更新条項が使用者によって提示され，有期契約労働者が署名せざるをえないケースが生じている。たとえば，ある企業で有期労働契約労働者となったが，1 年契約を 4 回更新した後，契約期間が 5 年超となる前日に雇用を打ち切られた，というケースの不更新条項などが問題になりうる

　こうした場合，無期労働契約申込権は，任意の合意によっては放棄しえない強行規定にあたる可能性があるため，強行法規の放棄について，問題になった，判例における判断基準「意思表示が自由な意思に基づいてされたと認めるに足りる合理的な理由が客観的に存在していた」かどうかを問うべきであろう。

　有期労働契約の更新にあたって，不更新条項が挿入される場合，有期労働契約が締結できなくなるか（あるいは更新できなくなるか），または，不更新条項に署名して連続更新が終わる期間満了によって労働契約が終了せざるを得ないか，という貧しい選択肢が有期雇用契約労働者に与えられるに過ぎない。具体的な事情の下では，「意思表示が自由な意思に基づくものであるとされたと認めるに足りる合理的な理由が客観的に存在している」とはいえない場合もあるのではないかと思われる。

第3章　集団的労働法

第1節　労働基本権の保障

トピック　労働基本権の歴史（川畑ゼミのコーヒーブレーク）

川畑教授　「今日は，労働基本権の歴史的に概観してみよう。各国では当初，労働組合運動，とりわけストライキをはじめとする争議行為は禁圧されていた。わが国でも，もっぱら治安維持の観点から，1900年治安警察法17条により，その活動が禁止されてきた。」

武井　「アメリカでは，一定以下の賃金では働かないことを要求する労働組合は，カルテル団体として独占禁止法の対象とされてきたそうですね。」

山合　「イギリスでは，労働条件に不満があって，職場放棄したとしても，契約違反の問題が生じるだけなのに，同僚と共謀して集団的に労働を拒否すると刑事罰が科されました。」

川畑　「そうだね。イギリスにおけるストライキは，個人による労務提供拒否行為は非処罰であるが，複数の者が意を通じてこれを行うと犯罪となるという共謀罪（conspiracy）の対象とされてきた。」

山合　「処罰の対象とされているのは，刑事法で定められた生命・身体・自由等の保護法益を侵害した既遂犯のみが処罰されるのが刑事上の大原則で，未遂犯の処罰は例外となっています。」

武井　「このほか，あくまで内乱罪等の重大な犯罪に限って，陰謀・共謀として処罰されることになっています。日本でも，2017年，277の犯罪を対象として，共謀罪が規定されました。共謀とは，目を合わせてうなずいたり，ツイッターでの「いいね」も該当すると言われている。労働運動に対し，再び共謀罪が適用されることを危惧する声も少なくありません。」

滝野　「しかし，その後，各国では団結禁止法等は廃止され，ドイツや日本のように憲法で団結権あるいは結社の自由でこれを保障する国が一般的です。」

川畑　「アメリカにおいて，労働組合が法認されたことは，もはや労働組合がカルテル団体とはみられないことを意味する。

　　わが国でも，憲法28条の争議権保障により，正当な争議行為については刑事罰が科されたり，損害賠償を請求されることはなくなっている（刑事免責，民事免責）が，公務部門では刑事罰が残されている。」

山合　「公務員はストライキ等を禁止されているが，単純参加者は処罰されないのに

対し，争議行為をあおり，そそのかした者には刑罰が科されている。これは，原動力処罰論といわれるもので，争議行為は本来発生するものではないが，これを扇動する者がいるから発生するものであるから，これを処罰すれば争議の発生は防止できるとの考えに基づくものです。」

滝野　「治安警察法17条は，ストライキを遂行する目的で，他人に対して暴行，脅迫もしくは誘惑，扇動することを禁止しており，違反者には，6か月以下の重禁固と30円以下の罰金という厳しい刑罰が科されていたようです。」

川畑　「ストライキのような集団行動は，誰かの働きかけなしには発生しないことは明らかであるから，この規定により警察に判断次第で，ストライキは実質的に禁止されることになりかねない。」

1　労働基本権の保障

　日本国憲法は，労働基本権（労働三権）を保障しており，これにより，労働者が労働組合を結成し，その活動を行う権利である団結権，使用者と対等な立場で交渉を行う団体交渉権（労働協約締結権を含む），そして団体交渉が決裂した場合に集団的に労務提供を拒否するストライキ等を行う争議権が保障されているのである。

　通常，憲法の人権保障主体としては，「国民」あるいは「何人も」のどちらかと定めているが，「勤労者」（労働者）という特定の社会階層のみに権利保障しているのは憲法28条のみであり，これが労働基本権の重要な特徴の1つと指摘できよう。

2　労働基本権保障の効果

　労働基本権を保障した憲法28条を受けて，労働組合法（以下，労組法）は，刑事免責，民事免責，不当労働行為という3つの保障を付与している。

(1)　刑　事　免　責

　たとえば団体交渉における労働組合による労働条件改善の要求が強要罪（刑法223条）に該当し，あるいは争議行為が威力業務妨害罪（刑法234条）の犯罪構成要件に該当する可能性がある。それでは労働組合の活動を憲法が保障したことが無意味となるため，これらの活動には刑事罰が科されないという刑事免責が認められている（労組法1条2項本文）。もっとも労働組合も特権団体ではないから，

労働組合のすべての行為ではなく，正当な労働組合の行為のみが刑事免責の対象となる。したがって，組合活動，団体交渉，争議行為等において何が正当な行為と評価されるかが問題となるが，いかなる場合でも暴力の行使は正当な行為とは認められない（同項但書）。

刑事免責については，労組法1条2項によってはじめて与えられたものではなく，そもそも憲法28条で保障された権利をあらためて労組法1条2項が確認したものと考えられている（確認的規定）。したがって，労組法が廃止されたとしても，刑事免責は残存されることになる。なお，労組法1条2項が刑法35条の正当な業務行為という文言を援用していることから，刑事免責規定が違法性阻却事由と考えるのが通例であるが，憲法28条が労働基本権を保障した趣旨からすれば，正当な労働組合の行為については，そもそも犯罪構成要件に該当しないという，構成要件阻却説が妥当と考えられよう。

ところで，2017年成立施行の「組織的犯罪法」では，あらたに組織的な強要や威力業務妨害が共謀罪の対象となった。これにより労働組合による団体交渉や争議行為が，ふたたび共謀罪として刑事罰を受けることが危惧されるところである。

(2)　民事免責

例えば争議行為に参加する組合員については，労働契約上の労務提供義務に反する債務不履行（民法415条）あるいは不法行為（同法709条）を理由とする損害賠償を使用者から請求される可能性がある。これは，やはり争議権を保障した憲法28条の趣旨に反するため，労組法8条は，労働組合による争議行為に対する損害賠償を使用者が請求できないとする民事免責を保障している（労組法8条）が，ここでも正当な争議行為に限定されている。

ところで，刑事免責が労働組合の正当な行為全般に保障されているのに対し，民事免責は争議行為に限定されているのは，なぜであろうか。これについては，民事免責の根拠は憲法28条に求められるのであり，労組法はこれをあらためて確認したものにすぎない（確認的規定）から，争議行為以外の労働組合の行為についても，民事免責が及ぶというのが一般的見解である。なお，民事免責は，雇用主だけでなく，取引先や顧客に対しても適用となる。争議参加組合員は賃金を失う（ノーワーク・ノーペイの原則）。なお，正当でない争議行為については，あらためて不法行為（民法790条）の成立要件により評価されることになる。

(3)　不当労働行為制度

　憲法14条以下の自由権規定に関しては，その私人間適用の効力（いわゆる第三者効）が問題となるのに対し，社会権としての労働基本権は私人（私企業等）間にも適用される。たとえば団結権は私法上の公序を構成するから，団結権を侵害する解雇等の法律行為は無効となるし，事実行為は不法行為を構成する。このほか，労組法は，使用者による団結権侵害行為を特別に不当労働行為として禁止し（7条）し，その救済を行政委員会である労働委員会に委ねている。労働委員会による不当労働行為の行政救済制度については，労働組合法によりはじめて創設されたとする創設的規定と解されている。

　これはアメリカ法の unfair labor practice（不公正な労使慣行）を直訳したものであるが，不当な労働法上の行為という意味合いから，使用者による賃金未払い等が不当労働行為と呼ばれることがある。しかし，不当労働行為とは，使用者による労働者あるいは労働組合の団結権を侵害する行為であり（労組法7条本文参照），憲法28条が勤労者（労働者）のみに団結権を保障していることから，わが国では，労働組合による不当労働行為は存在しない。

3　公務員の労働基本権

　公務員も労働者（勤労者）として，憲法28条の労働基本権の保障を受けることに異論はないが，公務員の労働基本権には大きな制限が設けられている。

　まず，公務員であっても，団結権が保障されている。すなわち，①国家公務員のうちの現業職員および特定独立法人職員，および②地方公務員のうちの公営企業，特定地方独立法人，技能労務職の職員は，労働組合を結成する権利が保障されている（特独労法4条1項，地公労法5条1項）ほか，③国家公務員および④地方公務員の非現業職員については，警察職員，海上保安庁職員，監獄職員，消防職員を除き，職員団体の結成が認められている（国公法108条の2，地公法52条3項）。

　続いて，上記①②の職員については団体交渉権が保障されており，労働協約の締結権も認められているが，協約の効力には一定の制限が設けられている（特独労法8条・16条，地公労法8条〜10条）。これに対し，上記③の職員については，交渉権が与えられているが，労働協約の締結権を保障されておらず，上記④の職員については，法令，条例に抵触しない範囲での書面協定の締結権にとどまっている。このように，労働協約の締結権を否定ないし制限されているのでは，団体交渉権が保障されているとは言えないであろう。

職員の争議行為についてはすべて禁止されており（特独労法17条1項，地公労法11条1項，国公法98条2項，地公法37条1項），単純参加者は処罰されないが，上述したように，争議行為を共謀し，そそそのかし，もしくはあおり，またはこれらの行為を企てた者についてのみ，刑事罰が科されている（国公法110条17号，地公法61条4号）。

以上のように，とりわけ公務員の争議権を一律全面的に禁止している点については，憲法上も議論が多い。この点につき，最高裁は，公務員の争議行為禁止の合憲性について，憲法28条の労働基本権，とりわけ争議権は，あくまで生存権を実現するための手段的権利であるから，人事院勧告のような代償措置があれば，これを禁止することは許容されること，公務員の職務の公共性と地位の特殊性から制限が許されること，勤務条件法定主義に基づき，公務員の勤務条件は法令等により決定されるものであり，団体交渉の余地はないこと，公務部門においては民間企業のような競争原理が存しないことから，争議が長期化して公共生活に支障が生じる可能性が大きい等を理由として，公務員の争議権の一律禁止を合憲と判断している。

しかし，労働基本権がはたして手段的権利であるのか，公務員の職務についても多様なものが存在すること，争議が長期化することは民間企業でもあり得ること等，最高裁判所への批判も存在することである。

コラム3-1　ユニオンショップ制

労働組合が使用者と団体交渉を行う場合には，従業員の多数を組織することが必要である。そこで，労働組合の組織力強化のために利用されているのが，ショップ制である。職業別・産業別労働組合が通例である欧州等では，「使用者は，従業員を組合員から採用しなければならない」というクローズドショップ制が採用されることがあるが，企業別組合が支配的であるわが国では，「従業員は組合員でなければならない」というユニオンショップ協定が締結されることが多い。これは，入社時には組合員である必要はないが，一定期間内に労働組合に加入しない労働者，労働組合を除名されたり脱退した労働者を使用者は解雇するという労働協約の債務的部分に該当する。

これは完全ユニオンショップと呼ばれるが，「従業員は組合員でなければならない」とだけ規定する宣言型ユニオンショップや，「会社が必要と判断する者は解雇しない」という尻抜けユニオンショップも少なくない。わが国のユニオンショップ条項は，その大半が実質的には組合承認機能にある。

完全ユニオンショップに対しては，労働者の労働組合に加入しない権利（消極

的団結権），労働権（憲法27条）あるいは自己決定権（同13条）等を侵害するもので，違法無効ではないのかが問題となる。これを肯定する学説も存在するが，多数説は積極的団結権（労働組合の加入する権利）が消極的団結権に優先するとして，ユニオンショップを合法と解している。

　最高裁も基本的に同様に解しており，解雇の前提となる除名処分が無効であれば，ユニオンショップ条項に基づく解雇も無効であると判断された日本食塩事件最高裁判決（最判昭50・4・25）では，当該雇用関係を終了させるという間接的に労働組合の組織の拡大強化を図ろうとする制度であり，このような制度としての正当な機能を果たす限りにおいてのみ，その効力を認められるとされている。したがって，労働組合を脱退した労働者が新た労働組合を結成したり，他の労働組合に加入した場合には，当該労働者は積極的団結権を行使しているのであるから，ユニオンショップ締結組合脱退した組合員にユニオンショップ協定の効力は及ばない（三井倉庫事件最判平元・12・14，日本鋼管鶴見製作所事件最判平元・12・21）。

　このほか，労働組合への加入を義務付けられないものはオープンショップと呼ばれることがあり，公務員がこれに該当する（国公法108条の2，地公法52条）。

第2節　労働組合・組合活動

トピック　労働組合の結成主体である「労働者」とはだれか？

　今からちょうど100年前の1920年，イギリスの社会運動家であるシドニー（1859〜1947）とベアトリス（1858〜1943）のウェブ Sidney and Beatrice Webb 夫妻は The History of Trade Unionism という本（旧著は1894年刊）を出版し，イギリス労働組合運動は17世紀末から18世紀初めにかけての資本主義的生産様式の発達により一生働いても親方になれない職人層の発生に起源がある——職人ギルドの親方が機械の導入による没落に抗したことに類似性を求めるのは，適切ではない——との理解に基づき，以後1920年までの歴史を描いている（夫妻のことや労働問題研究の古典とされる同書の意義については，邦訳書である飯田鼎・高橋洸〔訳〕『労働組合運動の歴史』〔日本労働協会・1973〕下巻891頁以下の〈訳者解題〉を参照）。そのなかで2人は，労働組合をつぎのように定義している（邦訳・上巻4頁）。

　「労働組合とは，賃金労働者が，その労働生活の諸条件を維持または改善するための恒常的な団体である」。

　ここでは，労働組合とは賃金労働者の団体であること，それが一時的なものではなく，継続的な団体であること，そして団体の存立目的が「その労働生活の諸条件」すなわち賃金や労働時間などの労働条件の維持・改善にあり，宗教や政治活動など労働条件の向上とは直接に関係しないことを目的とするものではないことを示している。このような労働組合に関する理解は，これをわが国労働組合法第2条とくらべてみれば，同条における定義にも，大きな影響をおよぼしていることが容易にわかる。最近，わが国では労働組合の担い手である「労働者」とはいったいだれなのか，その理解のあり方を考えなおす契機となるかもしれない問題が起きている。

　労働組合法は使用者が労働組合からの団体交渉の求めに応じない場合，これを不当労働行為（同法7条2号）として禁止している（詳しくは，本章6節「不当労働行為」を参照）。最近，コンビニエンス・ストアのオーナーたち（フランチャイジー）の団体がフランチャイズ契約を締結している相手方事業者（フランチャイザー）に団体交渉を申し入れたが，拒否されたことから，労働委員会に救済を申し立てた。セブン-イレブン・ジャパン事件（岡山県労委平26・3・13）とファミリーマート事件（東京都労委平27・3・17）は，それぞれコンビニ・オーナーの労働者性を肯定した。しかし再審査を申し立てられた中央労働委員会は2019年2月6日，両事件の初審命令を取り消し，救済申立を棄却した。中労委はフランチャイズ契約当事者のあいだに交渉力の格差があることを肯定しながらも，コンビニ・オーナーたちは「顕著な事業性を備えている」と結論付けている。近時，労働組合を結成したり，加入

者となるべき「労働者」かどうか争点となったのは，たとえば出演基本契約を締結したオペラ合唱団員，水回り機器の修理業務を委託された技術者および音響機器の出張修理を行なう個人代行店など，個人の労務提供者であった。ところがコンビニ・オーナーたちは24時間営業というフランチャイザーとの契約を実現するために自ら働くとともに，学生や主婦を労働者（アルバイト）として雇用している点で異なる。これについては，自らの事業維持のための他者の労働力を利用しても，その反面では自らの職業利益を維持・向上させる「労働者」としての地位が肯定されることもあるのではないかとの反論がなされている。

　さて，自らの自由と権利を擁護し，労働条件を向上させるために労働組合を結成し，また労働組合法により保護されるべき「労働者」とは，いったいだれなのか。君たちは，この問題について，どのように考えるのであろうか。

1　「労働組合」とは何か──「労働組合」の要件と資格審査制度

　労働者は使用者との個別的な取引では，自らと家族の生活を保障する賃金や待遇を確保するのは難しいことから，労働組合という集団の力をもって，使用者側に圧力を加え，有利な賃上げや条件改定を実現してきた。憲法28条は基本的人権として団結権を保障し，労働組合法1条1項は具体的に「自主的に労働組合を組織し，団結することを擁護する」と明言している。同法は2条本文でその積極的な定義をかかげ，同条但書で消極的な要件を示している（自主性要件）。また同法5条では組合規約に記載すべき事項を列挙している（民主性要件）。これら2つの条文が労働組合の資格要件を規定している。すなわち自主性要件が労働組合の主に対外的な側面に着目するのに対し，民主性要件とは，その内部運営に関わる。

(1)　自主性の要件
(a)　労働組合の結成主体としての「労働者」

　労働法上の労働組合と認められるには，まず「労働者」がその結成および運営の「主体」でなければならない。「労働者」とは誰か。同法3条によれば「職業の種類を問わず，賃金，給料その他これに準ずる収入によって生活する者をいう」。同じく「労働者」について定義する労基法9条とくらべると，労組法では「使用される者」という文言がない。これは労基法が現に職にある者の法定最低労働条件を確保するのを目的とする（同法1条）のに対し，既述のように労組法上の労働者とはたとえ失業中でも，賃金を得て生活すべき社会的・経済的地位にあり，

労働組合に参加する者と理解しているからである。ただし最近では、その理解が揺らいでいるのは、本節の「トピック」で見た通りである。

(b)　労働組合の目的

つぎに労働組合は、労働者の「経済的地位の向上を図ること」を「主たる目的」とするものでなければならない。労組法 2 条但書 3 号は、「共済事業その他の福利事業のみを目的とするもの」および同 4 号は「主として政治活動または社会運動を目的とするもの」を、それぞれ労組法上の労働組合として扱わない（傍点は引用者）。労働組合がＮＰＯやＮＧＯなどと区別される所以は、構成員の労働条件や待遇向上の実現を目的とする点にある。しかし労働組合は歴史的には、組合員に対する共済活動を実施してきた。そのような活動を通じて組合員の経済状況が改善され、組合員相互の連帯意識が高められてきた。また労働組合は使用者に対してのみならず、たとえば減税や社会保障制度の充実また戦争反対などの政治要求をかかげてデモ行進や集会を実施するなどの政治活動を行なってきた。つまり法は、労働組合が付随的な活動として福利厚生事業を行ったり、従たる目的としての政治活動や社会活動に関与することを肯定している。

(c)　組合の自主性確保への配慮

つぎに法的に労働組合といえるためには、労働者が「主体となって自主的に」組織されるものでなければならない。「主体となって」には、2 つの意味があろう。一方では労働者が組合構成員の大部分を占め、また運営にあたって主導的地位にあることである。他方では、労働組合が国や政党、使用者等の外部からの干渉を排除し、労働者自らの意思に基づいて運営されるべきことを意味する。これは、とくに対使用者との関係において重要である。なぜならば労働組合は社員会等の親睦団体とは異なり、労働条件の是正・改善を実現するために、使用者（団体）と争議行為を含む、広義の団体交渉を行う。その際使用者の「言いなり」や支配のもとにあれば、両者のあいだに対等な交渉関係を実現することは到底不可能であろう。労働組合の自主性を法的に確保するために、労組法は 2 条但書において、使用者の利益代表者と経費援助の範囲の 2 つを詳細に規定している。

(i)　使用者の利益代表者による組合参加の排除　　まず 1 号は、①「役員」、②「雇入解雇昇進又は異動に関して直接の権限を持つ監督的地位にある労働者」、③「使用者の労働関係についての計画と方針とに関する機密の事項に接し、そのためにその職務上の義務と責任とが当該労働組合の組合員としての誠意と責任とにてい触する監督的地位にある労働者」、そして④「その他使用者の利益を代表

する者」の参加を許す場合は，それは同法にいう「労働組合」ではないとする。①は，株式会社の取締役，監査役，法人の理事・監事，その他団体における代表権限をもつ者である。②は人事部や総務部長として人事に関する直接的権限をもち，労働者に対する監督権限をもつ者である。③は，②と重複することもあろうが，人事・労務管理業務に携わり，対組合関係の方針や計画の策定・決定に関与し，そのために労働組合の活動に矛盾・抵触しうる者である。そして④は，以上の①から③に該当する者以外のもので，課長・部長など職務上，組合の自主性を損ないうる者たちである（管理職たちが自ら固有の権利や利益を擁護するために組合〔＝管理職ユニオン〕を結成することは，法的に可能である）。

　本来，管理職員との関係で組合員の範囲を決めるのは，労働組合が自主的に行うべきことであろう。にもかかわらず，現行法が詳しく規定しているのは，法改正（1949年）当時の社会状況が影響している。すなわち敗戦直後の日本では，ＧＨＱの占領政策の一環として戦前の軍国主義復活を阻止するために労働組合の結成を奨励し，多くの組合が急速に結成されていった。そこでは戦時中の産業報国会がそのまま組合に衣替えをしたものや管理職員が組合組織の運営の中心にいた。現行法は，そのような事態を是正することを意図したのである。

　(ii)　**使用者による経費援助の禁止と例外——便宜供与**　　つぎに2条但書2号は「団体の運営のための経費に支出につき使用者の経理上の援助を受けるもの」は，労組法上の「労働組合」ではないとする。組合が使用者から組織運営について財政的援助や便宜を得ていれば，使用者と労働条件等に関する交渉を行うにあたり支障もあろうし，その自主性が疑われてもしかたがない。しかしこの但書には，さらに但書が付されている。すなわち①労働者が時間中に時間又は賃金を失うことなく使用者と協議・交渉すること，②福利厚生資金への使用者の寄付，③最小限の広さの事務所の供与については，のぞくとする。これは，わが国「企業内組合」の特殊性を反映し，またそこで列挙されている「便宜供与」は戦後直後，組合自らが使用者との団交や争議をへて獲得したものであったことを考慮したものである。すなわち個別企業ないし事業所において，工職混合の正規従業員からなる企業内組合は，その日常的な活動から争議時にいたるまで職場をいわば舞台にして展開せざるをえない。そこから離れることは団結権にとって大きなマイナスとなる。また企業内組合は小規模なるがゆえに財政基盤が十分でないものも多く，使用者からの財政援助の一切を否定することは組合の存在それ自体を逆に脅かすことになるからである。

(ⅲ)　**団体性**　　労組法 2 条はさらに，労働組合について「団体又はその連合体をいう」とする。すなわち同法上の労働組合とは「単組」「単一組織」——労働者個人を直接の構成分子とし，また支部・分会などの下部機構を有するもの——のみならず，その「連合体」——労働者個人ではなく，労働組合が団体としての資格において構成員となる——も，労組法上の「労働組合」である。また労働組合は継続的な団体であり，争議に際して結成され，その終了後には目的が達成されたとして解散する，一時的な団結＝争議団は憲法28条による保護を受けても，労組法上の労働組合とは認められない。

(2)　民主性の要件

労働組合内における組織運営においては，組合員による活発な意見表明や，とくに組合執行部に対する批判の自由が確保され，組合員の意思が組合の運営に反映されることが重要であることは，いうまでもない。組合規約は組合内部における民主主義を実現するための基礎的条件である。それゆえに労組法 5 条 2 項は組合規約に記載すべき事項を列挙している。1945年12月制定の旧労組法の多くが組織体としての規約の整備について一般的にのべるにとどまっていたのに対し，現行法では，組合の運営のあり方について，とくに役員選挙，ストライキおよび規約改正に関し，「直接無記名投票」「過半数の決定ないし支持」などという具体的な条件や方法にまで言及している。このような新たに設けられた規定における詳細な言及は，法により組合の民主的な運営の実現を確保するという意図によるものかもしれない。しかし反面，それは組合運営に対し国が積極的に関与していくとの態度を表明するものである。

(3)　労働組合の資格審査制度とその問題性

わが国では，労働組合の結成について旧法が「届出主義」をとっていたのに対し，現行法は「自由設立主義」に改められた。すなわち旧労組法は，労働組合の設立後 1 週間以内に，組合規約および役員の住所・氏名を行政官庁（都道府県知事）に届け出なければならない——違反した場合は，50円以下の科料——とされていた（旧法 5 条）。これに対し1949年制定の現行法は，労働組合の自由設立主義を採用し，その態度を改めたと説明される。しかし現行法は併せて「資格審査制度」を導入した。すなわち労働組合が同法に定める手続——法人格取得，労働協約の地域的拡張適用（同18条），労働委員会労働者委員の推薦（同19条 7 項）——に関与し，

あるいは不当労働行為の救済（7条）を受けようとする場合，当該組合が同法2条（自主性と目的）および5条2項（民主性と組合規約の必要記載事項）の要件の具備について労働委員会による審査を受け，右資格要件を欠く組合（無資格組合または法外組合）には，上記手続への関与や救済手続が利用できないとしている。要するに現行法は，一方で労働組合の設立・運営を，それぞれの組合の自由に委ねるとしながらも，他方では，法に定める資格要件を備えた場合にのみ，特別の権利ないし利益を付与するとして，労働組合のあり方について，一定の方向付けを行おうとしている。

2　労働組合の内部運営

(1)　組合員の権利と義務

　組合員の権利としては，組合運営への参加・関与および組合役員選挙への選挙権・被選挙権がある。組合組織を維持するには，その民主的な運営——「組合民主主義」と表現される——が求められる。組合員が自ら，組合の意思形成や日常的な運営に参加することが確保されなければならない。労組法5条2項は組合規約に記載すべき事項のなかで，既述のもののほかに組合員は組合運営に参加する権利および「均等な取扱を受ける権利」を有すること（3号），「人種，宗教，性別，門地又は身分」によって組合員資格を奪われないこと（4号）をあげている。これらは組合員の労働組合への関与に関するものであり，組合の民主的な内部運営を実現するための基本的事項として尊重されるべきものである。

　ところで組合員が組合運営に関与することは権利であるとともに，組合員が負うべき義務でもある。労働組合は個々の組合員が仲間と連携して活動し，労働条件の向上という目的を実現すべき団体である。組合員は組合規約を遵守してその目的実現のために内部統制に服する一方，組合の財政的な基礎を形成すべき組合費を納入しなければならない。組合費の納入義務の範囲問題は組合員の思想・信条や言論の自由などの個人の自由や利益と組織強との抵触・衝突として提起された。

(2)　組合員はいかなる組合費を納入する義務があるのか

　労働組合の財政は，組合員が納入する組合費によって支えられる。これには，毎月定期的に徴収される「一般組合費」と，臨時の必要に応じて徴収される「臨時組合費」がある。前者は，通常，組合規約に定められた一定金額や賃金（月給）の一定率（たとえば基本給の1〜2％）にしたがって，チェック・オフ協定に基づ

き，給与から天引きされることが多い。これに対し後者は「カンパ」と称されることもあり，規約所定の手続にしたがって徴収が決議されれば，組合員には，支払い義務が生じる。組合費の徴収協力義務については，臨時組合費について問題となった。最高裁は「国労関係の３判例」といわれる国労広島地本事件〈附帯上告事件〉（最判昭50・11・28），国労広島地本事件（最判昭50・11・28）および国労四国地本事件（最判昭50・12・1）でその判断を示している。すなわち「労働組合の組合員は……組合が正規の手続きに従って決定した行動に参加し，また，組合の活動を妨害するような行為を避止する義務を負うとともに，右活動の経済的基礎をなす組合費を納付する義務を負う」（国労広島地本事件）。つまり組合員は労働組合組織の維持・運営のために，組合費の納入することにより協力することが求められる。つぎに最高裁は徴収目的に関連して「組合活動の内容・性質，これについて組合員に求められる協力の内容・程度・態様等を比較考量し，多数決原理に基づく組合活動の実効性と組合員個人の基本的利益の調和という観点から，組合の統制力とその反面としての組合員の協力義務の範囲に合理的な限定を加えることが必要である」とした。具体的には(イ)各種「闘争資金」，(ロ)他組合，単産への闘争支援カンパ，(ハ)特定政党支援のためのカンパ，(ニ)安保条約改訂反対闘争のための資金および(ホ)水俣病患者支援カンパのうち，(イ)(ロ)(ニ)(ホ)について組合員の納入義務を肯定した。なお臨時組合費の納入問題は，これを決定したことに反対する組合員らとの路線や方針をめぐる内部対立が顕在化したことを示している。そのような問題は通常，統制権をめぐって議論される。

(3)　労働組合の統制権をめぐる法的問題

(a)　統制権の根拠

組織体として，労働組合内部の統制が不可欠であることには一致しながらも，そのような統制権の法的根拠を何に求めるのか，かつて「団体固有権説」と「団結権説」との対立がみられた。前者は，各種の団体が内部規律違反に対し，除名を含む統制処分を課することは団体法理から当然に導かれ，労働組合が団体である以上，当然にそのような権能を有するとした。これに対し後者は，労働組合は他の団体とは異なり，対国家ないし使用者との関係で闘争団体としての性格を有し，他の社団・結社とは異なる，労働組合特有の統制権があると主張した。最高裁も三井美唄労組事件（最大判昭43・12・4）で「団結権説」の立場にたつことを表明した。しかしその後最近では，統制権の根拠について，憲法（28条）が保

障する労働組合という結社ないし団体への加入意思に，その内部統制にしたがい，その規律違反には一定の制裁を甘受することが表明されているとの見解も現われている。ただしいずれの見解をとろうとも，実際上の処理に大きな違いはなく，むしろ問題は，実際の紛争をいかに適切に処理するかであるのかもしれない。

(b)　統制事項──統制権のおよぶ範囲と限界

　従来，組合員の統制違反の有無が問われた事案の類型としては，大きく①政治活動，②組合方針や執行部批判，③違法争議指令の3つがある。

　① **政治活動**　　歴史的に労働組合は当初から，労働保護立法の制定や社会保障制度の創設・充実など立法要求を掲げた示威行動を展開し，また社会主義政党と密接な関係をもってきた。しかし反面，それは労働者個人の政治信条との関係で軋轢・衝突を生じさせてきた。このような問題について示された最高裁判決例として，まず三井美唄労組事件は，地方議会選挙に際し，組合の統一候補選定からもれた組合員が組合の方針に反して独自に立候補したものであった。つぎに中里鉱業所事件（最判昭44・5・2）は，組合が支持する候補者以外の者を支援する選挙活動を制限・禁止し，違反した場合は統制違反として処分される旨を決議したという事案であった。また国労広島地本事件（前掲）は，先に言及したように臨時組合費の納入義務の存否が争われた。これらの裁判例を通じて示された最高裁の立場は，労働組合の社会的活動範囲の拡大を肯定しつつも，その範囲内に属する活動すべてに対し，組合員の協力・参加を強制することはできず，「具体的な組合活動の内容・程度・態様等を比較考量し，多数決原理に基づく組合活動の実効性と組合員個人の基本的利益の調和という観点から，組合の統制力とその反面としての組合員の協力義務の範囲に合理的な限定を加えることが必要である」（国労広島地本事件）とした。つぎに組合員の選挙への立候補や政党支持決議については，「勧告または説得することは許されるが，その域を超えて……これに従わないことを理由に統制違反者として処分することは，組合の統制権の限界を超え」（中里鉱業所事件），また臨時組合費の徴収について，既述のように友誼組合への資金援助や政治闘争被処分者の支援は適法でも，また目的や要求の実現のために特定の政党や候補者を支持・支援することはできても，徴収を強制できないとした（国労広島地本事件・国労四国地本事件）。

　② **組合方針や執行部への批判**　　組合執行部批判が組合員の言論活動として現われるとき，それは個人の言論の自由（憲法21条）が尊重されねばならない。組合の民主的な運営を実現するためには，組合員の自由な意見の表明やその反映

が不可欠であろう。したがって組合員による執行部批判は，最大限に確保されなければならない。しかしそれが事実を偽ったり，歪曲したものであったり，中傷や悪意に満ちた攻撃であるとき，統制処分の対象となる（同盟昭和ロック労組事件：大阪地判昭56・1・26）。統制処分は本来，このような場合に行使されるべきものかもしれない。さらには，組合員のなかで組合の方針等に不満がある場合，言論活動にとどまらず，さらに組合の方針や決議とは異なる行動・対応をとることもあろう。それが組合による正規の手続に従ってなされた後であれば，一部組合員の独自の行動は組合の統一をみだすもの，ときには「分派活動」にあたるとして，統制処分の対象となろう。また組合員個人やグループとしての独自活動は，どこまで可能なのかが問われる。労災事故で死亡した組合員の遺族が会社に対し損害賠償訴訟を提起し，これを支援したことが組合による特別災害補償増額交渉に影響を及ぼしたとしても，それは当該訴訟に限定され，組合に方針と相容れない程度・態様のものではなかったとされた例がある（東海カーボン事件：福岡地小倉支判昭52・6・23）。一方，裁判所は組合方針を異にする別組合の組合員と学習会を開催したり，共同の要求行動に参加したことに対する除名処分が有効と判断されたこともある（東京税関労組事件：東京高判昭59・4・17）。

　③　**違法争議指令に組合員は従わねばならないか**　　労働組合が組合員に違法行為への参加を指令したときでも，組合員は従わねばならないのか。これは裁判所が「強行就労戦術」——争議時に使用者が労務受領拒否の意思を示しているにもかかわらず，労働者がこれを無視して働くこと——について判断を示した，有名な大日本鉱業発盛労組事件（秋田地判昭35・9・29）を契機に議論された問題である。判決は「指令或は指令に基づく行動が客観的に違法であれば〔組合員に〕それに服従する義務を認めるわけにはゆか」ず，組合は「かかる違法の行動に従うことを組合員に強制することはできない」とし，争議終了後，従わなかった組合員への統制違反を理由とする除名処分を無効とした。これについては「国家法の容認できないことを，国家に容認しろということはできない」として，裁判所の対応を支持する理解もある。しかし組合員個人に組合指令の適法性判断を委ねることは適切ではないとし，そのような場合でも組合員には，組合の指令に従うべき義務があるのではないかと批判された。それによれば，法的責任が問われるべきは組合であり，組合員ではない。またこのように解したとしても，ただちに組合指令違反を理由とする除名処分が有効との判断が導かれるものではなかろう。両者は別個の問題である。

(c)　統制処分の内容と手続

　組合規約のなかで規定されている統制処分の内容は通常，除名・権利停止・戒告であろう。組合員の行動が統制違反に該当するとされた場合，これに対する制裁内容はその重大性や組合の内部秩序へ及ぼした影響の程度に応じて，組合自身による自主的な判断によってなされるべきものであろう。ただし，その場合，統制違反行為とそれに対する制裁の程度が両者公正に対応するものでなければならないのは，いうまでもない。

　つぎに統制処分はその対象組合員にとって，組合員としての地位や資格に不利益や重大な影響をもたらすものであるがゆえに，適正な手続きにより行われなければならない。組合規約に手続に関する規定があれば，それを履践しなければならず，遵守せずになされた処分は無効である。これについて，学説・裁判所は一致している。たとえば規約上では組合大会の決議事項とされているにもかかわらず，執行委員会に一任した場合（秋北乗合自動車事件：秋田地大館支判昭28・12・24），規約に規定された無記名投票ではなく，挙手によりなされた場合（国際興業事件：東京地決昭31・8・22），また規約上，大会での組合員 3 分の 2 以上の賛成を要するのに，満たなかった場合（山梨貸切自動車事件：東京高判昭56・1・29），さらに事前に処分事由を通知して，弁明の機会が与えられなかった場合（全金労組光洋電子工業支部事件：東京地八王子支判昭50・8・15），それぞれの統制処分は無効であるとされた。

3　組 合 活 動

(1)　「組合活動」とは何か？

　わが国の労働組合は，一般に企業内組合という組織形態をとっていることから，日常の組合運営から争議時にいたるまで，企業施設利用の必要性は本来的に高い。「組合活動」には，大きく組織の維持・運営に関わるものと，「対外的組合活動」とも呼ぶべき，使用者等への対抗的行動の 2 つに分けられる。また同じく「組合活動」といっても，平常時と争議時とでは自ずと，その役割・意義も異なろう。組合活動を保障する法的根拠は，何に求められるべきか。組合の組織維持に関わる活動は「団結権」に由来し，対外的な活動は「団体行動権」として理解すべきであろう。

(2)　日常の組合活動——「便宜供与」との関係

労働組合が行う対「内」的な組織・情宣活動については，使用者と施設利用の手続や就業時間中の組合活動を容認する協定が締結されるにいたり，そのような活動を黙認する「慣行」が存在する場合もあろう。

労組法は既述のように(1)就業時間中の組合活動について，2条但書2号と7条3号但書で「労働者が労働時間中に時間又は賃金を失うことなく使用者と協議し，又は交渉することを使用者が許すこと」を組合の自主性侵害あるいは支配介入には該当しないとする。また(2)組合事務所の貸与と支配介入に関し，労組法2条但書2号と同法7条3号但書が同じく，「最小限の広さの事務所の供与」が自主性を損なうものではなく，支配介入に該当しないと規定している。組合の自主性要件と不当労働行為としての「支配介入」の両規定で，いずれも同一の表現によって，そのような便宜が使用者から与えられても，組合の自主性をそこなわず，あるいは支配介入（＝経費援助）に該当しない旨規定されている。

(a)　組合事務所および組合掲示板の貸与

工場・事業所構内に設けられた組合事務所は，組合にとって企業内活動を展開するための基盤である。掲示板も，インターネットや電子メールなどの情報伝達手段が発達した今日，その役割は低下しつつも，組合にとっては組合員への基本的な情報伝達手段である。組合事務所や掲示板をめぐっては，いったん組合に貸与した使用者が組合に明け渡しや返還を要求したことを契機に紛争化する。そのような使用者の対応は，団結権侵害に該当しよう。

その利用関係は，いずれも場合も民法典にしたがい，有償の場合は賃貸借（民法601条）に該当し，無償の場合は使用貸借（同593条）と解すべきであろうか。後者の場合，貸主はいつでも返還請求をすることができる（同597条3項）。しかしそのような処理は団結権の承認を前提とする集団的な労使関係にとって適切ではない。組合事務所および掲示板の利用関係は，民法典の契約類型には該当しない無名契約と解すべきであろう。使用者が組合に対し，組合事務所としてのスペースの利用関係を解消し，明け渡しを求める場合，それは使用者が当該施設を業務上使用する必要があり，かつ代替施設を提供するときに限って認められると解すべきであろう。

(b)　在　籍　専　従

個別企業の従業員により組織された組合では，従業員としての地位を保持しながら，一定期間，専ら組合業務に従事する「在籍専従」制度が普及している。専

従期間中は休職扱いとされるが，その期間は勤続年数に算入され，従業員としての昇給・昇格は停止せず，福利厚生も一般従業員と同様の処遇を受ける。組合員（＝従業員）数規模の大きい組合の場合，必要不可欠なものであろう。

(c)　組合費のチェック・オフ制度

組合費は，一般には，使用者が組合員の給与から一括して天引き（チェック・オフ check off）して，組合に引き渡すという方式が労使協定または慣行によりとられている。これも，本来組合自ら行うべき組合費徴収事務を，対抗関係にある使用者の手を借りて実現するという便宜供与の１つである。組合にとって組合費の確実な徴収を実現し，その財政の基盤を確保するものとして，法が禁じる支配介入（労組法７条３号）にはあたらない。むしろ使用者が従来実施してきた組合費のチェック・オフを一方的に中止や廃止することが支配介入に該当するとされた事例も少なくない。

使用者がチェック・オフの義務を負うのは，組合費納入の義務がある組合員についてであるから，組合を脱退した者からその旨の通知があった場合には，すみやかに停止しなければならない。チェック・オフについては，労基法24条１項の全額払い原則との関係も問題となる。これについて最高裁は，チェック・オフも労働者の賃金の一部を控除するものであるから，同前条但書の要件を充たさないかぎり，できないとする（済生会中央病院事件：最判平元・12・11）。これによれば，事業場の労働者の過半数を組織する組合しかチェック・オフ協定を締結することができないことになる。しかしそれは組合員数の多少にかかわらず，団結権の主体として対等であるとのわが国複数組合主義の原則に反する。ただしそのような理解によっても，過半数組合や過半数従業員代表者によりチェック・オフ協定が締結されている場合，全額払い原則の例外効果は当該事業場全体におよぶことから，少数組合であってもチェック・オフの実施は可能となる。しかし当該労働組合が事業場内の少数労働者しか組織していない場合であっても，やはりチェック・オフは承認されるべきであろう。

(3)　組合活動と使用者の権限との抵触・衝突

(a)　就業時間中の組合活動（リボン闘争等）と業務命令権

労働者は労働時間中，労働契約に基づいた労務提供を行うべき義務があり，原則的には組合活動に従事することはできない。就業時間中の組合活動として，かつて盛んに議論されたのは，リボンやワッペン，腕章等の着用闘争（以下「リボ

ン等着用」）である。これは争議時や労使間で懸案事項が存在した場合などにおいて一方で組合員相互の連帯意識を高めながら，他方では使用者への抗議や示威，あるいは顧客等の第三者に主張・要求内容を示し，協力を要請したり，ときには紛争状況を宣伝したり，誇示することなどを目的として実行される。

　裁判例は1970年代初頭までは，「原則的正当」すなわち労働契約上の身体的・精神的活動と何ら矛盾なく両立し，業務に具体的支障を生じさせないものは，正当であると解し（たとえば灘郵便局事件：神戸地判昭42・4・6），学説も，争議行為とは異なり，業務阻害性がないのが組合活動の特徴であるとの前提から，これを支持した。しかし1970年代半ば以降，裁判所は「一般的違法」すなわち勤務時間中の職務に関係ない行為は職務専念義務に反し，業務への支障の有無に関係なく違法とするようになった。その典型であると同時に，集大成とも目すべきものが組合結成間もないホテル従業員組合が賃金闘争の過程で行ったリボン闘争に関する大成観光（ホテル・オークラ）事件（最判昭57・4・13）であった。そこでは，リボン等を着用して就労することは労働契約上，就業時間中は与えられた職務を誠実に履行すべき「誠実労働義務」に違反するとされた。またリボン等着用闘争は一方で使用者の指揮命令に従いながらも，他方では就業時間中にもかかわらず，組合活動としての団結の示威を行うもので，使用者側に対抗すべき有効な手段がないがゆえに不公正とした。ただし伊藤正己裁判官は補足意見のなかで「職務専念義務を厳しく考えて……すべての活動力を職務に集中し，就業時間中職務以外のことに一切注意力を向けてはならない」のではなく，「労働契約に基づき，その職務を誠実に履行しなければならない」ということを意味し，これと「何ら支障なく両立し，使用者の業務を具体的に阻害することのない行動は，必ずしも職務専念義務に違背しない」とした。これは極めて常識的な理解だと思われる。

(b)　企業施設利用組合活動と使用者の施設管理権

　① 「施設管理権」と組合活動　　労働者・労働組合が企業（構）内で，とくに同施設を利用しながら，実行する組合活動としては，ビラ等の文書類の配布やビラ貼付活動，そして会議室・食堂等での無許可集会の開催などがあろう。このような組合活動を展開するとき，使用者の施設管理権との抵触・衝突という問題が提起され，裁判等でも，その民・刑事責任の有無や，使用者による施設利用拒否の不当労働行為性（労組法7条）が論じられた。「施設管理権」とは「使用者が企業の物的施設に対して有する所有権ないし利用権に基づき，それらを事業目的に供し，かつ，それに相応しい状態におくために必要な措置をとりうる権限」を

いうと説明されている。これは，使用者が労働者・労働組合の施設利用を制限・規制すべき権限として主張された。ただし，それは企業の物的施設に関わるものであり，従業員ないし組合員を規制すべき人的管理権限ではない。

②　ビラの配布活動　　休憩時間中のビラ配付について議論になったのは，休憩時間の自由利用（労基法34条3項）や表現の自由（憲法21条）との関係であった。ひとつは，手続的規制である。多くの企業で，就業規則により，建物・構内でのビラや機関紙等の文書配布を禁止したり，事前の許可制を定めている。目黒電報電話局事件（最判昭52・12・13）は「右規定は，局所内の秩序風紀の維持を目的にしたものであるから，形式的にはこれに違反するようにみえる場合でも，ビラの配布が局所内の秩序風紀を乱すおそれがない特別の事情が認められるときは，右規定の違反になるとはいえない」とした。もう1つは，内容的規制である。使用者は会社内に政治的対立を持ち込まれることを危惧してか，労働者の政治的な内容を含むビラの配付を禁止する。また配布場所について，住友化学工業事件（最判昭54・12・14）では，会社正門と歩道のあいだの広場でなされたことから，職場秩序が乱されるおそれのない場合にあたると判断された。すなわち同じく「企業施設」とはいえ，生産・事業活動に供されている部分とそうではない場所とでは，自ずと性格を異にするといえよう。

③　ビラ貼付活動　　かつてわが国では，大量のビラ（印刷されたもののみならず，模造紙や新聞紙等に墨汁やフェルトペンでスローガンを殴り書きしたものも含む）を建物の壁面やガラス窓を一面覆うように，乱雑あるいは剝離困難な状態で貼付され，建物内への採光が妨げられたり，外観が著しく汚損されたことから，そのような行為が建造物損壊罪（刑法260条）や器物損壊罪（同261条）違反等の刑事責任に問われることもあった。しかし労使関係の安定や労働組合の成熟・意識の変化のため，さらには裁判所の厳しい対応のためか，しだいに刑事事件に関わる例は減少し，議論は民事法的側面に移っていった。すなわち裁判上，ビラ貼付活動を理由とする懲戒処分や損害賠償の請求の可否などについて，争われた。

国鉄札幌駅事件（最判昭54・10・30）は，春闘の際に，利用客の目にふれることのない職員詰め所などに備え付けられたロッカー約300個に，1ないし2枚のビラ（縦40cm・横15cm，上部に「合理化粉砕」等と記され，下部に組合名が印刷されていた）を容易に剝離しやすい紙粘着テープで付したものであった。最高裁は「職場環境を適正良好に保持し規律のある業務の運営態勢を確保するため，その物的施設を許諾された目的以外に利用してはならない旨を，一般的に規則をもって定

め，又は具体的に指示，命令することができ，これに違反する行為をする者がある場合には，企業秩序を乱すものとして……懲戒処分を行うことができる」とした。しかしビラ貼りは，とくに争議時には平時とは異なり，情報伝達というよりも，使用者への圧力行動としてなされるものであり，団体行動権の行使として理解すべきである。したがって抽象的に企業秩序が乱されたなどというのではなく，具体的にいかなる損害が発生したのか，それがいかなる目的で，いつ，どのような対象物に，どれくらいの数量で，いかなる方法で貼付されたのかなどの諸事情を具体的に勘案したうえで，団体行動（憲法28条）としての正当性が考慮されなければならなかったと思われる。

④　**組合集会**　わが国の労働組合にとって，組合大会や会議のために企業施設を利用する必要性は高い。そのような必要性から権利がただちに導かれるものではないとしても，その正当性評価にあたり考慮されるべきことであろう。また同じく「企業施設」といっても，その現実の役割や機能はそれぞれ異なるものから構成されている。すなわち役員室など使用者が専用する施設もあれば，会社の業務や工場の生産活動のための作業場や業務用の施設もあるし，社員食堂や集会場・リクレーション施設など，一般に従業員の日常的な用に供せられている場所もあろう。そのような従業員に広く開放されている施設を組合集会や会議のために利用することについては，使用者とのあいだで利用協定を締結し，それに基づき使用されるべきであろう。池上通信機事件（最判昭63・7・19）は，結成後間もない労働組合が使用者の警告を無視して食堂での組合集会強行したものである。会社側の食堂使用拒否，組合による強行使用等に対する警告や社内放送を利用した集会中止命令などを不当労働行為とした労委命令（神奈川地労委昭56・7・27）を取り消した一・二審（横浜地判昭58・9・29，東京高判昭59・8・30）を維持した。会社施設といえ，直接に生産活動とは関係のない社員食堂を利用した会議や組合集会は，労働組合にとって，組織維持に不可欠なもので，団結権に根拠を置くべき正当な組合活動であると理解すべきであろう。

コラム3-2　個人加入の地域ユニオンの陽（ひかり）と陰（かげ）

　君が就職した会社に労働組合があり，会社とのあいだでユニオンショップ協定（ユシ協定，本章第1節コラム「ユニオンショップ制」参照）が締結されているならば，入社後一定期間が経過すれば，たとえば試用期間が終り，本採用となり正規従業員となるとともに，君からとくに加入の意思を示すこともなく，大学の学生自治

会の多くの場合と同じように，自動的に労働組合のメンバーとなる。そして君は毎月の給料から組合費が天引きされる。けれども，お金ばかりとられて，組合に入っているメリットなんて，日常何も感じることもないと思うかもしれない（本当は，そんなことはないのだけれど）。どうせなら，辞めたいと考えるのかもしれない（ユシ協定が会社とのあいだで締結されていれば，それもできないのだが）。

　日本の労働組合の多くは，その従事する仕事の違い――工場に働くのか，外勤の営業職なのか，それとも本社の経理や人事業務を担当するのか――に関係なく，同じ会社に働く，有期契約社員やパートタイマー，派遣社員を排除した正社員のみにより構成される，工職混合の企業内組合であるという特徴がある。これに対し，会社の違いや正社員・非正社員という地位や仕事＝職の違いに関係なく，さらに従業員組合であれば，加入資格のない管理職でも，とくに社内に労働組合のない中小企業の労働者によって社外に組織される労働組合が「合同労組 general union」といわれるものである。とくに80年代以降，働く事業所や工場や従業員としての地位――とくに企業別組合への加入資格を否定された非正規社員――がいかなるものであれ，特定の地域に働くことを共通項として，労働者が個人単位で加入することができる労働組合として，地域ユニオンとかコミュニティ・ユニオン，略して「ユニオン」と呼ばれる労働組合の在り方が注目され，連合や全労連，全労協などのナショナルセンターも積極的に対応するようになった。ここでは，ユ・シ協定を締結した企業内組合への参加とは異なり，労働者自身が積極的に組合に参加するという意思を示し，その加入手続きを取らなければならない。

　その参加のきっかけは様々であろう。会社から不当に解雇されたり，雇い止めをされたとか，労働災害にあったが，会社は私傷病扱いで処理しようとしているとか，ハラスメント被害を受けながらも社内では一向に問題が解決されないとか，労働者がトラブルに直面したとき，その解決を求めて加入する場合が多い（駆け込み訴え・加入）。わが国では，憲法28条による労働基本権が労働組合のみならず，労働者個人にも認められ，たとえ社外に結成された労働組合であれ，問題の会社に組合員が一人しかいないときでも，企業内組合と同様に，使用者は正当な理由がなく，団体交渉を拒否することはできず，誠実な態度をもって交渉に臨まなければないない（詳しくは，本章第3節および第6節参照）。このように ADR（Alternative Dispute Resolution 裁判外紛争解決手続）として，地域ユニオンは大きな役割をはたしていると評価されている。

　しかし反面，このことが組合組織の拡大につながらないというジレンマをかかえている。それはトラブルを抱えていた労働者が会社との紛争が解決し，とくに会社から解決金が支払われたとき，その一部を組合に支払うとともに，組合を退会することも少なくないからである。このように労働者が地域ユニオンをコンビニエンスストアのごとき"便利屋"として一時的に利用するのではなく，自分が働く会社の環境や労働条件の向上に立ち向かうことになるよう，工夫と努力を重ねることがもとめられている。

第3節　団体交渉

トピック　社長の不祥事！　従業員に対する会社の説明，話合いは!?

　　社長の横領事件がニュースで取り上げられ，会社内の従業員の間に不安が広がっている。労働組合に加入しているＡさんらは休憩室で，今回の不祥事のことについて話している。

＊　　　　＊　　　　＊

Ａさん「いやあ，社長の件は本当に驚いたよ……昨日はちょうど夕飯時でさ，家族一緒にテレビでニュースを見ていたら，いきなり，うちの会社の名前が出てくるんだもの。会社のことをテレビで見るなんて夢にも思わなかったよ。それだけでもびっくりなのに，社長が会社の金を横領して退任するなんて……」

Ｂさん「社長が会社のお金で遊びまわっていたことをニュースで知るとはね……やり手の社長ではあったけど，まさかこんなことになるなんて。上司たちはどこまで知っていたのかな？上はある程度分かってて，見ないふりをしていたのかな。」

Ｃさん「うーん，全く知りませんでしたってことはないんじゃない？テレビにニュースになるぐらい派手に遊びまわっていたんだもの。流石に上司の誰かは知ってたと思うけどなあ。もしかすると，社長のことを知ってた誰かが，マスコミに情報をリークした人がいたんじゃない？」

Ｄさん「それにしても今日，出勤する途中，報道関係者の数がすごかった。生まれて初めて，テレビの取材ってやつを受けたよ。『この件について何かご存じのことはありますか？』だって。そんなこと言われてもなあ，平社員の僕らが把握していることって何もないんだよね。僕らがいくら騒いだって，会社側は動く気配が全然ないし……」

Ａさん「ニュースにも取り上げられてこうして話題にしているけど，僕らは普段通りに出勤してきたし，会社からの説明はまだないよね？会社の従業員がテレビのニュースで情報を得ているって明らかにおかしくない？今日か明日にでも，この件について会社から説明があるのかな……今回の件で，Ｅ部門売却の話も駄目になっちゃうのかも。結構，話は進んでて本決まりになりそうだって聞いてたけど。」

Ｂさん「Ｅ部門で働いている人たちにとっては，会社が売却の件にどう対応するのか死活問題だよね。そういえば，さっきＥ部門のＦさんと話してたら，組合の役員として今回の問題について会社にきっちり問いただすから，組合員の僕らにはとりあえず落ち着いていてほしいって言ってた。組合としては今回の件について団体交渉を申し入れて，会社側の説明を聞いた上で今後の対応について協議するらしい」

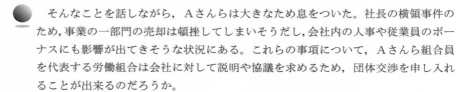

Cさん「今回の問題はE部門に限った話ではないから，Fさんには頑張ってほしいね。従業員全体に不安が広がっているし，会社には説明責任を果たしてもらわないと。でも，うちの会社って社長のワンマンだったから，組合が会社に説明を求めても無視されそう……」

Dさん「組合からの申入れを会社が無視することは出来ないじゃないの？次の社長が誰になるか説明してもらわないといけなし，社長の影響は絶大だったから，もしかすると今回の件で従業員の人事も大きく動くかも。今回の件で会社の業績が下がるだろうから，今年のボーナスは期待できそうにないかな。ああ，家のローンもあるのにどうしたらいいんだろう……」

　　そんなことを話しながら，Aさんらは大きなため息をついた。社長の横領事件のため,事業の一部門の売却は頓挫してしまいそうだし,会社内の人事や従業員のボーナスにも影響が出てきそうな状況にある。これらの事項について，Aさんら組合員を代表する労働組合は会社に対して説明や協議を求めるため，団体交渉を申し入れることが出来るのだろうか。

1　団体交渉の権利

(1)　団体交渉権保障の意味

　団体交渉（団交）とは，労働組合が労働協約の締結等に向けて使用者または使用者団体と交渉することをいう。団体交渉はもともと，労働者が使用者と個別に労働条件について交渉するのではなく集団で交渉すること，労働者の代表を通じた労働力の集合的取引を意味するものである。

　しかし，日本の場合，団体交渉は交渉の結果である労働協約の締結のみを目的とするにとどまらない。広くは，労使間のコミュニケーションの一環として行われるものを含めて団体交渉と呼ばれることがある。労働組合法 6 条は，団体交渉の権限に関して，「労働組合の代表者又は労働組合の委任を受けた者」が「労働協約の締結その他の事項に関して交渉する権限を有する」と定めており，法は労働協約の締結を目的としない団体交渉があり得ることを予定しているといえる。

　定期または不定期の労使間のコミュニケーション以外にも，日本の場合，組合員個人の人事や権利に関する問題が団体交渉の対象になっている。他国とは異なり日本では,団体交渉が組合員個人の権利問題に関する紛争処理,苦情処理といった様々な機能を担っている点も大きな特徴の 1 つといえる。

　実際に何を団体交渉と呼ぶかは企業によって大きく異なっており，団体交渉が

果たす役割も違っている。日本では非常に多義的な意味を持つ団体交渉につき，憲法28条は団体交渉権を保障している。憲法28条が団結権とともに団体交渉権の保障を宣言したのは，戦後すぐは労働組合の力量がまだ十分ではなく，団体交渉を通じた労働条件決定システムが定着していない日本において，団体交渉権を独自の権利として保障する必要があったためだといわれている。

　団体交渉権の保障によって，使用者には団体交渉に応じる義務が課されており，労働組合法7条2号は，「使用者が雇用する労働者の代表者と団体交渉をすることを正当な理由がなくて拒むこと」を不当労働行為として定めている。正当な理由のない使用者の団交拒否を不当労働行為とする労働組合法の規定も，憲法で保障された団体交渉権の保障を実質化する意味を持つ。さらに，使用者に課される団体交渉義務は，単に交渉のテーブルに着くだけではなく，誠実に団体交渉にあたる義務（誠実交渉義務）を意味し，妥結を求める労働組合の努力に対して使用者には誠実な対応を通じて合意達成の可能性を模索する義務があるとされている。

　具体的に，使用者には「己の主張を相手方が理解し，納得することを目指して，誠意をもって団体交渉に当たらなければならず，労働組合の要求や主張に対する回答や自己の主張の根拠を具体的に説明したり，必要な資料を提示するなどし，また，結局において労働組合の要求に対し譲歩することができないとしても，その論拠を示して反論するなどの努力をすべき義務」があると裁判所は述べている（カール・ツアイス事件：東京地判平元・9・22）。

　使用者の団交拒否に関し，かつて私法上の団体交渉請求権に基づく団交応諾仮処分の可否が問題になった。学説には，団交応諾仮処分を肯定する見解，否定する見解の両方があったが，新聞之新聞社事件（東京高決昭50・9・25）において裁判所は，給付内容の特定が困難であることを指摘して否定するものがあった。そして，後掲国鉄事件において，団交応諾仮処分ではなく，団体交渉を求める地位の確認請求を認めるという形で，裁判所は使用者の団交拒否に対する救済を図った。

⑵　組合の自由設立主義と複数組合主義

　日本では労働者の意思によって自由に労働組合を設立することが出来る（自由設立主義）。そして，団体交渉権は，規模の大小を問わず全ての労働組合に保障が及ぶ。日本の場合，欧米とは違って企業別組合が主流であるが，組合の自由設立主義により1つの企業内に多数派組合と少数派組合といった複数の組合が併存

することがある。日本ではアメリカやカナダとは異なり，たとえ一人でも多く過半数を超えた支持者を集めた労働組合が反対票を投じた者を含めた，全労働者を代表するという「排他的交渉代表制」をとっておらず，規模の大小を問わず労働組合に団体交渉権を保障している以上，使用者は企業内に併存する複数の組合と団体交渉を行うことになる（複数組合主義）。

このように，日本の場合には複数組合主義を採り，使用者は複数の組合と団体交渉を行うことになることから，使用者には「中立的態度を保持し，その団結権を平等に承認すべきものであり，各組合の性格，傾向や従来の運動路線にいかんによって差別的な取扱いをすることは許されない」という中立保持義務が課されている（日産自動車事件：最判昭60・4・23）。ただし裁判所は，使用者に中立保持義務が課されるといっても，各労働組合の現実の交渉力に対応してその態度を決めることが否定されるわけではないことも言及している。

2　団体交渉の類型

(1)　産業別交渉と企業別交渉

団体交渉の典型的な類型は，産業別交渉と企業別交渉とに大きく分けることができる。産業別交渉は例えば，鉄鋼，化学，サービス業など産業ごとの労働組合が使用者団体との間で行う交渉の類型である。ドイツやフランスなどヨーロッパ諸国では，こうした産業別交渉が主流であり，その成果である産業別の労働協約が当該産業の最低労働条件を設定する役割をはたしている。ドイツの場合を例に挙げると，産業別の労働組合とは別に従業員の代表である事業所内に事業所委員会が組織されるという二元的システムが伝統的に採られており，事業所委員会が事業所レベルの労働条件決定に関与している。

日本における産業別交渉の例として，全日本海員組合が船主団体との間で産業別交渉と産業別労働協約の締結を行っている。その目的には，所属会社に関わりなく全ての船員労働者の雇用・労働条件と生活保障，事業者間の公正競争を実現することにあるという。

ドイツやフランスといったヨーロッパ諸国では産業別交渉が典型的であるのに対し，我が国では企業別組合が主流であることから，団体交渉の類型も企業別交渉が一般的だとされる。ある企業又は事業場単位で組織される労働組合が個々の使用者との間で交渉する形態が企業別交渉であり，その結果である労働協約も企業単位で締結されることになる。

　日本でも，企業別組合の上部団体に当たる産業別組合が，企業を超えた統一的団体交渉を行うことが否定されているわけではない。しかし，同一事項について企業別組合と産業別組合による二重交渉のおそれが生じることから，裁判所の中には，「使用者に統一集団交渉を義務づけるためには，使用者が統一集団交渉の当事者となるべき使用者団体に交渉を委任したり，他の使用者と連携・協力したりするなど，使用者に統一集団交渉をすることができる体制が整っていることを要する」とした例も存在する（本四海峡バス事件：神戸地判平13・10・1）。

(2)　産業別と企業別交渉の中間形態

　このように，ヨーロッパ諸国とは異なり日本では企業別交渉が一般的であると説明されるが，企業別交渉については横の連携を取りにくいなどの弱点がある。この弱点を克服するため，日本では企業別交渉と産業別交渉の中間形態に当たる交渉が行われてきた。そのうちの1つが，企業別交渉に上部団体役員が参加する類型の交渉である。使用者は，企業別組合の上部団体役員が出席していることを理由に団体交渉を拒否することはできず，団体交渉に応じなければならないことになる（奈良学園事件：最判平4・12・15）。

　この他，企業別交渉と産業別交渉の中間形態に当たる団体交渉の類型としては，企業別組合と上部組合とが共同で使用者と交渉に当たる共同交渉，産業別組合の統制の下，複数の企業別組合が各企業と交渉を行う集団交渉，産業別上部団体が個々の使用者と交渉を行う対角線交渉などがある。参考までに厚生労働省の調査（「平成29年労使間の交渉等に関する実態調査」）によると，団体交渉を行った労働組合のうち，「当該労働組合のみで交渉」を行った割合が最も高く（84.1%），「企業内上部組織又は企業内下部組織と一緒に交渉」は12.0%，「企業外上部組織（産業別組織）と一緒に交渉」は4.3% となっている（複数回答）。

(3)　春季生活闘争

　これらの形態とは別に，日本では日本労働組合総連合会（連合）などのナショナルセンターが，産業別組織間のスケジュールを調整したり，闘争の方針を決定したりするなどして，個々の労働組合の交渉力を高め，産業横断的な連携を図ってきた。こうした取り組みは春季生活闘争，通称では春闘と呼ばれ，企業別労働組合の大部分は足並みを揃えて，例年2月から3月にかけて賃上げ交渉を行ってきた。ナショナルセンターである連合などの主導で，産業別労働組合の方針やス

ケジュールのもとで足並みを揃えた交渉を行うことにより，産業全体，さらには社会全体の賃上げや労働条件の向上を図られることになる。

(4)　労使間のコミュニケーション手段

労働協約の締結に向けた交渉以外にも，日本では労使間のコミュニケーション，組合員個人の紛争処理又は苦情処理といった様々な役割を団体交渉は担ってきた。実態として，日本でも産業別の労使間における交渉，折衝，懇談などの様々な名称で何らかの形での話し合いの場が設けられている。また，各事業場のレベルで発生する職場の問題や日常的問題を話し合う場として，事業場の代表者，監督者等との間で交渉が行われることがある。こうした話合いの場は団体交渉と呼ばれたり，労使協議という名称で団体交渉とは区別されたりする場合がある。

労使協議は年に数回開催されるなど定期的に予定されているものの他，問題が起こった都度，労使間で話合いの場が設けられることもある。各企業，事業場ごとに名称は様々であるが，場合によってはインフォーマルな形で，定期又は不定期に労使間のコミュニケーションが行われ，職場が直面する問題について説明や協議が行われているのが現状である。

労働組合に対する企業側の説明や協議という点に関連して，最近では企業のコーポレートガバナンスに注目が集まっており，政府も，「日本再興戦略――未来への挑戦――」の中でコーポレート・ガバナンスの強化方針を示している。こうした方針による改革が企業内で進められる中，労働組合によるモニタリングやチェックを通じたコンプライアンス強化に努める企業も登場してきている。日本では主流となっている企業別労働組合においては，団体交渉を含む企業との間での様々な形での協議を行って経営の実態を把握するとともに，個々の組合員から現場の声を身近に聞けるというメリットがある。

3　団体交渉の当事者

(1)　団体交渉の労働者側当事者

団体交渉に関わる主体には，当事者と担当者という 2 つの概念がある。団体交渉の当事者とは，自らの名で団体交渉を行い，その結果として締結された労働協約に拘束される当事者である。労働者側の当事者とは，労働組合法の言葉によれば，「使用者が雇用する労働者の代表者」（労組法 7 条 2 号）ということになる。

より具体的には団体交渉における労働者側の当事者は，企業ごとに結成された

組合とその上部団体を指す。企業別組合の支部や分会についても，独自の規約を有した組織体である以上，団体交渉の当事者に該当する（三井鉱山三池鉱業所事件：福岡高判昭48・12・7）。

　しかし，ここにいう団体交渉の労働者側当事者は，使用者から団体交渉を拒否された場合に労組法が予定する不当労働行為救済制度による保護を受ける者のことをいい，使用者が交渉のテーブルに着くことを義務付けられる者のことをいう。団体交渉の役割は労働協約の締結にとどまらず，労使間のコミュニケーションや組合員個人の紛争処理を果たしている。こうした団体交渉の広範な役割を鑑みれば，企業別に結成された労働組合以外にも，地域ユニオンと呼ばれる地域で組織された労働組合も団体交渉の当事者になり得る。実際の裁判例の中には，退職した労働者も労組法7条2号にいう「使用者が雇用する労働者」である以上，かかる労働者を代表する労働組合である地域ユニオンとの関係で，使用者に団体交渉に応じる義務があるとしたものがある（兵庫県・兵庫県労委〔川崎重工業〕事件：大阪高判平21・12・22）。

(2)　団体交渉の労働者側担当者

　他方，団体交渉の担当者とは，団体交渉を現実に担当する者のことをいい，労組法6条では，「労働組合の代表者又は労働組合の委任を受けた者」が交渉担当者に該当するとしている。同条にいう「労働組合の代表者」とは，労働組合の委員長以外にも，副委員長や書記長を含む組合三役が該当すると考えられている。また，「労働組合の委任を受けた者」には労働組合法上，特に制限は設けられておらず，他の組合役員や組合員，弁護士などいかなる者でもよいとされている。しかし，労働協約のなかに，団体交渉を第三者に委任することを禁止する旨の条項が設けられる場合がある。こうした第三者委任禁止条項を無効とする見解もあるが，委任禁止が労働組合の自主的判断に基づく場合，無効とまでいうことは困難だとする見解が多い。

(3)　未組織労働者集団（争議団）

　交渉当事者に関して，労働組合法が定める要件を満たさず，労働組合としての組織を持たない労働者の集団についても，代表者を選んで交渉の体制を整えれば，憲法28条の保障を受けられると考えられている。こうした労働者の集団についても交渉の当事者になり得ることから，労働組合法が予定する不当労働行為救済制

度による保護を受けられないとしても，使用者が任意に交渉のテーブルに着くことは妨げられるものではない。また，労働組合の要件を備えていない労働者の集団が労働委員会による救済を受けることが出来なかったとしても，憲法が予定する保護（民刑事免責など）が否定されるわけではない。

(4)　使用者側の当事者

団体交渉の使用者側の当事者は通常，組合員である労働者と労働契約を締結した個々の使用者が該当する。しかし最高裁によると，労働組合法上の使用者は労働契約上の雇用主だけではなく，組合員の基本的な労働条件に関して，雇用主と部分的に同視できる程度に現実的かつ具体的に支配，決定することができる地位にあった者を含むと解されている（朝日放送事件：最判平 7・2・28）。

労働者と労働契約を締結した者以外も使用者に該当しうるとして，問題は，どの範囲の者が労組法上の使用者に該当し，労働組合との団体交渉に応じることを義務付けられるかである。裁判所は，「労組法にいう使用者性を基礎づける労働契約関係とは，必ずしも現実の労働契約関係のみをいうものではなく，これに近接する過去の時点における労働契約関係の存在もまた，労組法上の使用者性を基礎づける要素となると解するのが相当である」とし，会社分割後の新設会社も労働者との関係では使用者に該当すると判断している（モリタほか事件：東京地判平 20・2・27）。このように，過去の労働契約に近接する将来の使用者も労組法上の使用者に該当する。

(5)　派遣先や親会社の使用者性

また，裁判例の中には，派遣先企業についても朝日放送事件の判断枠組みを当てはめ，「派遣先事業主は，原則として，労組法 7 条の使用者には当たらないと解するのが相当」としながら，労働者派遣が派遣法を違反して行われる等の場合，派遣先も労組法 7 条にいう使用者に該当するとしている（H 交通社事件：東京地判平25・12・5）。派遣先とともに，親子会社における親会社の使用者性が問題になることがある。裁判所の判決の中には，子会社の解散を決定した親会社に関し，前掲・朝日放送事件の判断枠組みに従いながらも，子会社の再建築の検討に一定の関与をしたことをもって使用者たる立場にあると根拠づけることは困難だとし，親会社の使用者性を否定する事例が存在する（大阪証券取引所事件：東京地判平16・5・17）。

⑹　持株会社の使用者性

　近年問題になっている持株会社の使用者性を裁判所は否定する傾向にあり，持株会社が子会社従業員の基本的労働条件の一部に対してある程度重大な影響力を有していることが認められたとしても，持株会社がグループの経営戦略的観点から子会社に対して行う管理・監督の域を超えるものとはいい難いことから，支配株主としての地位を超えるものではなく，労組法上の使用者には当たらないと判断している（ブライト証券ほか事件：東京地判平17・2・7）。

　持株会社の使用者性を否定する裁判所と同様の傾向は労働委員会の命令にも見られ，例えば，最近の事例である昭和ホールディングス外2社不当同労働行為再審査事件（中労委命令平30・11・21）においても，持株会社は子会社の経営について一定の支配力を有していたとはいえるものの，グループ内子会社の管理・監督の域にととどまることから，労組法上の使用者には当たらないと判断されている。企業のホールディングス化が進む中，企業グループ内には個別企業の労働組合の連合体であるグループ労連が組織されるなどしており，今後，持株会社の使用者性を争う事例が増えていくことが予想される。

⑺　使用者団体

　この他，使用者団体も労組法上，使用者と並ぶ団体交渉当事者と位置付けられている。欧米の場合，使用者団体が産別組合と団体交渉に当たり，その結果として労働協約を締結している。しかし日本では，欧米のような使用者団体はほとんど存在せず，団体交渉の当事者となることは稀だといえる。

4　団体交渉事項

⑴　義務的団交事項とは

　団体交渉で何を交渉の対象とするかは当事者の自由であり，法律で違法とならない限り，どのような事項でも会社が任意に交渉のテーブルに着くことは否定されない。しかし，労働組合が要求すれば会社が交渉に応じなければならない事項が存在する。使用者が交渉に応じなければならない事項のことを義務的団交事項といい，一定範囲の事項が該当する。

　裁判所によると，「団体交渉権保障の趣旨に照らすと，使用者が団体交渉を行うことを労組法によって義務づけられている事項（義務的団体交渉事項）とは，団体交渉を申し入れた労働者の団体の構成員たる労働者の労働条件その他の待遇

や当該団体的労使関係の運営に関する事項であって，使用者に処分可能なものをいう」と解されている（エス・ウント・エー事件：東京地判平9・10・29など）。

(2)　労働条件その他の待遇に関する事項

　義務的団交事項として第一に挙げられるのが，「労働条件その他の待遇」に関する事項である。これには，賃金や労働時間といった労働者にとって重要な労働条件以外にも，配転や懲戒，解雇の基準等が含まれる。前述のように，日本では団体交渉が組合員個人の紛争処理，苦情処理の役割を果たしてきたことから，組合員の人事や権利問題も団体交渉事項となっている。裁判所は，組合員の解雇に関する問題が団体交渉の方法によって解決されることがあり，「労働組合等の団体が当事者となって，団体の団結権，争議権等の力を背景に，交渉の技術等を尽して行われる」ことによる解決を認めている（日本鋼管事件：東京高判昭57・10・7）。

(3)　非組合員の労働条件に関する事項

　このように基本的には，義務的団交事項には組合員の労働条件が対象であり，組合員以外の労働条件は対象外となる。しかし，非組合員の労働条件が組合員の労働条件と密接に関連するものである場合又は組合員の労働条件に重要な影響を与えるものである場合には，義務的団交事項に当たると解されている。

　義務的団交事項に該当すると判断されたものとして例えば，非組合員の解雇問題も従業員一般の立場において捉えた場合，「公正な人事機構の確立を要求することにより，組合員その他従業員の労働条件の改善乃至その経済的地位の向上を図るため」のものと解している（高知新聞事件：最判昭35・4・26）。この他にも裁判所は，非組合員の労働条件について，「当然には上記団交事項にあたるものではないが，それが将来にわたり組合員の労働条件，権利等に影響を及ぼす可能性が大きく，組合員の労働条件との関わりが強い事項については，これを団交事項に該当しないとするのでは，組合の団体交渉力を否定する結果となるから，これも上記団交事項にあたると解すべきである」としている（根岸病院事件：東京高判平19・7・31）。

(4)　経営・生産に関する事項

　つぎに問題になるのが，会社の経営・生産に関わる事項についてである。会社の経営・生産に関する事項としてはたとえば，新たな機械の導入，経営者の人事，

事務所や工場の移転，事業譲渡を含む企業組織の再編，業務の下請け化等が挙げられる。これらの事項についても，組合員の労働条件と無関係ではなく労働条件に影響を及ぼす可能性がある以上，義務的団交事項に該当しうる。例えば，工場の移転に関して裁判所は，工場の移転が組合員の労働条件に直接的に影響を及ぼす重要な事項に該当することを認めているケースもある（中労委（エスエムシー）事件：東京地判平8・3・28）。臨時工を副班長に任命する等の職場再編成問題に関しても，「従業員の待遇ないし労働条件と密接な関連を有する事項であるから，団体交渉の対象となり得ることはもちろん」であると裁判所は判断している（栃木化成事件」東京高判昭34・12・23）。

(5)　企業組織再編に関する事項

また，事業譲渡（営業譲渡）に関する事項に関して裁判所は，「営業所を分離独立させて訴外会社を設立するその経緯，申請人と会社との間の従来のやりとりの経過及び会社のいう営業譲渡の趣旨などに照らし考えるならば，会社のせんとする営業譲渡が従業員の労働条件に多大な影響を及ぼすことが窺われるところであるから，営業譲渡に関する事項も団体交渉の対象事項と解すべき」だとしている（ドルジバ商会事件：神戸地決昭47・11・14）。球団売却や統合問題に関しても，「本件営業譲渡によって一球団が減少することとなれば，少なくとも上記各球団に所属する選手の労働条件等に影響を及ぼすことは明らかである」として義務的団交事項に当たると裁判所は述べている（日本プロフェッショナル野球組織団交事件：東京高決平16・9・8）。

事業譲渡以外にも裁判所は会社ビル内のエレベータ運行及びその清掃を専門業者に下請化すること，これに伴う組合員の職場変更は，「労働者の待遇と直接関連を持たない限り企業経営の必要上使用者が一方的になし得るものであるから……団体交渉の対象となす必要はないものということができる」ものの，「右請負化の実施によって組合員の職場変更が行われ，これによってその労働条件が変更される場合には右組合員の職場変更が団体交渉の対象となり得る」と判断している（明治屋名古屋支店事件：名古屋地判昭38・5・6）。

(6)　その他の事項

この他，集団的労使関係の運営に関する事項も義務的団交事項に該当しうる。具体的には，ユニオンショップ，団体交渉の手続やルール，労使協議に関する事

項も義務的団交事項に該当すると考えられる。義務的団交事項に該当するかが問題になるものとして，会社や官公庁の管理運営にかかわる事項がある。裁判所は，国鉄職員・家族等に対する「乗車証」の交付問題に関しても，「職員の待遇に関する事項である以上，待遇に関する範囲内においては団体交渉の対象事項であるものといわなければならない」としている（国鉄団交拒否事件：最判平 3 ・ 4 ・23，東京高判昭62・ 1 ・27）。

　近年では特に，地方公共団体における業務の民間委託の決定が義務的団交事項に該当するかが問題になることがある。例えば小松島市（市営バス）事件 では，市が市営バス事業の一部民間委託を計画し，非常勤職員らの再任用をしなかったことが問題になった。労働委員会は，労働者の労働条件等の処遇に影響を及ぼす限りで，団体交渉の対象事項になるとし，市当局の管理運営に関わる事項についても義務的団交事項に該当するとしている（徳島県労委平23・ 3 ・10）。このように裁判所及び労働委員会は，会社や官公庁の管理運営に関する事項であっても，労働者の労働条件等に影響を及ぼす場合には広く，義務的団交事項に該当すると判断する傾向にある。

コラム 3 - 3　企業別交渉の問題点

　日本では企業別組合が中心であり，団体交渉も企業ごとに行われてきた。企業別交渉のメリットとしては，組合員の利益，権利に関して企業の実情に即した活動を展開することが出来ることなどが挙げられる一方，デメリットも指摘されてきたところである。その 1 つが労働者の横の連携を取りにくいという問題である。これを克服して労働組合の連帯を強化するため，1955年以降，ナショナルセンター・連合の主導による春季生活闘争が行われてきたという経緯がある。

　日本では春闘などによって横の連帯を強化し，企業別交渉の弱点を克服しようとしてきた。しかし，近年，大企業の多くはホールディングス体制を取って，ホールディングス会社を頂点に企業グループを形成しており，このことが企業別交渉の問題点を再び浮き彫りにしているように思われる。

　現在でも，企業のホールディングス化に対して労働組合は，企業別労働組合の枠を超えた連帯を形成し，グループ労連等の横断的な団体を結成しているところもある。グループ労連は企業グループ内の個別労働組合間の連携を図ろうとし，定期的に連絡会を開催したり，アンケート調査を実施したりするなどしてグループ内の情報を共有化している。

　しかし，企業グループ全体に影響を及ぼす戦略決定，方針決定等に関し，グループ労連がホールディングス会社に対して交渉を行う事例は日本ではまだ少ない状況にある。実態として，企業のホールディングス化が進んだ現在でも，企業グルー

プ内の問題については企業別交渉が行われることが多い。このことは，日本のホールディングス会社の多くでは株主対応が役割の中心であるなど，現状では，企業グループ内でホールディングス会社が果たしている役割はまだ，欧米に比べると小さいことが関係しているといえるのかもしれない。

　本来，ホールディングス会社にはグループ全体の意思決定を担う役割が期待されていたはずである。そのため，今後，ホールディングス会社の役割が企業グループ内で大きくなることは十分に考えられる。また，労働委員会で不当労働行為が問題になった事例の中には，ホールディングス会社が子会社を偽装解散したと疑われるものも存在する。こうした問題に対して，企業別交渉では対応が難しいことも懸念される。今後，企業グループ内の横の連携を意味するグループ労連等の組織がグループ全体に影響を及ぼす決定にいかに関与していくのか，企業別交渉が中心の日本の労働組合にとって重要課題になってくるだろう。

第 4 節　労働協約

> ### トピック　ある日の組合事務所で
>
> 　営業成績が 3 年連続で赤字となったとして，会社から55歳以上の従業員の給料を 3 割カットするとの内容の提案がなされた。労働組合の事務所では――。
>
> ＊　　　　　＊　　　　　＊
>
> 委員長「やむを得ないので，会社の提案を受け入れようと思うんだけど。」
>
> 執行委員 A「でも，未回収の売掛代金が数千万円あると聞いていますが。」
>
> 書記長「今後の業績を考えたら，やむを得ないよね。うちの会社では，年功賃金だから能力もだんだん劣ってくるのに，賃金の高い高齢者の従業員の給料を下げるのはしかたないだろう。」
>
> 執行委員 B「しかし，業績をあげている高齢社員もいるのだから，55歳以上の従業員の一律カットというのは，年齢差別では？私は反対です。」
>
> 委員長「今回の会社提案は緊急提案なんで，組合大会の決議ではなく，この件に関する労働協約の締結は，執行委員会の決議で行いたい。」
>
> 執行委員 A「だめですよ。組合規約には，労働協約の締結は組合大会の決議と書いてある。認められないはずです。」
>
> 執行委員 B「それに，賃金カットに対象となる組合員の意見を聞く必要があると思いますが。本人たちも，納得できないから執行委員会で発言したいと希望しています。」
>
> 書記長「でも，緊急事態なんだから。それに，今回の提案に合意すれば，来年度の賃上げについては考慮してくれると会社は言っているし。」
>
> 委員長「アンケートを取ったところ，組合員の大多数は会社提案に賛成とのことですから，組合大会を開いても，結論は決まっていると思うし。」
>
> 書記長「それでは，この執行委員会で本件労働協約を締結するか否かを決議することにします。賛成の方，挙手をお願いします。反対は，2 名だけで，あとの 8 名が賛成ですね。それでは，55歳以上の従業員の料を 3 割カットするとの労働協約を会社と締結することが決議されました。」
>
> 執行委員 A「でも，55歳以上の従業員には，組合員でない人もいるのだけれど……。」

　　労働組合と使用者が団体交渉をして，一定の内容について合意した結果が「労働協約」だ。労働協約には，通常の当事者間の契約にとどまらない特別な効力が認められている。労働協約とはどのようなもので，どのような効力があるのかを見ていこう。

1 労働協約の成立

(1) 労働協約の内容

　労働協約は，労使間に集団的な紛争が生じたときに，その終結にあたって，使用者と労働者集団の代表者が一定の合意をして事態を収束させるという過程で自然発生的になされてきた。そこでなされた合意は，労働者集団の代表者として，実際に使用者と交渉し，合意する行為を行った一個人と使用者の間で結ばれた個人的な合意ではなく，労働者集団の全員に対して一定の拘束力を持つ意味の合意として結ばれる。労働協約は，個人と個人の間で結ぶ「契約」ではなく，その合意の意思を実際に示した当事者ではない労働者集団に対しても一定の権利や義務を発生させる集団的な合意であることが特徴である（労働協約のことを英語ではcollective agreement，仏語では convention collective という）。労働組合が承認され，団体交渉を通じた労働条件形成と労使間ルールの形成が承認される中で，この集団的な合意の法的な効力が承認されてきた。現在も，労働組合が機能している安定的労使関係の中では，日常的な団体交渉と労働協約によって，その企業内の労働条件が形成されている。

　労働協約では，組合員に適用される賃金や処遇等の基本的な労働条件や，各年度の賞与支給基準や一定の手当，休日休暇等の組合員の労働条件に関する基準が定められるほか，団体交渉や争議突入にあたって双方がとるべき手続きや，組合掲示板・事務所の貸与，組合費のチェック・オフやユニオンショップ等，使用者と労働組合で合意された労使関係ルールについて定められている。労組法14条が，「労働組合と使用者又はその団体との間の労働条件その他に関する労働協約」という言い方をしている通り，組合員の労働条件を中心としつつ，その他労使間の取り決めに関する広範な内容が含まれている。

　実務のうえでは，この労働協約を，「○○協定」や「××に関する確認書」といったタイトルで締結することもある。そのタイトルがどうあれ，組合員の労働条件や労使関係ルールについて労使が合意した書面による合意であれば，法的には労働協約と評価される。また，労基法24条の賃金控除や労基法36条の時間外・休日労働に関する労使協定（その事業場で過半数を組織している組合である必要がある）を，同時に組合員の労働条件について定めた労働協約として締結することもある。そのような場合は，労基法において定められたそれぞれの条項違反の責任を使用者が問われなくなる「免罰的効力」（ただし，労基法39条の年休取得時の標準報酬月

額化や計画年休に関する労使協定は免罰的効力を超えて労働者に一定の権利義務関係を設定する）を他組合員も含めた当該事業場全体に発生させる労基法上の労使協定と，これとは別の組合員の労働条件についての合意である労組法上の労働協約が，ひとつの合意によってなされたというものであり，それぞれの効力は区別される。

(2)　成立要件

労働協約の成立について，労組法14条は，「書面に作成し，両当事者が署名し，又は記名押印することによつてその効力を生ずる」としている。この条文を反対解釈すれば，ひとつの書面にしなかったり，署名または記名押印がなかったりしたときには，効力がないことになりそうである。一方で，労働協約の効力を憲法が定めた労働基本権に基づいて承認されたものと考えれば，書面化されず，あるいは署名ないし記名押印がなくても，労働協約としての効力は認められるべきだと考えることもできる。

この点について判例は，労働協約の効力は，書面化し，署名または記名押印してはじめて認められるとしている（都南自動車教習所事件：最判平13・3・13）。労使が一定の合意をしたときに，後になって合意した，しなかったという争いをすることを避けるため，双方が確実に合意したと認められる外形を備えることを条件として労働協約の効力を認める趣旨と考えられる（このような扱いは，民法の遺言に見られる）。もっとも，安定的な労使関係の中では，労使の合意が，互いに向けて発信した別個の書面の中でなされたり，合意したことを議事録に残すだけで記名押印を欠いていたりすることもある。このような労働協約としての形式を欠いた労使の合意は，労働協約としての効力は認められないが，その合意に基づいて労使間で順守されている慣行を使用者が一方的に変更したとすれば，不当労働行為と評価されることもある。この面から一定程度，合意の効果が守られる余地はある。

2　労働協約の効力

労働協約は，それが存続している間，その内容を使用者が守らなければならないのはもちろんであるし，労働組合も，労働協約に反する行動（たとえば，当該年度について合意した賃金額をその年度内にさらに引上げるよう求める争議行為を行うこと等）ができなくなる。労働協約には，組合員の労働条件を守る労働条件保護機能とともに，労使関係を安定化させる機能が期待されている。労働協約の効力

が，具体的にはどのようなものであるのかについてみていこう。

(1)　規範的効力

　労働協約のうち，組合員の労働条件について合意された基準は「規範的部分」と呼ばれ，労働協約を締結した組合の組合員と使用者の間に結ばれた労働契約の内容を規律する。

　規範的部分にあたる労働協約の労働条件の基準が，組合員個人の合意の有無に関係なく労働契約を規律する効力のことを「規範的効力」という。「規範」という言葉が示す通り，使用者と労働組合の間の約束ごとであるにとどまらず，あたかも法と同じように契約を規律する力が認められている。

　組合員個人は，仮に労働協約が結ばれた事実を知らないとしても，使用者と結んだ労働契約の基準は労働協約の基準によって決まることになるし，逆に組合員が使用者あるいは労働組合に，労働協約による規律を認めないという意思をあらかじめ示したとしても，労働協約の基準がその労働契約を規律する。

　ここが個人と個人の合意である契約との大きな違いである。契約一般の原則からいえば，本人の意思に反して自分を拘束する契約が成立したり，変更されたりすることはない。これと比べると，労働協約の規範的効力は労働者個人の意思を無視する不当なものであるようにみえる。

　しかし，情報量や交渉力の面からみて圧倒的に弱い立場にある個々の労働者は，使用者と労働条件について対等な交渉や合意をするのは難しいという事実を前提として，労働組合を結成して，その集団の中で民主的に議論したうえで意思を統一し，その代表者を通じて使用者と交渉する。その結果として結ばれた合意であるのだから，労働者が個人で交渉するよりも対等な関係の中で交渉し，形成した合意であるといえるだろう。

　この集団的な合意が形成されたにもかかわらず，使用者が労働者から個別の合意をとって集団的な合意を破ることは認めないし，組合員が所属する組合で決めた結果に反する合意を個別に契約しても効力を認めない，というルールを法的に認めるのが労働協約の規範的効力である。

　労組法16条は，前段で，労働協約の「労働条件その他の労働者の待遇に関する基準に違反する労働契約の部分は，無効とする」としている。労働協約に違反する労働契約部分を無効とする効力を「強行的効力」という。そして，中段および後段では「無効となつた部分は，基準の定めるところによる。労働契約に定がな

い部分についても，同様とする」としている。強行的効力によって労働契約に定めのなくなった部分，あるいは定めのない部分が労働協約の基準になる効力を「直律的効力」といい，強行的効力と直律的効力をあわせて，規範的効力と呼んでいる。

(2) 債務的効力

　労働協約はその全部に規範的効力が認められるわけではない。組合員の労働条件基準そのものではない合意，たとえば団体交渉時の労使間のルールや組合事務所の貸与等に関する合意等，労働組合と使用者の関係についてだけ定めている合意は債務的部分と呼ばれる。

　債務的部分は，使用者と労働組合の間で紛争が生じたときに，合意の履行請求や債務不履行に対する損害賠償請求をする根拠とはなるが，組合員の労働条件を規律するものではない。債務的部分には規範的効力は認められず，契約と同様の効力を持つに過ぎない。この契約と似た労働協約の効力のことを債務的効力という。労働協約は，規範的部分も含めて全体として使用者と労働組合との間に一定の権利義務を設定する意味もあるから，規範的部分は規範的効力と同時に債務的効力も持っていることになる。

　明文の定めがなくても，労働協約の存続中は，定められた事項の改廃を求める団体交渉要求に応じる義務は使用者にはないし，仮にストライキをすれば正当性が認められない争議行為となる。もっとも，ただちに刑事免責まで否定されるわけではないし，組合員個人への懲戒処分が許されるわけではない（弘南バス事件：最判昭43・12・24）。この義務を「相対的平和義務」という。これに対し，有効期間中に一切の争議をしない義務を「絶対的平和義務」というが，当然には認められないし，定めたとしても無効とする考えが強い。

　組合員の解雇や配置，懲戒処分にあたって組合の同意を得ることや組合と事前に協議することを義務づける労働協約の条項（人事同意条項，人事協議条項という）の効力については議論がある。こういった条項は，組合員の労働条件基準そのものではないから規範的部分ではないが，そのような手続に規範的効力と同様の効果を認める制度的効力という考え方もある。

　多くの裁判例はこうした同意・協議条項自体に規範的効力を認めていないが，労働協約によって定められていた同意・協議手続に反する解雇や懲戒が行われたときは，解雇権濫用（労契法16条）や懲戒権濫用（労契法15条）の判断要素として

取り上げており，その手続違反の重大性が認められた場合に，結果的に手続に反する行為の効力を否定している。

(3)　労働条件への影響

　労働協約が結ばれると，その規範的効力によって，それまで組合員の労働契約に定めがなかった労働条件だけでなく，既に労働契約で定められていた賃金・退職金の基準や労働時間，休日・休暇，休業の処遇等のさまざまな労働条件の基準も労働協約によって置き換えられる。この結果，労働契約上の様々な権利と義務の関係も，労働協約の基準によって判断されることになる。

　また就業規則も，その労働者に適用される労働協約に反することはできないから（労契法13条，労基法92条），労働協約によって労働条件が定められているときは，少なくともその組合員に対して，使用者は労働協約の基準に反した扱いをすることができなくなる。

　産業別交渉を前提とした欧米の産別協約では，労働協約で定められる基準はその産業のどの企業も受け入れることのできる最低基準として合意されるとともに，労働協約を締結した使用者が結ぶすべての労働契約（非組合員のものも含む）を規律するものとなっている。このため，労働協約の基準よりも個々の労働契約で定められている基準が有利なものであれば，有利な労働契約の基準を適用するというルール（「有利原則」という）を認めている。

　これに対して，日本の団体交渉はそのほとんどが産業全体ではなく，個々の企業レベルで行われてきた。そこで交渉され合意されるのは，その企業における最低基準であると同時に最高基準である労働条件だ。たとえば，賃金制度やその賃金表が労働協約で定められたとき，その基準は組合員に最低限保障される基準であると同時に，それを外れた別扱いを認めない基準として合意されている。企業別交渉を前提とした労働協約には，不利益な変更も認める必要がある。

　労働協約の定める労働条件基準は，通常，所属する組合員に等しく平等に適用することを前提として結ばれるから，使用者が特定の組合員を労働協約の基準に比べて不利に扱うことはできないし，逆に個別の合意を使って労働協約よりも有利な扱いをすることもできない。使用者が一部の組合員に労働協約に反する扱いをすることは，組合切り崩しの反組合的行動と評価される。

　もっともそう評価できるのは，その労働協約が組合員全員に一律に適用される基準を定めているときである。その労働協約が，処遇形態の異なる組合員のうち

一定の処遇の組合員だけを対象に定めた場合や，一定範囲の組合員だけに適用することを前提に一定の労働条件基準を定めた場合など，労働協約の適用対象としてもともと予定されていない労働者の労働契約について，労働協約と異なる扱いをすることが許されないわけではない。

このため，労働組合による交渉と決定が機能している場では，少なくとも組合員については使用者による一方的決定や個別交渉による労働条件決定が排除され，労働協約で労働条件が決まってくことになる。また，後に説明する一般的拘束力によってその事業場の非組合員にも適用されることがあるほか，実際の労働者の処遇では，使用者は組合員と非組合員に異なる基準を使い分けて処遇・管理することは煩雑であるため，企業全体の労働者に適用される就業規則を労働協約の基準にあわせて変更し，非組合員にも統一的な労働条件基準を設定することも多い。このため労働組合が機能している職場では，非組合員も，結果的に労働協約の影響を受けることが少なくない。

(4)　労働条件の引下げ

労働組合は，組合員の労働条件の維持・改善のために活動しているから，全体的にみれば既存の労働条件を引上げる内容の労働協約を締結することが多い。しかし，継続的な労使関係の中では，企業の存続にかかわる経営悪化等の事態に対処するために，それまでの労働条件を引き下げざるを得ないこともある。

このような場面で，使用者が就業規則変更で対処することはあっても，労働組合は引下げに合意する労働協約を結ぶべきではないという考え方も，運動方針次第ではありうる。しかし，労使の交渉はひとつの労働条件だけでみた損得だけではなく，さまざまな損得を踏まえたギブ・アンド・テーク交渉としてなされている。労働組合が，一定の労働条件が低下したとしても他の労働条件を向上させることを選んだり（たとえば，1日の労働時間を伸ばす代わりに休日を増やす等），使用者に一定の不利益を回避することを約束させる代わりに労働条件引下げを認めたりすること（たとえば，不況時に組合員を解雇しない代わりに，賃下げを認容する等）を，長期的な組合員の利益につながるものと判断して，その場面では不利益な労働協約を結ぶこともある。

労働組合が組合内部の討議を経て，使用者と合意した結果について，不利益な変更だからといって効力を否定してしまっては，労働組合による集団的な自治を無視することになる。また，労働条件の引上げしかできないルールとしてしまう

と，使用者が労働組合と団体交渉をして労働協約を締結するメリットも著しく低下してしまう。労働組合による労働条件決定を実質化させるためには，不利益な変更も含めて労働協約の規範的効力を認めることが望ましい。

規範的効力による労働条件の不利益変更は，既存の労働協約を改廃して引下げる場合はもちろんのこと，前述のとおり，組合員個人の労働契約上の労働条件基準を引下げる場合についても，同様に認められる。

また，不利益変更をもたらす労働協約の締結の場面では，締結に先立って個々の組合員から授権を受ける必要はないが，組合内部の民主的な討議と決定がなされなければならない。組合内部で適正な意思決定手続がされていないときは，規範的効力が認められない（神姫バス事件：神戸地裁姫路支判昭63・7・18。組合規約上の手続に反して締結された労働協約を無効とする中根製作所事件：東京高判平12・7・26〈最決平12・11・28上告不受理〉）。強い規範的効力を認める前提となる組合の民主的な運営が実際に確保されている必要があるからである。使用者は組合内部の事情を知り得ないため，内部の事情を理由に規範的効力を否定することは使用者にとってやや酷な面もあるが，かといって組合員に不利益変更を課してしまうことも問題だろう。

そして，近時では，この手続の合理性に加え，内容の合理性について裁判所が言及する例が増えている（前掲中根製作所事件，鞆鉄道事件：広島高判平16・4・15〈最決平17・10・28上告不受理〉）。労働協約の内容の当否を司法が判断することは一般的にいえば望ましいことではないだろう。しかし労働組合の運営状況によっては，特定または一部の組合員にことさら不利益を与えるような，労働組合の本来の目的から逸脱した労働協約が締結されることもないわけではない。このような場合は例外的に効力を否定すべきだろう（結論として定年引下げ・退職金減額の効力を認めてはいるが，合理性について判断する例として朝日火災海上〈石堂・本訴〉事件：最判平9・3・27）。

(5)　協約自治の限界

労働協約もその効力が制限される場合がある。その線引きの問題が「協約自治の限界」と呼ばれている。

まず，法令や公序良俗に反する内容が定められた場合は無効となる（民法90条）。たとえば，労基法に違反する労働条件を労働協約が認めたとしても無効であるし，均等法の性差別禁止が義務規定化される以前から，女性のみを早期に退職させる

定年の定めは公序良俗に反して無効であるとされていた（日産自動車〔女子若年定年〕事件：最判昭56・3・24）。ただし，労働協約は不利益変更も含めて認められるものであるから，労働条件を不利益に変更するということだけで公序良俗に反するとはいえない（日本トラック事件：名古屋高判昭60・11・27等）。

次に，労働協約による決定が予定された労働条件とはいえない内容を労働協約で定めても，規範的効力は認められない。労働協約は，労働条件を今後に向けて引下げることはできるが，それまでの基準に基づいて既に労働者個人に帰属している権利を縮減したり，なくしたりすることができるわけではない。たとえば，未払賃金の放棄（室井鉱業事件：福岡地飯塚支判昭32・6・7），退職金支払の据置きと分割払（更正会社東急くろがね工業事件：横浜地判昭38・9・14），組合員全員の退職（松崎建設工業事件：東京地判昭26・1・30）等がこれにあたる。これらの事項を定めても規範的効力は認められない（労働組合がその実現を図ることを使用者に約束したという意味の債務的効力は認められる。）。

3　労働協約の拡張適用

労働協約は，それを締結した労働組合に加入している組合員の労働契約を規律する。原則として非組合員に適用されないが，労組法は組合員員外にも拡張して適用される場合を定めている。

(1)　拡張適用とは

組合員は自らの利益のために組合に加入し交渉して，労働協約という形で一定の労働条件を獲得する。日本の労働組合の組織形態の主流となっている企業別組が企業別交渉で結んでいる労働協約は，その労働組合に所属する組合員の労働条件について結ばれる。このため労働協約の規範的効力は，組合員ではない労働者に及ばないのが原則である。

これに対して，欧米の産別組合が結ぶ労働協約は，それを結んだ使用者が結ぶすべての労働契約（組合員でない者も含む）に，有利原則を前提として規範的効力を持つものとされている。非組合員が労働協約の定める最低基準から逸脱して使用されることを認めれば，労働協約の労働条件で使用する必要がある組合員が排除され，結果として労働協約が果たしている労働条件決定機能が低下することを防ぐためである。このため欧米の産別協約は，非組合員に適用される「拡張適用」が基本である。組合員以外に労働協約が拡張して適用されることを，労働協

約の「一般的拘束力」という。

　日本では，旧労組法（1945年）に労働協約に関する規定が設けられたときに，ふたつの場合について一般的拘束力を定めた。欧米の労働協約法制を参考にして設けられた規定であるといわれているが，制定に至る経緯は必ずしも明らかになっていない。

(2)　工場事業場単位の一般的拘束力

　1つめが，工場事業場単位の一般的拘束力だ（労組法17条）。工場事業場を単位として，常時使用される同種の労働者の3/4以上が同一の労働協約の適用を受けるときに，他の同種の労働者にもその労働協約を拡張適用することを定めている。

　ここで労組法は「一の工場事業場」という言葉を用いている。労基法の適用単位は，地理的，組織的に区分されたひとつの事業場だが，労組法の定める拡張適用も，事業場を単位として判断することを求めているものと考えられる（朝日火災海上事件：最判平8・3・26）。ただし，その範囲は地理的区分だけで決まるものではなく，勤務実態，契約関係，権利義務関係，労働協約の趣旨等を総合的に考慮して判断すべきとされている（都市開発エキスパート事件：横浜地判平19・9・27）。

　そして「同種の労働者」とは，従事している業務内容が同一であるという意味ではなく，労働協約の規範的部分にあたる労働条件基準が適用されることが予定された範囲に従って判断される。たとえば，正社員だけを対象として退職金支給を定めた労働協約であれば，一般的拘束力の場面では，非正社員は同種の労働者とはならない（有期・パート労働法の定める均等・均衡取扱の面で是正義務が発生する余地はあるだろう）。

　同種の労働者の3/4以上がひとつの労働協約が適用されていることが要件とされていることから，労働協約だけでみると適用対象者は同種労働者の4/3に達していないが，その基準にあわせた就業規則の適用の結果3/4以上に適用されている状態では，一般的拘束力はない。また，労働協約の適用対象者が3/4を下回ったときは一般的拘束力を失う。

　工場事業場単位の一般的拘束力について生じる問題は，労働条件を引下げる一般的拘束力が認められるのかということと，他組合員に一般的拘束力が認められるかだ。

　まず労働条件を引き下げる一般的拘束力は，結論としては認められている。最高裁（前掲朝日火災海上事件）は，定年の引下げと退職金減額を定める労働協約の拡張適用について，労組法が一般的拘束力のあり方を限定していないし，労働協約はその時点の状況を踏まえ総合的に労働条件を定めるものだから，一部だけを取上げて有利・不利ということはできないため，とした。

　ただし同時に，未組織労働者は組合の意思決定に関与していないし，組合も未組織労働者を擁護する立場にあるわけではないから，不利益の程度・内容，締結の経緯，未組織労働者が労働組合の加入資格を認められているかどうか等に照らして適用することが著しく不合理であると認められる特段の事情があるときは規範的効力が及ばないとして，適用すると大幅な退職金減額となる非組合員の管理職に対する一般的拘束力を否定した。

　またこの判決では，工場事業場単位の一般的拘束力の趣旨について，工場事業場の労働条件を統一することによって労働組合の団結権を維持強化し，その事業場で公正妥当な労働条件の実現をはかることにあると述べられている。

　企業別組合の場合，労働協約の一般的拘束力によって未組織労働者が労働条件向上の恩恵を受けられることが団結の強化につながるとは限らないし（組合に加入しないフリーライダーが発生する可能性がある），欧米の産別組合のように非組合員を含めた労働者全体の代表者として位置づけ，公正な行動を期待することも限界があるように思われる。工場事業場単位の一般的拘束力のあり方は，労働組合にどんな役割を期待し，労使交渉を具体的にどのような形で実現するかを踏まえて決める必要があるだろう。

　そして他組合員に一般的拘束力が及ぶかについては，裁判所の判断は分かれている（肯定例として香港上海銀行〈退職金請求〉事件：大阪高判昭60・2・6（上告審の最判平元・9・7はこの点の判断なし），黒川乳業就労義務不存在確認事件：大阪高判昭59・5・30，否定例として中労委〈ネスレ日本・賞与差別〉事件：東京地判平12・12・20，名海運輸作業事件：名古屋地決平5・2・12）。少数組合が多数派組合の労働協約の適用を望む場合もあれば，多数派組合の労働協約に拘束されることを望まないときもある。学説では，それぞれの労働組合の団結権は平等であり，それぞれ団体交渉権と労働協約締結の可能性が認められているのだから，他組合員に一般的拘束力を認めるべきではないという見解がやや有力である。

(3)　地域単位の一般的拘束力

　もう1つの一般的拘束力制度が，地域単位の一般的拘束力だ（労組法18条）。1つの地域で「同種の労働者の大部分」が1つの労働協約の適用を受けているときに，その労働協約の当事者の両方あるいは一方が労働委員会に適用の申立をする。労働委員会は労働協約の内容に適当でない部分があれば修正したうえで拡張適用を決議し，厚生労働大臣あるいは都道府県知事が，その地域の他の同種の労働者と使用者にその労働協約の適用を決定し，公告することとされている。これによってその地域の非組合員を含むすべての同種の労働者が，この労働協約の適用を受けるようになる。

　ヨーロッパ各国で結ばれる産業別協約は，おおむねこれと同様の手続によってその産業で働く労働者全体に適用されるようになっていて，このため労働協約が「産業の法」とも呼ばれている。この制度がヨーロッパの労働協約法制を参考に作られたことはほぼ確実だろう。

　しかし日本では企業別交渉が主流であり，産業全体を代表する労使が，産業全体の基準について労働協約を締結する実例が非常に少ない。このため地域単位の拡張適用が認められた例も，一部地域の林業，鉱業，繊維業で数例用いられたことがあるにとどまっている。

4　労働協約の終了

　労働協約が終了するとそれまでの労働条件は変わるのか，変わらないのか。それがここで考える問題だ。

(1)　労働協約の期間

　労働協約に存続の期間を定めるときは，最長で3年とされている。これを超える期間を定めても3年の定めをしたものとみされる（労組法15条1項・2項）。1945年に制定された旧労組法に期間の上限制限はなかったのだが，1949年に現労組法が制定されたときに，この制約が設けられた。

　このため，労働協約を，3年を超えて継続させたいときは，期間を定めないで結ぶか，期間満了後は自動的に延長する形で結ぶ方法がとられる（この場合，後に説明する解約手続によって終了させることができるため，やや不安定なものになる）。実務的には，期間満了前の一定期間内に労使のどちらかから相手に更新しないことを通知しない限り，自動的に再度更新されたものとする自動更新条項で対応す

ることが多い。

(2)　労働協約の解約

　労働協約に期間が定められているときは，労使双方ともその期間中に一方的に破棄することは許されない。相手方に交渉を申込んで合意できれば，解約したり，新たな労働協約を結んだりすることもできるが，その申込みを受入れるか否かは相手方の意思による。相手方が受入れなければ，その労働協約の期間満了を待つしかない。

　これに対して，労働協約に期間を定めていないとき，あるいは当初定められた期間を延長して適用しているときは，署名し，または記名押印した文書によって，相手方に解約を通告することで解約できる（労組法15条 3 項）。

　ただ，その解約は解約通告の相手方へ到達後ただちに効果を発生させるわけではない。少なくとも90日前に予告するものとされている（同条 4 項）。このため，解約の効果が発生する日は，通告日から90日以上後の日として指定する必要があり，特に指定しなかったときは，解約予告が到達した日から90日経過した日に解約の効果が発生する。

　労働協約の一部のみを解約できるかという問題について，裁判例は，一体的である以上原則として許されないが，独立性や条項の性格から認められる場合もあるとしている（ソニー事件：東京高決平 6 ・10・24，東京地労委〈日本アイ・ビー・エム〉事件：東京高判平17・ 2 ・24）。

　労働協約の解約理由について，明確に法令で禁止されているものはない。使用者も，労働組合も，解約が必要だと判断すれば，解約を通告することができる。

　しかしそれは「その労働協約の拘束力を解消できる」という意味であって，解約によってなにも実害が生じないというものではない。それまで労使が順守してきた労働協約上のルールを，相手方になんの説明もせずに解約を通告したり，不合理な理由をあげて解約を通告したりすれば，相手方の信頼を壊すことになるだろうから，労使の間で紛争が生じることはある。労働組合が労働協約の解約に反対して団体交渉を申し入れ，解約の撤回や新たな労働協約の締結を求めて争議行為を行うことは労働組合の正当な行為として保障される。使用者がこの交渉を拒否することは，団交拒否の不当労働行為となる。

　また，労働協約の解約そのものの効力は制限されないとしても，解約の結果発生した組合員の労働条件の変更や，それまでの労働組合への便宜供与の廃止が，

不利益取扱いや支配介入の不当労働行為にあたると判断されることもある（組合費のチェックオフ廃止を不当労働行為とした例として国・中労委〈大阪市水道労組ほか〉事件：東京高判平30・8・30〈最決平31・4・25上告不受理〉）。

　不当労働行為が成立するか否かは，それまでの労使関係の経緯，解約が労働組合や組合活動に与えた影響，解約に至るまでの使用者の言動等からみて使用者の不当労働行為意思があったと認められることが必要であるため，労働協約の解約がただちに不当労働行為にあたるというわけではないが，労働組合と事前に話合う機会も設けないで一方的に解約したり，解約する必要性が客観的に認められない，あるいはその必要性が低いのに組合や組合員に与える不利益が大きいものだったりすれば，不当労働行為の成立が認められる可能性が高くなる。

(3)　労働協約の失効

　労働協約の期間が満了したり，解約されたりしたときは，労働協約が失効する。あたりまえの話だが，そのあたりまえが現実の労働条件に与える影響は重大である。

　たとえば，ある労働者の労働条件が継続的に労働協約で決まってきたという場面を想定して欲しい。それまで労働協約に従ってなされていたその労働者の処遇は，労働協約が失効したとき，どうなるのだろうか。労働協約の基準がなくなったとたんに，使用者がそれまでとまったく違う扱いに変更することができるのか。逆に労働協約が失効したのに，使用者はそれに拘束され続けるのだろうか。いずれの結論も実際の労使関係に当てはめると不都合がある。

　労働協約の失効後に労働協約の効力が認められるのか否かは，「余後効」と呼ばれて古くから議論されてきた。余後効は，労働協約と労働契約の関係をどのように考えるかによって立論の仕方が違う。

　協約の基準は労働契約の基準になるという考え方（化体説）をとると，使用者がただちに変更することはできなくなるが，労働契約になるため，変更しようとすれば個別の合意が必要となる。使用者は，合意を得られず現状を変更できないのであれば，その労働者を解雇することになる。これに対して，労働協約は労働契約の内容をその規範的効力で置換えているという考え方（外部規律説）をとると，労働協約が失効した後は，労働協約で置き換えられる前の労働契約上の基準に戻ることになる。労働協約によって徐々に労働条件が引き上げられてきたという場合，労働協約の失効によって突然，直前のものと大きく異なるだいぶ昔の労働条

件に戻ってしまうとしたら，これも問題がある。

　余後効については，現在も判例や通説と呼ばれる見解があるわけではない。欧州では，これに対処するため，使用者に失効後の交渉を義務づけたうえで，一定期間は使用者が一方的に変更することを禁止する立法による対応を設けている国が多い。

　これに対して日本の労組法は余後効に関する定めがないため，解釈で対応するしかない。労働協約と労働契約の関係について明確な見解が形成されているわけではない中で，裁判所は，個別具体的な紛争の中で，場合によっては労働契約や就業規則の一部となっていると認めることによって一定の基準の存続を認めたり（香港上海銀行事件：最判平元・9・7，鈴蘭交通事件：札幌地判平11・8・30等），使用者による一方的な労働条件変更を不当労働行為として無効としたり（布施自動車教習所・長尾商事事件：大阪地判昭57・7・30）することによって，結果的に一定限度で余後効を認めている。

　労働協約は期間の満了や解約だけでなく，当事者の消滅（使用者である法人の破産，個人事業主であればその死亡，労働組合の解散）によっても失効する。合併の場合すべての権利義務関係が合併先に承継されるが，企業の一部門が営業譲渡されたときに，譲渡先での存続が問題になることがある。

　この点も明確な判例や見解があるわけではないが，会社法に基づく会社分割については，規範的部分は承継先にそのまま承継され，債務的部分は分割計画で承継することが定められていれば承継されるとして，立法による対応がされている（会社分割に伴う労働契約の承継等に関する法律6条）。

コラム3-4　労働協約と労働契約

　労働市場では，じゅうぶんな情報を得たうえで，自分の本意に沿わない労働条件を提示されたら拒否して席を立つことができる労働者は「ごく一握り」である。そのため労働者は労働組合を結成し，労働協約によって労働条件を決定していくことが必要とされ，集団的労働関係法制が構築されてきた。自律的で合理的な意思決定のできる個々の労働者が使用者と対等に交渉することは，理想ではあっても現実には難しいという認識がこれまでの労働法の基礎にあった。

　一方で，柔軟な雇用市場が実現し，市場の整備やICT技術によって個々の労働者の交渉力格差が埋められるならば，個人の意思決定（労働契約）を尊重し，労働法はそれをサポートするための制度としてあるべきだという方向性も，理想として理解できないものではない。

　翻って私たちの現在の労働の場を見てみると，解雇や賃下げ，ハラスメントや過労死，ワーク・ライフ・バランスの実現など様々な課題が現在進行形で発生している。こういった問題がいつか個別の労働契約によって解消されると期待することは，あまりにも危険であるように思われる。

　ところが日本では労働組合の組織率は全体でみれば，年々低下している。労働の場で労働協約を通じて労働条件を決定していくという理想は，むしろだんだんと現実から乖離しているようにもみえる。

　一方でフランスでは，労働組合の推定組織率は1割以下であるにもかかわらず，産業別協約がその産業のほとんどすべての労働者に適用されている。

　団体交渉と労働協約の法制度と法理は，それぞれの国ごとに労働現場の歴史的背景と実情を踏まえて形成されてきた。しかし，それは単にその時代に応じたその時限りの対応ではなく，私たちがどのような労使関係を，ひいては人が社会で労働することをどう位置づけるかという将来構想を踏まえたものであることも必要である。

　法として譲ってはならない原則の部分と，より望ましい労働条件決定システムを構築するために変化させるべき部分は区別する必要がある。労働組合の結成，交渉の自由の保障自体は譲ってはならない砦と位置付けられるとしても，現実にどのような交渉システムを作るか，どのような形が望ましいのかは可変的である。交渉の結果の保障となる労働協約と労働契約の関係も，この交渉システムの現状と未来を見据えて考える必要があるだろう。

第 5 節　労 働 争 議

トピック　**高速道路サービス・エリアのストライキ**

　2019年の夏，東北自動車道上り線・佐野サービス・エリアに働く労働者が社長の辞任を求めて，ストライキに入った。時期が帰省ラッシュといわれる旧盆の真っ最中の 8 月14日であり，本来ならば利用客も多く，会社にとっては 1 年のなかでも，もっとも多くの営業収入が見込まれる稼ぎ時であったことから，社会的に大きな話題になった。

　発端は 6 月中旬，東日本高速道路（ネクスコ東日本）の関連会社から業務委託をうけ，佐野 SA で事業を運営する会社の，親会社の経営悪化を不安視した金融機関が新規融資を凍結したことから 8 月上旬には，大半の商品が店頭から消えたことであった。利用客から「欲しい商品があって立ち寄ったのに」「やるきはあるのか」との厳しい言葉をぶつけられ，ストレスを感じて早退した従業員もいた。ガランとした店頭に立ち尽くす利用客の姿に，売店担当の男性従業員は「惨めで恥ずかしくて……。プライドがずたずたになった」。前月中旬結成されたばかりの労働組合との団体交渉を経て会社側は 8 月 5 日，商品代金支払いの前倒しと労働者への賃金支払いを約束し，覚書にサインをした。しかし同月 9 日に翻意し，13日には，多くの従業員が信頼を寄せていた管理職 2 名を解雇した。翌14日未明，組合員らは対応を協議し，解雇された総務部長を応援すべきだとして，利用客のいない時間を見計らい，電気を消してレジを閉め，経営陣の退陣を求めるメッセージを張り出し，ストライキが始まった。店舗にいなかった組合員には SNS などで出社しないように伝えた。これに対し会社側は 2 日後の16日，新たに従業員を雇い入れてフード・コートの一部の営業を再開した。ストライキに入った労働者に代わる労働者を雇入れて営業を継続し，ストライキの影響を減殺して，ストライキに入った組合員らには，職場復帰できないかもしれないとの心理的影響を与えようとする。その一方で，会社側は従業員に給与明細とともに，社長名で「スト騒動」になったことを謝罪し，資金繰りの悪化を否定する手紙を送った。仕事に戻るように，個別に電話もかけてきた。これも，会社側が行う争議労働者を動揺させようとする常套手段である。 8 月30日，ストライキ突入後，最初の団体交渉がなされた。しかし労使双方の主張の隔たりは大きく，以後，労使の交渉は持たれない。組合員らは毎日のように集まり，営業再開に向けた研修をしたり，話し合ったりした。しかし職場復帰できないかもしれないとの不安や精神的疲労も積み重なっていった（朝日新聞2019・8・15，31）。つまり佐野 SA のストライキ風景は，日本でかつて普通に見られた労働争議の典型的なものであった。

　ストライキが報道された当初，結成間もない組合が「正式な組合」かどうかにこ

だわった意見が見られた。それは労働組合に関する法的資格要件をみたしているかどうか，労働委員会の審査を受けたているかどうかということであろう。組合側の要求が社長以下「経営側の退陣を求める」のは，「経営専権事項」に該当するから，組合側は要求することができないのではないか。また当該管理職の解雇については，それまで団体交渉の話題になったことはなく，予告もなかったことから違法ストであるとの主張もなされた（朝日新聞2019・9・15）。はたして，このような意見について，どのように考えれば，よいのであろうか。

　42日間続いた佐野SAのストライキは，経営陣が交代して9月24日終了し，労働組合員らは職場に戻った。しかし，11月下旬再び総務部長が解雇され，労使紛争は再燃したという（朝日新聞2019・11・7，12・3）。

1　「争議行為」とは何か──その法的概念理解をめぐる対立

　憲法28条は，労働者に団結権，団体交渉権と並んで団体行動権を保障している。団体行動権は，労働者・労働組合が労働条件の維持・改善等経済的地位の向上や抗議などを実現するために，集団的行動を行うものである。労組法は，これを受けて民・刑事免責（1条2項・8条）や不当労働行為からの保護（7条）を規定している。

(1)　「争議行為」概念の理解をめぐる裁判所と学説の対立

　争議行為を法的にいかに捉えるのか。その概念把握について，大きく二つの理解が対立している。一方は「争議行為とは，労働組合ないし労働者集団が一定の目的のために行う集団行動であって，『業務の正常な運営を阻害する行為』だ」とする。それは論者も自認しているように，労調法7条を手掛かりとするものである。これは，従来多くの学説がとる立場である（業務阻害説）。他方は，『労働者の集団がその主張の示威または貫徹を目的として労務を完全または不完全に停止し，また必要によりこの労務停止を維持するためのピケ行為および使用者との取引拒否の呼びかけを行うこと』であるという（労務不提供説）。

　いずれも争議行為を，労働者団体が・一定の目的や主張を実現するために・実行する集団行動であると理解している。しかし前者は『業務の正常な運営を阻害する』ことをその不可欠の要素と解し，必ずしも労働者の労務停止（ストライキ）から生じる必要はないと主張する。一方，後者は争議権が団交権を機能させるとの理解と並んで，その生成に関する歴史的な沿革を重視している。つぎに憲法28

条は「団体行動権」を保障しているが，かつてそれは「争議権」と同義に捉えられていた。しかし今日，労働者の「団体行動」には「争議行為」と「組合活動」の2つがあると解されている。

　戦前のわが国では，争議権保障どころか労働組合を承認する立法は存在せず，労働者らの団体行動には治安警察法や一般刑法の取締法規が適用され，刑事免責立法の制定をへた欧米諸国とは異なり，争議行為の民事責任をめぐる議論がなされることはほとんどなかった。ところが日本では，アジア太平洋戦争の敗戦を境にして，民事責任をめぐる議論を跳び越えて争議権の刑事責任追及の時代から一挙に，その基本的人権として承認される（憲法28条）にいたった。また戦後労働法学が争議行為について最初に取り組んだのは，通常のストライキ（同盟罷業），つまり使用者に対する労務提供拒否とともに職場外に退去するのではなく，使用者の意に反して，業務・生産活動を継続する「生産・業務管理」であった。そこでは，市民法上違法評価される行動が労働法上正当とすることを，例外的な「違法性阻却」と理解するのか，それとも労働者の「権利行使」として適法なものと把握されるべきかという，その後も続く正当性評価の理論構成をめぐる議論がなされた。山田鋼業事件：最大判昭25・11・15）はそのような争議形態がみられなくなった頃，生産管理の違法性をつぎのように論じていた。

　　　「なるほど同盟罷業も財産権の侵害を生ずるけれども，それは労働力の給付が債務不履行となるに過ぎない。然るに……生産管理に於ては，企業経営の権能を権利者の意思を排除して非権利者が行うものである。それ故に同盟罷業も生産管理も財産権の侵害である点において同様であるからとて，その相違点を無視するわけにはゆかない。前者において違法性が阻却されるからとて，後者においてそうだという理由はない」。

　最高裁はこのように判示して，同盟罷業と対比させて生産管理の違法性を強調した。しかし，そのような法的評価の前段として，生産管理が旧労組法12条にいう「同盟罷業其ノ他ノ争議行為」にあたるとしていたと解することもできよう。ついで最高裁が争議行為概念について言及したのは，ピケッティングに関連してであった。朝日新聞西部本社事件（最大判昭27・10・22）では，つぎのように判示した（下線は引用者）。

　　　「同盟罷業は<u>必然的に業務の正常な運営を阻害する</u>ものであるが，<u>その本質は労働者が労働契約上負担する労務提供義務の不履行にあり</u>，その手段方法は労働者が団結して其の持つ労働力を使用者に利用させないことにあるの

であつて，これに対し使用者側がその対抗手段の一種として自らなさんとする業務の遂行行為に対し暴行脅迫をもつてこれを妨害するが如き行為は，叙上同盟罷業の本質とその手段方法を逸脱したものであつて到底これを目して正当な争議行為と解することはできない」。

本件は，管理職らが非組合員らとともに新聞版組み作業を行おうとしたのを争議労働者らがスクラムを組んで取り囲み，断念させたことの当否が問われた。最高裁は先の山田鋼業事件とは異なり，争議権を同盟罷業権として「読み換える」がごとき判示をし，その後，そのような理解を繰り返した。これに対し学説の多くは，同盟罷業の本質が集団的労務提供拒否にあるとしても，それをもって「争議行為」の限界とすることには，論理の飛躍がある。ピケッティングがストライキ等にともない実行されるとしても，それはストライキそのものではない以上，そこで問われるべきは「争議行為」の本質であろうと批判した。すなわち多数説は争議行為を「団結の意思決定に基づき，『業務の正常な運営を阻害する行為』である」と理解することに，その法的意義を見出した。つまり争議行為概念を広く捉えることにより，その正当性評価の対象と範囲を拡大させようとした。

(2) 争議行為と組合活動の区別

今日ではかつてとは異なり，憲法28条にいう「団体行動」には，既述のように大きく「争議行為」と「組合活動」の2つの類型が含まれると解されている。かりに，その法的効果を異にすることなく，正当性が問われるのであれば，あえて両者を概念上区別する実益はないかもしれない。しかし平時ではなく，とくに争議時——争議行為時のみならず，労使間の対立状況が顕在化した争議状態を含む——のビラ貼付活動やリボン等服装戦術をも業務阻害性を根拠に争議行為と捉えるとしたら，争議行為と組合活動の境界が不分明なものとならざるをえない。別言すれば，組合活動のなかには，団結(体)組織の維持・運営に関わるもの（団結権）だけでなく，示威・抗議・情宣活動に関わるもの（団体行動権）もある。それらは，使用者側の業務を妨げ，ときには刑事責任が問われる（建造物・器物損壊罪〔刑法260条・261条〕等）ことすらあった。すなわち組合活動には，業務阻害性を有するものもある。したがって法的な争議行為概念の把握を試みるとき，業務阻害性の有無をもって争議行為の特性と理解し，組合活動との区別の指標とすることは，適切ではなかろう。

⑶　もう 1 つの争議行為に関する法的把握

　この点について，争議行為の典型をストライキではなく，ボイコットに求めれ
ば，争議行為の本質は労働市場ないし商品市場を遮断して，その資本所有権の機
能発揮を阻止すること（の試み）にあると捉えることになる。その発現形態の具
体的手段・態様は，時どきの社会状況や労使の力関係によってストライキとなっ
たり，付随してピケッティングや職場占拠をともなったり，さらには稀な場合か
もしれないが，生産管理などと自ずと変化する。通常は，争議行為は労務提供拒
否の範疇に含まれる行動により具体化し，それは使用者の正常な業務を阻害する。
しかし問われるべきは，それが法的にいかに把握され，どのように説明するのか
ということである。すなわち，労働者集団が争議行為を実施することは，法的に
は労働者らによる集団的な，使用者の労務指揮権からの一時的離脱・排除を意味
する。このように捉えれば，ストライキの意味に含まれる労務不提供と，それに
付随するピケッティング，さらには生産管理を，各々同じく争議行為類型して，
取り上げることも可能である。しかし，ビラ張りやリボン等着用の服装戦術は，
たとえそれが使用者に業務運営上の支障を生じさせても，それ自体，労働・商品
市場統制（の試み）という機能がない以上，争議時の行為（組合活動）であっても，
争議行為とは性格づけられない。組合活動は争議行為とは異なり，労働市場ない
し商品市場の遮断という機能を有せず，争議行為時における労働契約関係を停止
させるという法的効果をもたない点で，争議行為とは区別されるべきであろう。

2　争議行為の正当性判断

　争議行為については，大きく労働者・労働組合がいかなる目的を実現しようと
したのかという動機・目的と，その具体的な行動の方法・態様という 2 つの側面
から，各々刑事（労組法 1 条 2 項）・民事（同 8 条）の免責および不当労働行為制
度上の保護（同 7 条）を受けるどうかの評価がなされる。そこで，以下，このよ
うな正当性評価がどのようになされるのか，みてみよう。

⑴　争議行為の態様に関する正当性評価の有様

⒜　わが国の労働争議に見られる特異な情景

　争議行為には，多様な形態があるが，その基本形はストライキ，つまり同盟罷
業である。それは欧米では，労働者が使用者に要求の受諾をせまり，あるいは抗
議の意思を示すために，本来であれば，労働契約に基づき使用者に対し提供すべ

き労務を放棄して「働かない」，つまり労働することを集団的に拒否して，工場・事業場外へ退出することを意味する。ところが，わが国では，労働者団結（通常は労働組合）が争議行為を実施するに際し，欧米のような企業外へ退去 walk out することなく，工場・事業所内にとどまることが多いと指摘されてきた。それは，いったい何故であろうか。

わが国の労働組合は一般的に，欧米諸国とは異なり，工職の区別に関係なく，正社員を中心に組織された「企業内組合」という特徴をもっている。そのため労働組合は労働市場に対する統制力が弱く，組合活動の拠点である組合事務所は使用者からの便宜供与として企業構内に設けられる場合も多い。組合員は職 job や働く産業の同一性に基づいた，他企業労働者との連帯感に乏しく，むしろ従業員（＝「うちの会社」）意識の方が強い。そして労働者がストライキへと突入するとともに会社構外へと退出すれば，使用者は容易に代替労働力を導入し，従来と同様に操業を継続することができることになる。その結果，使用者に対する圧力手段としての争議行為の実効性はなきに等しいものとなる。こうしてわが国の労働者・労働組合は，争議行為開始後も会社や工場構内から立ち去ることなく，そこにとどまらざるをえないのである。

⒝　争議付随行為の正当性評価

今日公務員や郵便法79条などの場合をのぞいて，ストライキそれ自体が刑事罰の対象となる余地はない。一方，民事責任については，組合や参加組合員への債務不履行責任（民法415条）や不法行為責任（同709条）に問うことよりも，現実には，組合役員を懲戒処分に付することの方が多い（幹部責任論）。その方が，裁判で組合に賠償請求するよりも，容易かつ早急に組合の意気をくじくことができるからである。正当性の有無が議論されたのは，ストライキに付随する行動をめぐってである。ここでは，従来，多数の最高裁判断が示されてきたピケッティングについて取り上げよう。

①　ピケッティングをめぐる刑事・民事裁判例の対応

ストライキにともなうピケッティング（ピケ）は，本来「監視」「見張り」を意味し，ストライキに際し，スト破りを防いだり，第三者に自分たちの要求内容を知らせ，協力を求めるために実行される。欧米諸国では，ピケは工場や会社の門前や周辺の公道でなされる。新聞やテレビのニュースで，労働者が「ストライキ決行中 On Strike」と書かれたプラカードをかかげて，工場の門前を行ったり来たりする情景を見たことがある人も多いと思う。

　これに対し日本のピケッティングは，作業場や会社構内に滞留し，出入り口付近に座り込んだり，スクラムを組み人垣を作り，さらには妨害物を設けることもある。すなわちわが国では，ピケは争議脱落者やスト破りにより，争議中も操業が継続されるのを妨げ，ストを防衛するために行われる。こうして日本のピケは職場占拠の延長として，あるいは職場占拠はピケの一類型として，ストライキの労働市場統制機能を補充する役割をはたしている。

　朝日新聞社西部本社事件（最大判昭27・10・22）は同盟罷業の「本質は労働者が労働契約上負担する労務供給義務の不履行」すなわち集団的労務不提供にあるとし，使用者の業務遂行を「暴行脅迫をもって」妨害するがごときは「同盟罷業の本質とその手段方法を逸脱したもの」であるとして，スクラムを組み活版部長らを取り囲み，円周運動をして，その組版作業を断念させたことを争議権保障の範囲外であるとし，懲戒解雇を有効とした。

　これは民事事件であったが，その4年後，劣悪な労働条件の改善を求めた争議中，脱落者による生産再開＝炭車運転を線路上に座り込んで阻止したことが威力業務妨害罪（刑法234条）違反に問われた三友炭礦事件（最判昭31・12・11）で，最高裁は「口頭又は文書による平和的説得」ではなく「暴行，脅迫若しくは威力をもって就業を中止させることは，一般的に違法である」としつつも，「正当な同盟罷業その他の争議行為が実施されるに際しては特に諸般の情況を考慮して慎重に判断されねばならない」とのべ，無罪とした。ついで最高裁は羽幌炭鉱事件（最大判昭33・5・28）で「労働争議に際し，使用者側の遂行しようとするため執られた労働者側の威力行使の手段が，諸般の事情からみて正当な範囲を逸脱したものと認められる場合には」威力業務妨害罪が成立すると判示した（結論的には，有罪）。このように刑事法上，ピケッティングは使用者の業務遂行に対する実力妨害は原則として違法であるが，「諸般の事情」を考慮するという裁判所の判断枠組が確立したとされる。

　一方民事事件は，下級裁判所によりピケにともなう行動を理由とする懲戒処分の効力如何や妨害排除仮処分（旧民訴法760条，現民事保全法23条）で，その正当性評価がなされた。そこでも「諸般の事情」論がとられたが，軽微な違法行為かどうかではなく，争議にいたる経緯や使用者側の対応，実行手段の現実的影響等を考慮し，流動的かつ相対的に評価された。また下級民事裁判所は「平和的説得」論に依拠しながらも，それには人垣を作ったり，スクラムを組んで，シュプレヒコールや労働歌を高唱するなどの「団結の示威」をも含まれるとして，刑事事件

よりも，柔軟な対応がなされていた。

(2)　争議行為の目的に関する議論——政治ストを例にして考える

(a)　なぜ争議行為の目的が問題となるのか

争議行為の目的という側面で，その正当性の有無が問題として議論されたのは，政治ストであった。政治ストは，使用者・使用者団体ではなく，国や地方公共団体等の公的機関を相手として実施される。ただし労働者団体が特定の政治的要求の実現を貫徹するためになされる例（貫徹スト）は少なく，通常は政治的な主張や抗議の意思を示す示威行動として行われる（デモ・スト）ことが多かろう。それは同情（連帯）ストと並んで，目的の側面から正当性の有無が問題となる。すなわち，いずれの場合も，通常のストライキとは異なり，直接の名宛人ではない使用者にとっては，労働条件や待遇とは直接関係ない要求事項が掲げられることから，労使交渉による解決に向けた対応ができない。はたして政治的要求事項を掲げたストライキに正当性は認められるのか。

(b)　裁判所の政治ストに関する捉え方

最高裁が政治ストについて判示したのは，多くの場合，争議行為が禁止されている公務員に関わる刑事裁判においてであった。全逓中郵事件（最大判昭41・10・26）は，春闘に際し，勤務時間に食い込む職場集会への参加を呼びかけ，職場離脱させ，郵便業務を滞らせた行為が郵便法79条1項違反（郵便物不取扱罪）に問われたのに対し，労働基本権に関する制限は合理的かつ必要最小限に止められるべきとの理解を示し，当時画期的と評されたものであった。最高裁は判決のなかで，傍論として「憲法28条に保障された争議行為としての正当性の限界をこえるもので，刑事制裁を免れない」例の1つとして「争議行為が労組法1条1項の目的のためではなくして政治的目的のために行われた場合」をあげていた。ついで全司法仙台事件（最大判昭44・4・2）は，安保条約改定をめぐり国中で反対運動が盛り上がっていた1960年6月4日の朝，裁判所職員らへの仙台高裁玄関前で新安保条約反対の職場集会への参加と呼びかけとそれにともなう職場離脱を争議行為にあたるとして，国公法98条5項，110条1項17号適用が問題となった。判決は，裁判所の職員団体が政治目的のために争議行為を行うことは「正当な範囲を逸脱」し，それが短時間かつ暴力等をともなわなくても「職務の停廃をきたし，国民生活に重大な障害をもたらすおそれのあるもの」とした。そして全逓中郵事件（前掲）に始まる労働基本権法理を覆した全農林警職法事件（前掲）の事

案も，内閣による警察官職務執行法の一部改正法案国会上程に対する反対運動の一環として農林省（当時）職員が同省正面玄関前の職場集会への参加を呼び掛けたものであった。大法廷は，公務員は「もともと合憲である法律〔国公法——引用者〕によつて争議行為をすること自体が禁止されているのであるから……かかる政治的目的のために争議行為をすることは，二重の意味で許されない」と判示した。このように最高裁は短時間かつ業務への影響が軽微なものであっても，公務員による職場集会参加にともなう職場離脱をストライキとして扱い，これを不当・違法とする判断を示していた。

(c)　学説のおける政治ストの正当性評価に関する対立

　一方学説においては，政治ストを不当・違法とする理解は，戦後当初からすでに主張されていた。それによれば「団結権も団体行動権も，結局は『団体交渉』ということを離れて観念的に保障されたものではない。……資本制経済ないし法秩序のもとにおいては，労使の実質的平等を団体交渉の形で確保せんとするものであり，正に，それとの関連において団結権・団体行動権も保障されている」とした。ただし，それは憲法28条の法意を検討するというよりも，アメリカのワグナー法（1935年）の政策理念＝労使協調による産業平和の実現に着目して「団交中心論」として提唱されたものであった。こうして違法論は政治ストが使用者にとって，労働条件や待遇の改善など，団体交渉により対応することができないがゆえに，これを違法と解した。

　ただし学説上，政治スト違法論は少数であり，正当性を肯定する者が多数を占める。しかし，従来の裁判例に現われた安保法制や警職法改正問題など純粋に政治的な課題に関わるストラキをも正当とするのは，少数である。多数説は，政治ストを純粋政治ストと経済的政治ストの2類型を区別し，労働者生活に関連性をもつ要求事項をかかげる場合は，争議権（憲法28条）の行使（ただし，たとえば社会保障制度や税金問題が含まれるかどうかなど，その対象範囲については，論者により理解が異なる）だが，国民的（市民的）問題に関する主張や抗議としてなされるストライキは表現の自由（憲法21条1項）として捉える。それは，争議権が資本制社会で自らの労働力を他者に売却することにより自らおよび家族の生活を確保せざるをえない労働者に対し，保障されていると理解する。すなわち，労働三権の保障は資本制社会において労働者が対使用者との関係で（階級的に）従属的な位置におかれざるをえないことに着目し，そこにいう「労働条件の改善」や「経済的地位の向上」とは対使用者との関係にとどまらずに，より広く社会的なそれ

の改善を意味すると考えるべきだとした。政治ストが使用者にとって，いかんとも対応のしがたいものであるとの「側杖論」的観点からの批判については，争議行為がその直接の当事者間における紛争にとどまらずに「第三者」にも影響が及ばざるをえないことを想起すべきであろう（本節コラム「ストライキは迷惑行為か」参照）。しかし政治ストが労働者としての地位の向上に関連したことを超えて，保障されていると考えるのはやはり困難であろう。

3　使用者の争議対抗行為

(1)　ロックアウトの法的意義

　労働者側の争議権行使に対し，使用者による対抗措置として位置付けられているのが，ロックアウトであり，「作業所閉鎖」という訳語が当てられている（労調法 7 条，国企法17条 2 項，地公労法11条）。しかしロックアウトは，つねに事業所を「閉鎖」するものではなく，争議労働者を排除しながら，操業が継続されることもあろう。すなわち使用者がロックアウトにより実現しようとするのは，一方で，労働者を企業施設から閉め出して，その労務提供を拒否する態度を明確に示すとともに，他方で，その間の賃金の支払いを拒否することにより，争議労働者側に対し，経済的な圧力を加えるために行われる。欧米では歴史的にみると，集団的な解雇をもってなされたこともあった。これに対し日本では，そのような対応は不当労働行為〔不利益取扱〕（労組法 7 条 1 号）に該当することになろう。

　わが国では，戦後間もなくの頃から，裁判所の判断も多く示され，学説上も活発な議論がなされた。かつてロックアウトは，争議労働者の職場占拠ないし滞留に対抗して実施されることが多かったことから，その閉め出し効果の側面が重視された。すなわち，そこでは，はたしてロックアウトが適法に成立するためには，争議組合員の現実の閉め出しが必要か，あるいは宣言（意思表示）だけで足りるのかが論じられた。しかし今日では，ロックアウトの実現については，つぎのように解されている。すなわちロックアウトが争議対抗行為としてなされることを考慮すれば，その成立は厳格に理解すべきである。使用者が単にロックアウトを宣言するだけでは十分ではなく，何らかの事実行為がなされることが必要であろう。しかしそれは，工場や事業所の門を実際に閉ざすのではなく，施設内の電源を切ったり，設置されている機械設備のキースイッチを抜き取るなどの方法によっても，可能である。またロックアウト成立後の職場占拠の法的評価をいかに解すべきか，つまり，それ以降，労働者が職場内にとどまることはそれ自体，違

法となるのかなどが議論された。これについても，しだいに，使用者側のロックアウト実施と争議労働者による職場占拠の正当性評価とは別個の問題であり，ロックアウトの法的効果は賃金支払い拒否の側面のみであると理解されるようになった。別の言い方をすれば，使用者側からのロックアウト通告は法的には妨害排除請求権（民法197条以下参照）の行使として，別個にその適法性が判断される。

(2)　ロックアウトの法的根拠と効果

どうして使用者は労働者側の争議権行使に対し，ロックアウトをもって対抗することができるのか。その法的意義ないし根拠については，かつて大きく2つの考え方が対立していた。すなわち一方は「労働法的考察方法」といわれるもので，使用者の争議行為として，ロックアウトの正当性が承認されたとき，使用者は賃金の支払い義務を負わないというものである。他方は，使用者がロックアウトにより，労働者の就労を拒否した場合，使用者が賃金を支払うべきか否かは，その「責めに帰すべき」事由があったか否かにより決定される（民法536条2項）とするものである。このような考え方を「市民法的考察方法」といわれるものであった。

このような議論がなされた背景には，つぎのような事情があった。すなわち憲法28条は労働者・労働組合に対し，争議権を保障している。しかし使用者には，そのような争議権行使に対抗すべき権利を保障してはいない。そこで使用者に対しても，はたして争議権を認めるべきか否か議論があった。一方が使用者の争議行為の効果としての賃金支払いの免責を認める（労働法的考察の立場）のに対し，他方はそれを認めず，緊急やむを得ない場合についてのみ，使用者の免責を認める（市民法的考察方法）ことから，両者は使用者が賃金支払いを免れるかどうかの判断が大きく異なるように思われる。しかし前者においても，ロックアウトの正当性要件を厳しく制限的に解していることから，実際上，両者のあいだにさほどの違いはみられない。

このような学説や下級裁判所の議論を受けて，最高裁も丸島水門製作所事件（最判昭50・4・25）で，その判断を示した。まず，労使の対等性は片面的に労働者側にのみ争議権を保障することにより，達成されるとした。つぎに最高裁は「市民法的考察」の立場ではなく，「労働法的考察」にたつことを明らかにした。ただし最高裁は「労働者側の争議行為により，かえって労使間の勢力の均衡が破れ，使用者側が著しく不利な圧力を受けることになるような場合」には，「労使間の

勢力の均衡を回復するための対抗防衛手段として相当性を認められるかぎり」ロックアウトが認められるとした。

(3)　ロックアウトの正当性要件

最高裁は丸島水門製作所事件（前掲）で，ロックアウトの正当性が認められるためには，衡平の見地からみて，「個々の具体的な労働争議における労使間の交渉態度，経過，組合側の争議行為の態様，それによって使用者側の受ける打撃の程度等に関する具体的諸事情に照らし，衡平の見地から」，それが労働者の争議行為に対して受動的なものでなければならないとした。その後最高裁は4つの事件について本判決と同旨の判断を行い（後掲のほか，山口放送事件：最判昭55・4・11，日本原子力研究所事件：最判昭58・6・13），事案が積み重なり，内容は豊かになっている。まず使用者側が自らの主張を労働側に受け入れさせる「攻撃的ロックアウト」は認められない。たとえば組合の平和義務違反の争議行為開始後に受動的に行われても，実質において組合側の要求事項に自らに有利な解決を図ることを意図した場合である（ノースウェスト航空事件：最判昭50・7・17）。またロックアウトが当初は対抗的・防衛的なものとして正当性があったとしても，継続するにしたがい，組合が弱体化し，会社が平常時に近い営業を行っている場合に，ストライキを解除の就労の意思を表明している労働者に対しロックアウトを継続することは，組合側に非難されるべき事情があっても，正当性はない（第一小型ハイヤー事件：最判昭52・2・28）。

このように裁判上，ロックアウトの正当性には，厳しい判断がなされている。この点について学説は，わが国では，使用者には争議中の操業継続が基本的に認められていることと対比して肯定すべきであると考えている。

(4)　その後の展開

以上のように，わが国では，ロックアウトについて，厳格な要件のもとにおかれている。しかしながら今日，このような限定的理解・対応が機能する余地は狭められ，その存在意義が問われているとも指摘されている。すなわちリボンや腕章を着用して就労したり，順法闘争などの怠業類型に該当する争議行動に対し，裁判所は「債務の本旨」（民法415条）にしたがった労務提供ではないとして，ロックアウトを実施することなく，使用者が労務の受領を拒否して，その間の賃金不支給を肯定するものが現われている。このような法的処理により，現実には，ロッ

クアウト法理が機能する余地は狭められていることにも，注意を向ける必要があ
ろう。

4　争議行為と賃金

(1)　争議行為と労働契約との関係——争議行為は労働契約にいかなる影響を及ぼすか

　欧米において，ストライキをめぐりもっとも議論となったのは，それが労働契
約にどのような影響を及ぼすかということであった。勤続年数を計算するに際し，
ストライキ期間は算定されるか否かなど，ストライキにより，労働契約は断絶す
るのか，停止するのかという問題を中心に半世紀以上にわたって論じられた。こ
れに対しわが国はでは，争議期間中であっても，労働契約関係は当然に継続して
いると理解されていたことから，争議行為と労働契約との関係で議論になったの
は，もっぱら賃金支払いをめぐる問題であった。

　使用者は賃金支払に際し，争議期間中の賃金を全面的または部分的に控除（賃
金カット）できるかが問題となる。欧米では，労働者はストライキ期間中，契約
上の義務の履行である労務提供をしない以上，賃金請求権は当然に発生しない
（ノーワーク・ノーペイの原則）と理解されている。これに対しわが国の賃金体系
は月給制のもと，基本給のほかに，家族手当や住宅手当などの労働者個人の事情
による賃金（生活関連手当）や，役職手当，資格手当，勤続手当などの職務に関
連した賃金（職務関連手当）から構成されていることから，ノーワーク・ノーペ
イ原則を一般原則と理解することは難しいのではないかと指摘されている。

　「賃金二分説」とは，上記のことに着目しながら，賃金には使用者の指揮命令
のもとで労働すべき地位にあることに対し支払われる「保障的部分」と，実際の
労働力の提供に対し支払われる「交換的部分」からなり，不就労時間に応じてカッ
トできるのは後者のみであると論じられた。このような理解に基づくと思われる
最高裁の判断が示されたこともあった（明治生命事件：最判昭40・2・5）。しかし，
その後，かりにそのような区別が可能であっても，具体的に両者をいかに区別す
べきか明確ではないとし，賃金には，本質的に2つの部分があるわけではなく，
賃金カットの範囲はもっぱら個々の労働契約の解釈ないし約定賃金の内容により
判断されるとの見解が現われた。最高裁も「ストライキ期間中の賃金削減の対象
となる部分の存否」と「賃金削減対象とならない部分の区別」は，「労働協約の
定め又は労働慣行の趣旨に照らし個別的に判断する」のが相当であると判示した

（三菱重工長崎造船所事件：最判昭56・9・18）。こうして今日では，そのような理解のもとで処理されている。

(2)　ストライキ不参加者の賃金請求権

　部分ストとは，同一組合に所属する組合員のうち，特定の職場や職種に属する組合員のみがストライキに参加する場合である。これは争議組合がストライキ期間中に，スト参加組合員に支払うべきストライキ手当の支払いを節減することを意図している。その極端な方式が闘争本部が特定の組合員や部署を指定する「指名スト」である。これに対し一部ストとは，同一企業に複数の労働組合が存在するときや従業員の一部しか組織化されていない場合に，そのような一部の組合のみがストライキを実施する場合をいう。いずれも，ストライキそれ自体は原則として正当な争議行為として評価されよう。問題は，ストライキに参加していない労働者の賃金請求権は，どのように処理されるべきであるかということである。

(a)　部分ストの場合

　一部の組合員のみがストライキを実施した場合，使用者はストライキがなされている以上，ストライキに参加していない組合員の労働はもはや意味をなさないとして，その労務提供を拒否する。ノース・ウェスト航空事件：最判昭62・7・17）は，このような場合について「不参加労働者が賃金請求権を有するか否かについては，当該労働者が就労の意思を有する以上，その個別の労働契約上の危険負担の問題として考察すべきであると」と判示した。すなわち「労働者の一部によるストライキが原因でストライキ不参加労働者の労働義務の履行が不能となった場合は，使用者が不当労働行為の意思その他不当な目的のもとさらにストライキを行わしめたなどの特別の事情がない限り，右ストライキは民法536条2項の『債権者ノ責ニ帰スヘキ事由』には当たらず，当該不参加労働者は賃金請求権を失うと解するのが相当である」。すなわち労働者の争議権行使に対し，使用者は介入することはできないし，団体交渉においてどの程度譲歩するかは使用者の自由であるから，団交決裂後，ストライキに突入したとしても，そのことで使用者を責めることはできないということである。

(b)　一部ストの場合

　つぎに部分ストの場合とは異なり，一部ストの場合，つまり従業員の一部のみを組織する労働組合がストライキを実施したときは，どのように理解すればよいのだろうか。当該スト組合員以外の労働者にとって，使用者に対する労務提供が

ストライキにより意味がなさなくなったとして，使用者から賃金支払を拒否されたとすれば，それは他組合が実施したストライキのいわばとばっちりを受けるということになろう。結論的にいえば，ノース・ウェスト航空事件は，このような場合にも，問題は危険負担法理の適用によってなされるべきであるとしている。そして既述のように，ストライキが使用者の責めに帰すべき事情には当らない以上，ノン・ストライカー労働者に賃金請求権はないとされている。

(c)　休業手当請求権の有無

　ストライキによる労働義務の履行ができないとき，上記のように，ストライキ実施組合の組合員であるか否かにかかわらず，賃金請求はできないとされた。では，労基法上の休業手当（26条）の請求はどうであろうか。これは民法上の過失責任主義に基づく危険負担（「債権者の責めに帰すべき事由」〔536条2項〕）よりも広く，「使用者側に起因する経営，管理上の障害」を含むものである（ノース・ウェスト航空事件〔前掲〕）。しかし同前判決は，ストライキは組合が「自らの主体的な判断と責任に基づいて行ったのものとみるべきであって」その結果，会社が命じた休業は，「使用者側に起因する経営，管理上の障害」によるものではなく，休業手当請求はできないと判示している。

　このような対応が部分ストに妥当するとしても，学説は一部ストの場合にまで，同様に理解すべきことには批判的である。すなわち当該ストライキについて，第三者である非組合員ないし他組合員にとって，ストライキが使用者の支配領域で発生した休業であり，労働者の賃金生活を配慮するという観点から，また労基法の最低生活保障という性格から，使用者の帰責性を肯定し，休業手当が支払われるべきであろう。

コラム 3-5　ストライキは迷惑行為か

　2019年12月，フランス全土において47日間の国鉄ストライキが実施され，全国規模での交通機関の途絶が生じたが，大きな混乱はなかったと言われる。自転車に乗り換えるなど，かえってエコロジー意識も高まったとも言われるが，フランスでは，「権利は尊重されるべきである」との考え方がつよく，またストライキにより獲得された成果が自分たちにも及ぶものと理解されているという（高崎順子「フランスで人がいくら電車が止まっても駅員を起こらない訳」President on-line, 2020, 3.16）。ひるがえって，わが国ではどうであろう。

　東北自動車道のサービスエリアの売店やフードコードのストライキが話題になったように，ストライキそのものがニュースとなる時代である。わが国では，

争議行為の発生件数が急激に減少しており，1970年には，ストライキ件数2256件，半日以上の参加者が約72万人であったのに対し，2018年には，発生数58件，参加者955人と大幅に減少している（労働争議統計調査）。

　ストライキとは，賃金をはじめとする労働条件の維持改善を要求して，集団的に労務提供を拒否する行為である。それは，労使間における経済力や情報格差の存在を前提として，労使間における実質的な交渉力を獲得する武器として，憲法により労働者が与えられている基本的人権である。もっとも，交通機関や病院といった公共性の高い職場でストライキが行われれば，利用者の生活に支障が生じること事実である。しかし，病院職員や鉄道職員の労働条件が，最低のままに置かれていいわけではない。

　権利を行使する人がいるということは，権利を行使されて「迷惑」を受ける人がいることでもある。しかし，迷惑をかけるからという理由で，権利の行使ができないとすれば，これらの権利の保障は無意味となろう。とりわけ争議権は，憲法28条や，労働者の労働条件の維持改善その他の労働者の社会的経済的地位の向上を図ること（労組法１条）を目的として，とくに「勤労者」（労働者）に侵すことのできない基本的人権として保障されたものであることが忘れられてはならない。このように，権利行使を受ける人々は，これを我慢する義務（受忍義務）を負うことになるのである。もちろん権利は濫用されてはならないから，交通機関では前もって争議予告が義務付けられているし，病院の争議では，患者の生命や健康に最大の配慮が図られなければならないのは当然である。

　また，諸外国では，労働者保護法に規定されている労働条件の大半が，労働争議等の結果として獲得されたものであることを考えれば，争議による成果が他の労働者にも波及するものであることが重要であろう。

　わが国では，ストライキというと，「迷惑だ！」との声が聞こえてきそうだが，ちなみに，フランス語では「迷惑」という日本語に該当する語がないということである。

第 6 節　不当労働行為

> **トピック**　不当労働行為救済制度を活用してみたらいいんじゃない？
>
> 　(1)　大学生のＡはタピオカ屋のアルバイトで，しばしば，サービス残業や給料からのレジ違算金補填の天引をされている。Ａが雇われる時に交わした「契約書」には，「残業時間は15分単位」「レジの違算金は従業員の連帯責任で補填すること」と記載されている。Ａは店長を通じて会社に問い合わせたが，会社は合法だと言っている。Ａは個人加入型の地域ユニオン（合同労組）に加入し，会社に話し合いを求めたが，「わが社とは何の関係もないユニオンの委員長が同席する，団体交渉には応じない」と主張している。この主張は，労働組合法（以下，「労組法」）上，認められるか。
>
> 　(2)　琉琉テレビは下請会社の球球社と業務処理請負契約を締結し，同社の労働者を受け入れている。同社の照明技術者であるＢは，琉琉テレビのディレクターに指示を受けて TV の番組制作業務に従事していたが，休憩が十分でないことやディレクターの言動が乱暴であることなどに不満を抱いていた。そこで，Ｂが加入する球球社労働組合は，琉琉テレビに労働条件の改善を求めて団体交渉を要求した。琉琉テレビはＢは球球社の労働者で，琉琉テレビは雇用していないとして，これを断った。これは，団体交渉拒否（労組法 7 条 2 号）にあたるか。
>
> 　(3)　○×ビール社は，春の定期人事異動において同社の従業員で組織された労働組合のＣ委員長に東京本社から△△島の工場への転勤を命じた。Ｃは，これは組合活動を理由とした左遷であると抗議して従わなかった。同社は他の社員と同様のルールに基く業務上の必要性から行った，定期的な人事異動であると主張した。Ｃの転勤によって組合の運営をリードする者がいなくなり，労働組合は活動を停止してしまった。さらに，同社はＣが転勤に従わなかったことは業務命令に違反し，またその後に判明した，Ｃが会社の物品を私用に供していたことを理由に懲戒解雇とした。
>
> 　(a)この配転命令や懲戒解雇はＣに対する不利益取扱い（労組法 7 条 1 号）にあたるか。(b)この転勤に際し，○×ビール社には反組合的な意図はなく，あくまで業務の必要性に基づきこれを行った場合，この配転命令はＣに対する不利益取扱い（同前）とともに，労働組合に対する支配介入（労組法 7 条 3 項）にあたらないか。(c)同社が，転勤によって組合活動に影響が出ることまでは意図していなかったが，反組合的な意図をもっていた場合はどうか。

　　トピックでは，労働組合（以下，「組合」と略記することもある）と労組法を活用した労使紛争解決を取り上げている。憲法28条の団結権保障を受けて，労組法 7 条は，使用者による労働組合の結成・加入・組合活動に対する侵害行為を不当労働

行為として禁止する。労組法20条・27条は，労働委員会（以下，「労委」）が救済命令を発することで，不当労働行為の是正を行うための行政救済手続を規定する。

　労働組合が不当労働行為制度を活用することは，労働者個人で交渉するよりも大きな成果が期待できる。なぜなら，ブラックバイトに直面した，大学生が使用者に労働条件改善を求めたり，請負元とは雇用契約があるけれど，請負先とは直接的な雇用契約のない，労働者も請負先に対して労働条件の交渉ができるからである。また，使用者が労働契約上の配転命令権や懲戒権を行使する場合にも，労委は，私法上の権利・義務関係の確定に拘泥することなく，行政機関としての裁量（行政裁量）に基づいた柔軟な行政救済を行うことができる。不当労働行為類型には，①不利益取扱い，②団体交渉拒否，③支配介入がある。(1)と(2)のケースでは，②団体交渉拒否，(3)のケースの(a)(b)(c)では，①不利益取扱いと③支配介入が問題になっている。

1　制度の概観

(1)　不当労働行為制度の目的とその特徴

　不当労働行為制度の目的は，憲法28条の定めた，労働者の団結権・団体交渉権・団体行動権を侵害する，使用者が行う集団的労使関係上の違反行為を禁止し，公正な労使関係秩序の形成・維持を図ることにある（労組法1条）。労委は，労使間の正常な労使関係回復と円滑な団体交渉を実現するために，使用者の不当労働行為に対して，救済命令を発することで，行政上の救済を行う（労組法20条・27条）。

　不当労働行為制度は，アメリカの不公正労働行為（unfair labor practice）をモデルに，日本流にアレンジされたものである。わが国ではアメリカのように労働組合・労働者の不当労働行為という規定はない。わが国の憲法28条の労働基本権は「勤労者」（労働者）のみに保障され，使用者には適用されないからである。このため，不当労働行為の申立人は労働組合・組合員となり，被申立人および不当労働行為救済の名宛人は使用者となる。わが国では企業別組合の形態がとられるのが通例である。このため，同じ企業の中に多数組合と少数組合など複数組合が併存する場合があり，複雑な問題が生じる。

(2)　不当労働行為の諸類型

　労組法7条1号は①不利益取扱いと②黄犬契約，同条2号は③団体交渉拒否，同条3号は④支配介入と⑤経費援助，同条4号は⑥報復的不利益取扱いを不当労働行為として禁止する。基本類型は，①不利益取扱い，③団体交渉拒否，④支配介入である。もっとも実際の労使紛争では，①と④や③と④のように，各類型が

重畳的に成立することもある。各類型には固有の意義がある。①不利益取扱いは労働者個人との関係に着目した類型である。③団体交渉拒否は労働組合との関係に着目した類型である。④支配介入は労働者個人との関係を含む労働組合との関係を対象にした類型である。

(3)　不当労働行為における使用者

労組法 7 条は使用者の不当労働行為を禁止する。しかし，労組法には「使用者」の定義がない。不当労働行為上の使用者は，雇用の多様化・間接雇用の拡大・企業再編の恒常化といった社会実態を労使関係の文脈から読み解きながら，判断される。使用者性は労組法 7 条 2 号の団体交渉拒否においてよく問題になる。

(a)　雇用主以外の使用者

雇用契約は労使の二者間の直接雇用が原則である。しかし，複数企業による多様な三者間契約（間接雇用）も活用される。雇用契約上の雇用者である請負元・派遣元などは労働者の使用者である。それでは，労働者が実際に就労する，請負先・派遣先は使用者として不当労働行為責任を負わないのか。

雇用契約の当事者ではないが，労働条件の決定権限や監督権限を現実的かつ具体的に有する請負先・派遣先も使用者になる場合がある。社外工を派遣する会社が独立の使用者としての実体をもたず，直接，受入会社が社外工を採用しその勤務体制に組み入れている場合，受入企業が社外工の使用者となる（油研工業事件：最判昭51・5・6）。また，労働者を派遣する会社が使用者としての実体をもつ場合でも，受入企業が派遣された労働者の基本的な労働条件などについて，「雇用主と部分的とはいえ同視できる程度に現実的かつ具体的に支配・決定することができる地位にある場合」，その限りで受入企業も使用者となる（朝日放送事件：最判平 7・2・28）。この事件は労働者派遣法制定以前のものである。しかし，この部分的使用者性にかかわる判断は，労働者派遣法上の派遣先とともに類似のその他の間接雇用にも適用できる。

(b)　過去に使用者であった者・企業再編により将来的に使用者となりうる者

解雇された労働者が解雇撤回を求めて，労働組合に加入し，もとの使用者に団体交渉（以下，「団交」）を求める「駆け込み訴え」では，形式上は雇用契約がなくても実質に着目して使用者となる。日本鋼管鶴見造船所事件：最判昭61・7・15では，解雇から 4 年以上経過したあとの団交申入れ拒否が不当労働行為と判断されている。兵庫県・兵庫労委（住友ゴム工業）事件：最決平23・11・10は，在

職時の石綿（アスベスト）による被災問題にかかわり，退職後に元従業員が労働組合に加入し団交を求めたものであるが，同様に判断されている。

　企業経営と社会環境の激変は，合併・会社分割・事業譲渡・ホールディング化（純粋持株会社とその傘下の事業会社への分離）といった企業再編を恒常化させる。合併先・分割先・譲渡先が組合員などの受け入れを拒絶したり，これら先での労働条件にかかわる，労使紛争が起こりうる。この場合，合併元・分割元・譲渡元の労働組合が団交を求めた場合，合併先・分割先・譲渡先は使用者となるか。

　合併の法的効果は包括承継であり，使用者としての地位も承継する。日産自動車事件：東京労委決昭41・7・26は，合併前に合併後の会社による支配介入と団交請求を認めている。会社分割の法的効果は部分的包括承継である。国・中労委（モリタほか）事件：東京地判平20・2・27は，会社分割に際して不誠実な団交と会社分割前の会社の組合事務所不貸与などの不当労働行為性が争われたものである。判決は分割先を過去の労働契約に近接する将来の使用者としてその使用者性を認めている。

　事業譲渡にかかわり，ある法人が事業を廃止して真実その事業を廃止する「真実解散」ではなく，労働組合を壊滅させる目的である法人を解散しておきながら別法人に事業を承継させて実質的に同様な事業を継続する「偽装解散」では，解散会社と資本，経営者，事業内容などの点で実質的に同一性があると認められる場合，事業先は使用者となる（吾妻自動車事件交通：中労委平21・9・16，福住コンクリート事件：大阪府労委平24・11・2）。

　事業譲渡の法的効果が特定承継であることは難問となる。なぜなら，司法救済や取消訴訟において，裁判所が厳格な私法上の解釈を行うことで使用者の範囲が狭く解釈される傾向があるからである。中労委（大阪証券取引所）事件：東京地判平16・5・17は，事業譲渡に類似する事案において，解散会社の解散を決定するプロセスに関与した関連会社の使用者性を認めた中央労働委員会（以下，「中労委」）命令に対する取消訴訟である。判決は，朝日放送事件最高裁判決を引用しながら，使用者について，「労働者の労働関係上の諸利益に影響力ないし支配力を及ぼし得る地位にある一切の者と定義することは，外延が幾らで広がるような開放的な概念」となり，相当ではないとして，中央労働委員会（中労委）の判断を退けている。

　ホールディングにおける純粋持株会社の使用者性の判断に難問があることは，本章第3節を参照。企業再編については，企業主の自由と労働基本権の保障とい

う 2 つをいかに整合的に調整していくのかという，立法論も含めたさらなる検討が必要であろう。

(c)　使用者への帰責

現実社会では職場の上司や同僚が組合員に労働組合からの脱退を働いたり説得したりすることがある。この支配介入（労組法 7 条 3 号）が禁止されるのは「使用者」であるが，現実に支配介入を行った者の責任を使用者に帰責できるか。

代表取締役などの会社代表者や労組法 2 条但書 1 号の利益代表者の行為は，原則的に，使用者に帰責できる。「利益代表者に近接する」管理職も「使用者の意を体して」支配介入を行った場合には，使用者との間で具体的な意思の連絡がなくとも，その行為は使用者に帰責できる（JR 東海事件：最判平18・12・8）。同僚など，利益代表者に隣接する管理職でなくても，使用者から行為者に支配介入行為を行うよう指示や示唆がある場合も使用者に帰責できる。

2　不当労働行為の成立

(1)　不利益取扱い

(a)　不利益取扱いの概要

不利益取扱いが成立するためには，労働組合・組合員は，①労働者が労働組合の組合員であること，労働組合に加入しようとしたこと，結成しようとしたこと，労働組合の正当な行為をしたことにつき，②そのことの故をもって，③その労働者を解雇しその他これに対し不利益な取扱いがなされたことの 3 要件を立証する必要がある（労組法 7 条 1 号 1 文前段）。不利益取扱いが禁止される趣旨は，使用者の労働者個人への不利益取扱いが他の労働者に悪影響を与え，組合活動に萎縮効果をもたらすことを抑制し，団結権を保障するところにある。不当労働行為における利益には組合活動上の利益も含まれるから，いわゆる栄転であっても不利益取扱いと判断されることがある（関東醸造事件：東京高判昭34・4・28）。

労働組合に加入しないことや労働組合からの脱退を雇用条件とすること（同法 7 条 1 号 1 文後段，黄犬契約）と労働者が労委に救済申立をしたことを理由とした，報復的不利益取扱い（同法 7 条 4 号）も不利益取扱いの一態様である。

(b)　労働者が労働組合の組合員であること，正当な行為をしたこと

労働組合の行為には，職員互助会・親睦会など組合結成準備に向けた活動も含まれる。組合大会などの組織決定に基づく，全ての活動が労働組合の行為となる。政治活動・社会運動・共催活動などの付随的活動，組合員の自発的行為もこれに

含まれる。組合内部で意見の対立があることもある。少数派が行う組合執行部への批判活動も労働組合の活動である（北辰電気製作所事件：東京地判昭56・10・22）。

「正当な行為」であるかどうかは，基本的には，組合活動の正当性や争議行為の正当性に照らしながら，不当労働行為として保護すべきか否かの観点から判断される。

(c)　不当労働行為意思

労組法7条の規定からは労働者の正当な行為などの「故をもつてする」（同条1号）または「理由とする」（同条4号）不利益取扱いが禁止される。つまり，使用者が組合活動などの事実を認識し，その故にその労働者を不利益に取扱おうと意図し，それを実現したことが必要である。これを使用者の不当労働行為意思（あるいは「反組合的意図（ないし動機)」）という。今どき，不当労働行為を公言して行う使用者はまれである。密かに姑息に行われる行為から使用者の内面の意思を読み解くことは難しい。この評価は労使関係の対立・使用者の日常的な労働組合に対する態度，不利益措置の内容とそれが労働組合に及ぼす影響の程度，不利益措置がなされた時期，前例の有無などの具体的な事実を客観的・総合的に判断される。

解雇などにおいて，不当労働行為意思が認められ，かつ解雇を正当化する事由も認められるとき，不利益取扱いが成立するかが問題となる（「理由（動機）の競合」）。これについては解雇事由のうちいずれが決定的であるかをもって判断するという見解とその必要はなく組合活動がなかったならば解雇されなかったという程度に客観的に有力な原因でであれば足りるとする見解がある。

取引関係上，支配的な地位にある取引先などの第三者によって，使用者の不利益取扱いが強要された場合，使用者に不当労働行為意思が認められるかが問題になる。判例（山恵木材事件：最判昭46・6・15）はこれを肯定する。

(d)　労働者を解雇しその他これに対し不利益な取扱いをすること

労組法7条1号の不利益扱い類型の具体的態様には多様なものがある。例えば，解雇・退職強要，有期労働契約の更新拒絶，配転・出向・転籍，昇進・昇格，懲戒処分などの人事上の不利益取扱い，賃金・一時金などの労働条件や福利厚生などの法律上の不利益取扱いだけではなく，仕事外し，各種催しに参加させない，挨拶をしないなどの嫌がらせなどの精神上・事実上の不利益取扱いもある。

採用拒否は，不利益取扱いの一態様となる（有期の季節工の採用拒否について，万座硫黄事件：中労委昭27・10・15，医療法人の事業譲渡に伴う譲渡先の採用拒否につ

いて，中労委（青山会）事件：東京高判平14・2・27）。にもかかわらず，JR北海道・日本貨物鉄道事件：最判平15・12・22は，労組法7条1号1文前段と後段の関係で，採用拒否が不利益取扱いになるのは後段の黄犬契約に限られるとして，前段における採用拒否が不利益取扱いになることを原則的に否定する。この不当労働行為制度を歪曲した胡乱な解釈には学説上の批判も多い。

(2)　団体交渉拒否

労組法7条2号は，使用者が「雇用する労働者の代表者と団体交渉することを理由なくて拒むこと」を，団体交渉拒否として禁止する。団交については，第3章第3節を参照。

(3)　支 配 介 入

(a)　支配介入の概観

労組法7条3号本文は，使用者が労働組合の結成もしくは運営することを支配しもしくはそれに介入すること，および労働組合の運営のための経費の支払につき経理上の援助を与えること（「経費援助」）を，支配介入として禁止する。もっとも企業別組合という特質から，①労使交渉・協議時間に対する賃金保障，②労働者の福利厚生基金に対する寄附，③最小限の組合事務所の貸与は経費援助に該当しない（同条但書）。この規定を形式的に判断するのではなく，労働組合の組合活動保障として，例えば，チェック・オフ（使用者が組合費を組合員の給与から控除して一括して組合に引き渡すこと），会社什器の利用，電気・ガス料金・電話代の会社負担など，これ以外の便宜供与も実質的に認めていくという理解が一般的である。

支配介入は，使用者が労働組合の結成と運営に対して妨害・干渉行為を行うことであり，使用者による組合つぶし・組合切り崩しといった組合弱体化行為である。支配介入が禁止される趣旨は，労働組合の自主性・独立性を確保してその団結力を維持・強化するところにある。その具体的態様には，例えば，労働組合の役員・中心人物・組合員に行われる不利益な配転や懲戒解雇などの懲戒処分，使用者の組合結成への批判，労働者への組合脱退や不加入への働きかけ，組合の役員選挙や組合の内部運営への介入といった組合活動の妨害，組合事務所貸与の中止，組合の勢力を弱めるための第2組合や親睦団体の結成・支援行為など多様なものがある。

(b)　支配介入の意思

　労組法 7 条 3 号には同条 1 号の「故をもつて」という文言がないものの，支配介入となるために意思が必要かという問題がある。これは外形的事実から認識される支配介入の意思があればよいと解されている。山岡内燃機事件：最判昭29・5・28においても，判決は「客観的に組合活動に対する非難と組合活動を理由とする不利益取扱の暗示とを含むものと認められる発言により，組合の運営に対し影響を及ぼした事実がある以上，たとえ，その発言者にこの点につき主観的認識乃至目的」がなくても，「組合の運営に対する介入があったものと解するが相当である」と述べられている。

　支配介入による実害の発生が必要かという問題もある。これは，使用者の支配介入行為自体の違法性が評価に晒されるため，その結果が具体的に発生する必要はないとされている。

(c)　使用者の言論の自由と支配介入

　使用者の言論は憲法21条の表現の自由として保障されるが，労働基本権を保障した憲法28条との調整も要請される。使用者の行き過ぎた言論は，支配介入となりうる。

　プリマハム事件：最判昭57・9・10は，会社が組合幹部の団交決裂宣言をそのままスト決行宣言と捉えて，ストのためのストと非難した上で，「会社も……重大な決意をせざるえません」との社長声明文を掲示したものである。判決は，「使用者の言論が不当労働行為に該当するかどうかは，言論の内容，発表の手段，方法，発表の時期，発表の時期，発表者の地位，身分，言論発表の与える影響などを総合して判断し，当該言論が組合員に対し威嚇的効果を与え，組合の組織，運営に現実的影響を及ぼす場合はもちろん，一般的に影響を及ぼす可能性のある場合は支配介入になる」として，諸般の事情を総合考慮しながら，支配介入の成否を判断している。

(d)　組合間差別と支配介入

　会社の中に会社に協調的な労働組合（その多くは多数組合）と対抗的な労働組合（その多くは少数組合）が併存したり，企業内組合と企業外の合同労組が分属することがある。この場合，使用者は各組合に対しても，中立保持義務・誠実交渉義務・平等取扱い義務を負うことは，すでに本章第 3 節で述べた。したがって，使用者は，いずれの組合に対して同一時期に同一の条件を示し，同一の方法で交渉を行うことが原則となる（日産自動車（残業代）事件：最判昭60・4・23）。この

ため，使用者が，①団交上，少数組合や特定組合との団交を拒否すること，②多数組合とだけ交渉し，その結果の受諾を少数組合に求めるなどの団体交渉方法に差を設けること，③多数組合には組合事務所，掲示板の貸与，チェック・オフなどの便宜供与を行っているのに少数組合にはこれを行わないといった行為は，組合間差別の不当労働行為（労組法 7 条 3 号の支配介入）になる。

　ところで，労使には団交上の「取引の自由」がある。このため，同一時期に，同一の条件，同一の資料開示のもとで交渉した結果として，組合間の合意内容に相違が生じたとしても，また，多数組合との合意結果を少数組合に要求することも，原則として，中立保持義務に違反しない（前掲日産自動車（残業代）事件）。しかし，「団体交渉の場面としてみるならば，合理的，合目的な取引活動とみられるべき使用者の態度であっても，当該交渉事項についてはすでに当該組合に対する団結権の否認ないし同組合に対する嫌悪が決定的動機となって行われた行為があり，当該団体交渉がそのような既成事実を維持するために形式的に行われているものと認められる特段の事情がある場合」には，使用者の行為は不当労働行為（労組法 7 条 3 号の支配介入）になる（前掲・日産自動車（残業代）事件）。

　賃金・処遇など労働条件にかかわる複数組合間の組合間差別は，使用者の人事考課や査定を通じて，結果として組合間に賃金の格差が生じてしまうこともあり，それが不当労働行為意思に基づくものかどうかの判断は難問になる。この場合，労委は大量観察方式の立証を肯定しており，賃金差別を主張する労働組合において，比較対象となる集団との間に平均的考課による有為な差異が存在し，その原因が使用者の組合嫌悪の意思に基づくことを証明できれば，使用者側で差異の合理性を証明できない限り，不当労働行為になると判断している（紅屋商事事件：最判昭61・1・24）。もっとも，これは不当労働行為を主張する組合と，比較対象となる集団との間に均一性が必要であり，これを欠く場合には個別立証が求められるとの裁判例（北辰電気事件：東京地判昭56・10・22）がある。

　同様の問題として，併存する両組合の要求に対して，使用者が同じ「前提条件」（「差し違え条件」ともいう。これは団交において組合の要求に対し，使用者がそれを受け容れる・譲歩する交換条件として提示する条件のことである）を提示し，一方組合は受諾するが，もう一方の組合が受諾しないため，この条件拒否組合については賃上げなどが行われず，結果として賃金等の格差が生じることがある。ここでは，条件の諾否という団交の結果として，双方の組合の組合員の間で労働条件の格差が生じており，形式的には組合間差別の問題は生じていないと理解できなくはな

い。このため，これを不当労働行為と認定しうるかは難問になる。例えば，合理化反対を標榜している少数組合にとって「組合は生産性の向上に協力する」という前提条件に同意することは，組合の運動方針を真っ向から否定し，屈服を迫るものであり，とうてい飲める話ではない。かかる団交の前提条件に使用者が固執すると，少数組合は自由意思に基づく選択が著しく阻害された状態で団交上の不合意という「強制された自己決定」をせざるえなくなる。これをどう考えるのか。日本メール・オーダー事件（最判昭59・5・29）においては，労使が，団体交渉の前提条件に固執して合意に至らないケースで，使用者が組合において受容できない条件を提示し，これに固執することによって合意の可能性を失わせるような場合は，不当労働行為となると判断されている。

3　労働委員会による救済手続

(1)　行政救済命令における労働委員会の裁量

労委には不当労働行為の成否を判定し，被申立人（使用者）に対して行政救済命令を発することで，不当労働行為を受けた申立人（労働組合・労働者）を救済する権限がある。不当労働行為の救済は，不当労働行為を排除し，申立人をして不当労働行為がなかったと同じ事実上の状態を回復させることを目的とするものであり（「原状回復主義」とよばれる），申立人に対して私法上の損害の救済を与えることや被申立人に懲罰を科すことを目的にするものではない（在日米軍調達部事件：最判昭37・9・18）。

労委による行政救済の醍醐味は，継続的労使関係における機微やそこに見え隠れする微妙な労使関係の文脈を読み解きながら，「不利益扱い」「支配介入」「（組合間）差別」などにかかわる事実関係を専門的知見から評価して，個々の事案の解決に適切な救済内容を命ずるための広範な行政裁量が認められている点にある（第二鳩タクシー事件：最大判昭52・2・23）。なお，労委には不当労働行為の成否の判断については裁量権は認められていない（寿建設研究所事件：最判昭53・11・24）。

救済命令については，①解雇にかかわる現職復帰命令およびバック・ペイ支払命令（労組法7条1号または3号），②昇給（または一時金）差別是正命令（同条1号または3号），③団体交渉命令（同条2号），④協定書調印命令（同条2号），⑤配転命令の撤回および現職復帰などの人事その他労働者の身分に関する作為命令（同条1号または3号），⑥組合活動の便宜に関連する作為命令（同条3号），⑦不

作為命令（同条 3 号），⑧（使用者に対して同種の不当労働行為を繰り返さない旨を公約させる）ポスト・ノーティス命令など，多様なバリエーションがある。

　労委のポスト・ノーティス命令については，使用者の良心の自由を侵害するのではないかという問題がある。この点，ポスト・ノーティス命令は不当労働行為と認定されたことを関係者に周知徹底させ，同種行為の再発を抑制しようとする趣旨のものであり，「深く陳謝する」などの文言は，同種行為を繰り返さない旨の約束文言を強調するにすぎないものであるから，会社に対し陳謝の意思表明を要求することは命令の本旨とするところではなく，これをもって憲法19条に違反するとはいえないという判例がある（亮正会高津中央病院事件：最判平 2・3・6，オリエンタルモーター事件：最判平 3・2・22）。

(2)　労働委員会による救済手続

　不当労働行為救済手続きは，被申立人の行った不当労働行為に対しては，それを受けた申立人が，各都道府県にある都道府県労働委員会（以下，「都道府県労委」）に対して，不当労働行為の救済申立をすることから始まる。申立期間は不当労働行為の日から 1 年間である（労組法27条 2 項）。申立人は，行政救済を選択せずに，最初から司法救済を選択することもできるし，あるいは行政救済と司法救済を並行して求めることもできる。

　都道府県労委が救済申立に理由があると判断した場合には救済命令を，理由がないと判断した場合には棄却命令を発する。労委は，審査手続の間，いつでも当事者に和解を勧めることができる（労組法27条の14）。労委は，和解で解決できないかどうかを検討し，その見込みがあれば和解を試みる（和解中心主義）。そして 6 ～ 7 割の事件は和解によって解決されている。

　都道府県労委命令に不服がある当事者は，中労委に再審査を求めることもできるし，また，地方裁判所に行政訴訟（行政事件訴訟法に基づく取消訴訟）を提起することもできる。中労委に再審査が申立てられた場合，中労委でも都道府県労委と同様な手続きを経て，命令が発せられる。

　使用者が都道府県労委命令に不服のある場合，中労委に再審査請求ができ，それでも不服のある場合，さらに裁判所に取消訴訟を提起できる（裁判所でも 3 回争える）ため，不当労働行為解決までに相当に時間がかかることになる（いわゆる「五審制の問題」）。使用者による引き延ばし策を防止するために，取消訴訟の受訴裁判所が，判決確定に至るまで，労委の命令の全部または一部に従う旨を使

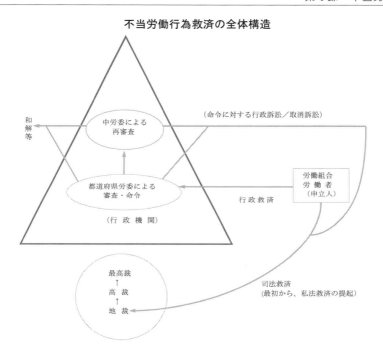

不当労働行為救済の全体構造

用者に命じることができるという緊急命令の規定があり（労組法27条の20），これに違反した場合，50万以下の過料の制裁がある（労組法32条）。

　とはいえ，いわゆる五審制の問題において，不当労働行為事件が最終決着するまでに，10年以上の歳月を要することもまれでないと言われている。裁判所が労働事件の独自性を理解せず，私法上の解決を志向する解釈態度をとりがちなこともある中で，労委が流動的な労使関係の変化に対応しながら，公正な労使関係の構築に向けた迅速かつ効果的な解決のために，何ができるのかをあらためて真摯に考えていく必要がある。

コラム 3-6　行政救済と司法救済

　不当労働行為について，労働組合と労働者には労委による行政救済とともに，裁判所での民事裁判による司法救済（私法上の救済）を求めるという選択肢がある。行政救済は，不当労働行為によって生じた，労使関係上の事実状態を是正して将来の正常な労使関係秩序を回復させ，その確保を実現することを目的としている。このため，実質的で弾力的かつ柔軟な救済が可能である。不当労働行為としての解雇については，原職復帰，バック・ペイ（解雇期間中の賃金）の支払い，ポスト・

ノーティスなどの救済を行うが，損害賠償などの司法上の救済は認められない。行政救済において，バック・ペイの支払いを命じるか，その場合に中間収入（解雇期間中に他で得た賃金）を控除するか否かなどは労委の裁量事項に属するが，中間収入をまったく控除しないことは違法であると判断されている（第二鳩タクシー事件：最大判昭52・2・23）。これに対して，司法救済においては，私法上の権利・義務の存否の判断に力点がおかれ，過去の行為の違法性，有効・無効の効力，現在の権利義務の存否が判断され，団結権侵害の損害賠償の支払いを命じることができる。この場合には，解雇無効，バック・ペイ，損害賠償の支払いとなるが，裁判所は，中間収入の控除については危険負担の規定（民法536条）に従わなければならない。

　つぎに，労組法7条各号の規定から直接的に司法救済のための私法的効力を導くことができるか否かをめぐっては，医療法人新光会事件（最判昭43・4・9）において，最高裁は，「不当労働行為の禁止の規定は，憲法28条に由来し，……これに違反する法律行為は，旧法・現行法を通じて当然に無効」であるとして，労組法7条各号は私法上の強行規定と解し，不当労働行為としての解雇は私法上も無効としている。

　また，労組法7条2号にかかわり，労働組合からすれば，使用者の団交拒否は迅速に行政救済が行われなわなければ，時すでに遅しということになる。このため，裁判所に団交応諾仮処分を申立て，決定による迅速な救済と間接強制により，その実効性を確保する方法が模索された。ところが，新聞之新聞社事件（東京高決昭50・9・25）判決は，労組法7条2号が私法上の具体的団体交渉請求権を保障していると解しながら仮処分を認めても，使用者の債務内容の特定は困難であり，強制執行の可能性には疑問があるとして，その有用性に疑問符をつけた。そうした中，国鉄労働組合が，旧国鉄に対して，団体交渉応諾確認請求を求めて裁判を行ったところ，東京地裁は，労組法7条は労働組合と使用者との間でも私法上の効力を有していることから国鉄労働組合は「団体交渉を求める法律上の地位」を有しており，使用者はこれに応ずべき地位にあることを確認し，高裁・最高裁ともこれを肯定した（国鉄事件：最判平3・4・23）。

　労組法7条3号については，これを民法709条の不法行為であるとして損害賠償救済を行う判例の系譜が参考になる。使用者の言論の自由と労組法7条3号の支配介入の成否の問題にかかわり，使用者の反組合的言論が不法行為にあたるとしてこれを肯定した，JR西日本（可部鉄道部・日勤教育）事件：最判平19・6・26，神奈川県厚生農業協同組合事件：横浜地判平18・9・21，名古屋自動車学校事件：名古屋地判平24・1・25などがある。

第4章 労働法の将来

「ベーシックインカム」と労働法（ある日の川畑ゼミ）

川畑 「今日のテーマは，ベーシックインカム（最低生活保障，以下BI）だ。これは，現在の社会保障制度を廃止し，これに代えて，赤ん坊を含むすべての人に対し，例えば月額7万円といった現金給付を無条件で行うというものだ。」

長谷山 「貧困者や被保険者といった特定の人に給付される生活保護や社会保険制度と，BIとは区別されるわけですね。」

武井 「社会保険や社会福祉の廃止は分からなくないのですが，最後のセーフティネットである生活保護まで廃止するのですか。」

山合 「そこは，意見が分かれているところだ。なぜ今，BIが主張されているのだろう。」

滝野 「小さな政府の実現ですね。社会保障給付は国家支出の6割を占めているだけではなく，従事する公務員の数も圧倒的だ。これをなくせば，公務員の削減による人件費の縮小だけではなく，労働法制や社会保障法制の廃止や縮小につながりますから。」

西島 「あと，ジェンダーの視点からですね。日本の社会保障は，年金，医療，生活保護等，世帯単位で行われていますが，BIは，まさに個人単位の政策ですね。」

川畑 「そうだね。BIは，世帯単位ではなく，個人単位の支給であることのほか，他の収入に関係なく支給されること，どのように使おうと自由であること，の原則が重要だ。」

川畑 「財務省も大賛成だろうけど，厚生労働省は反対だろうね。莫大な予算と人員とを失うことになる。」

山合 「最大の問題点は，財源確保ですね。スマホ計算したら，国民1人当たり月7万円としても，7万円×12か月×1億2千万人で，約101兆円になりますね。」

武井 「でも，2018年度の社会保障費約33兆円，社会保障給付費約115兆円という数字をみると実現可能かな。でも，医療関係費用が含まれているから，そう単純ではないのか。」

滝野 「賃金収入にBIの7万円が加われば，より豊かな生活が送れますよね。各人の収入が増加するから，景気も回復するかもしれない。高所得者層よりも，低所得者層のほうが消費行動が高いと指摘されていますから。」

西島 「でも，何もしなくても7万円もらえるなら，きっと働くなる人が出てきますよね。パチンコに入り浸ったりして。"働かざる者食うべからず"ですよ。」

手島　「子供も数が多ければ多く支給されるから，究極の少子化対策かもしれない。
　　　でも，導入している国はあるのかな？」

武井　「一部だけど実施している国もあるんだ。スイスの国民投票では約77％の反対
　　　で否定されたが，フィンランドでは，約2000人を対象に月560ユーロ（約7万円）
　　　を支給する実験が行われている。」

川畑　「労働法への影響はどうだろうか。」

長谷山　「経済界は大歓迎ですよね。7万円が一律支給されていれば，その分の賃金
　　　を抑えることや，雇用調整もやりやすくなる。」

西島　「さらに，事業主としての社会保険料負担がなくなるのは大きいです。」

滝本　「労働組合の立場は微妙ですね。将来のAI（人工知能）の普及に伴う失業増
　　　加への対応策として考えることもできます」

　　国家の責任においてセイフティネットを作り（公助），社会保険のように皆で保
険料を拠出して社会連帯する（共助）という社会保障制度の本質を考えれば，自助
に基づく BI のみの社会の将来は，果たしてはバラ色なのであろうか。このことは，
労災や失業という働く者に対する補償である労働保険が廃止された影響を考えれば，
なおさらであろう。読者の皆さんはどのように考えるだろうか。

1　AI と労働法

(1)　AI による労働力代替

　現在は，第 4 次産業革命の時代と呼ばれている。すなわち，蒸気による動力が
発明された第 1 次産業革命，電気と石油という大量エネルギーを生み出した第 2
次産業革命，コンピュータによる IT 化が進展した第 3 次産業革命に次ぐもので
ある。IT（Information and Communication Technology）とは，コンピュータなどに
よるインターネットの技術革新を意味するのに対し，人口知能を意味する AI
（Artificial Intelligence）とは，機械を自動制御するシステムで，IT の一部でもある。

　最近，居酒屋や飲食店に行くと，店員の注文はなく，卓上のタブレットで注文
する，料理も本部から送られてきた食材をロボットが調理する，会計もスマート
フォン決済となり，飲食店には，バックヤードの店員ひとりがいるだけであり，
今後は無人化が当たり前となる。また高齢者による自動車事故が報道されること
が少なくないが，自動車が不可欠な地域における AI 運転の自動車の登場は，高
齢者にとって朗報であろう。さらに外国語会話の講師も AI となり，会話学校や
通訳さえも不要となる。

　このように，AI 技術は，生活に合理化や利便性をもたらし，特に企業にとっての大幅な人件費削減，人員不足解消等のメリットを生むが，反面において，飲食店員，タクシー運転手，外国語講師等の職の喪失を招くことは明らかである。これが，人口知能による「労働力代替」と呼ばれる現象であり，わが国において，AI 代替の対象となる職業が600以上，わが国の労働力人口が従事する職業のほぼ半分が消失するとのオックスフォード大学の報告が話題を呼んでから，すでに 5 年が経過している。また，経済産業省の調査によれば，国内の AI 関連市場規模は，86兆円以上と想定される一方で，管理部門145万人，商品開発部門136万人，製造・商品企画部門262万人が失職すると予測されている。

　そして，従事する仕事の内容だけでなく，採用のありかた自体も変化しており，AI による就職選考が一部で始まっている。たとえば，応募者はコンピュータのモニターと対面し，質問を受け，それ AI が分析して合否を判断していく。これは，応募者の多い企業の第 1 次選抜としてだけでなく，面接試験としても利用されるが，出身大学や外見に左右されないよう，人間の主観を排除して客観的な選抜という趣旨に基づくであろう。人間である試験担当者が相手の場合には面接対策も可能であるが，AI は喜びや恐怖感も含めて細かな感情や性格まで読み取ることが可能と言われており，現在のような面接対策も困難となる。しかし，AI に記憶されるデータは人間がインプットするものであり，そこには偏見によるバイアスが入り込む余地は否定できないし，多様な人材確保という面接試験の目的からすると，疑問の余地がないわけではない。

　かつて，19世紀初頭（1811〜17年）のイギリス北・中部の織物工業地帯に広がったラッダイト運動（Laddite Movement）という機械打ちこわし運動を世界史で学んだ人は多いであろう。第 1 次産業革命の技術革新は，大量生産，品質安定，コスト削減等の成果を上げたが，これにより失業した手工業職人たちが元凶と目された機械の破壊運動が行なわれた。同様に，急激な IT テクノロジーの進展に伴う技術的失業（technological unemployment）に対し，経済学において20世紀末のネオ・ラッダイト運動が提唱されたが，大きな潮流とはならなかった。AI 革命についても第 3 のラッタイド運動が起きることはあり得ないであろうが，技術革新が新しい産業や職種を生み出してきたことも否定できない。現在求められているものは，構造変化に対応するソフトな労働移動へのサポートと，教育訓練・雇用保険の充実であろう。

(2)　プラットエコノミーと労働法

　AIだけでなく，ITがわれわれの生活や働き方に，ますます大きな影響を与えている。たとえば，近年，プラットホームエコノミーという言葉が聞かれる。これは，インターネットweb siteのプラットホームを介して，顧客に商品やサービスを提供する業態を意味するもので，シェアリングエコノミーとか，ギグエコノミーとも言われる。たとえば宅配企業のA社の場合，登録したレストランに注文すると，アプリから最も近い場所にいる登録済みの配達人に連絡し，オーダーした料理を顧客に配送してもらうシステムとなっている。顧客はレストランまでわざわざ行く必要がないし，レストラン側も，配達コストを料理代に上乗せするだけで，顧客の獲得が可能となる。

　同様の営業形態はタクシー等でも行われているが，運転手は雇用契約を締結している場合が多いのに対し，U社と配達員との間では業務委託契約が締結されている。したがって，配達員は労働者ではないとして，配達中に事故にあっても労災補償はなく，労働時間の上限もないだけでなく，最低賃金の保障もないから，呼び出しコールがなければ収入もない。さらに，いつ委託契約が解除されるかわからないし，報酬の引き上げ等について集団的に交渉することも困難であるばかりか，むしろ，報酬の一方的引下げが話題になったばかりである。

　わが国でも，コンビニ経営者が労働組合法上の労働者であるかが問題となるが，これらの配達員についても，労基法や労災保険が適用されるのか，あるいは団体交渉等の労働基本権が保障されているかが問題となる。前者については，使用従属関係が認められるのかが争点となるが，従来の使用従属性の判断基準でも労働者性が認められる請負や自営業者にも，最低賃金や労災補償等の規定を準用することも考慮されるべきであろう可能性が高いであろう（イギリスでは，ライドシェアの運転手の労働者性が肯定されている）。

2　少子化と労働法

(1)　少子化の現状と原因

　総人口のうち65歳以上の高齢者が7％を超えた社会を「高齢化社会」（aging society），14％を超えた社会は「高齢社会」（aged society）と呼ばれることがある。わが国は，高度経済成長のピークであった1970年に高齢化社会に突入し，1994年に高齢社会を迎えた（当初は1995年と予測されていた）。高齢化社会から高齢社会までの期間が長ければ長いほど望ましいのだが，わが国では，この間が24年にす

ぎず，これは50年から100年かかっている欧州の国々と比較しても突出した数字となっている。その後，わが国は，2007年には28％を超える超高齢者社会に突入し，この間わずか13年である。さらに2019年には，28.4％を超え，女性は31.3％，男性は25.4％と，女性の3人に1人，男性の4人に1人が高齢者である。

　これらの現象は，高齢化というよりも，少子化という表現が正しいが，女性（15歳から49歳）が一生に子供を産む数を示す合計特殊出生率の推移をみても，1947年には4.32であったものが，2005年の1.26を底として，2019年には1.42の低い水準にとどまっている。人口を維持するには，合計特殊出が2.08以上必要と指摘されているが，現在の少子化が続けば，今世紀の終わりには，わが国の総人口は現在の半分になると推計されている。このため，わが国では深刻な労働力不足や社会保障の担い手の急激な減少が予測され，国連からは移民を受け入れるよう求められている。政府は数々の少子化対策を行ってきているが，成功していない。

　少子化の原因としてはさまざまな要因をあげることができるが，主として女性の晩婚化・未（非）婚化と男性非正規労働者の増加をあげることができる。初婚年齢については，1930には男性27.3歳，女性は23.2歳であったが，2018年で男性31,1歳，女性29.4歳と，晩婚化と男女差の縮小が目立っている。これにより，第1子出生時の母の平均年齢は，1975年には25.7歳であったが，平成27年に30.7歳と高齢出産となっている。また生涯未婚率（45～49歳と50～54歳の未婚率の平均値）をみると，1950年には男性1.5％，女性1.4％であったのが，2015年にはそれぞれ23.4％，14.1％と大幅に増加しており，2040年には各々29.5％,18.7％になると推測されている。少子化の原因は女性の未婚化が大きく，少子化克服に成功したフランスのように，シングルマザーの権利を認めること，さらに高齢者給付に偏りがちであるわが国でも，子供に対する給付（児童手当や教育費援助等）をより増加させる必要があろう。

　これに対し，男性側の要因としては，非正規労働者が約4割を占め，非正規労働者の年収は，男性で200万円未満が57.6％，女性で83.2％とワーキングプアの存在があげられる（総務省統計局「労働力調査」（2019年2月））が，結婚できない理由として，男性の20.6％が「正規の職の仕事がないから」と回答している（同）。このため，賃金をはじめとする非正規労働者の労働条件の改善も含めて，子供をもつ男女労働者が安心して働ける環境づくりが，何よりも求められている。

(2)　外国人労働者の受け入れ

　以上のような労働力不足という状況は，必然的に外国人労働者の受け入れを求めることになる。わが国の入管法（入国管理および移民関連法）は，従来，単純労働者を受け入れず，専門・熟練労働者のみを受け入れ，例外的に，1993年から技能技術の習得を目的とした技能実習生の受け入れが始まっている。しかし，昨今の人手不足に対応するため，2018年，政府は，「経済財政運営と改革の基本方針2018」（いわゆる骨太方針）を発表し，そこでは，「少子高齢化の克服による持続的な成長経路の実現」に向けた施策のひとつとして，新たな外国人材の受け入れについて，中小企業や特定産業の人出不足解消対策として，従来の専門的・技術的を有する労働者だけでなく，即戦力が期待される一定の専門性・技能を有する外国人材を受け入れる新たな在留資格として，介護，建設・造船，外食，農業，家事使用人等の特定技能制度を創設したが成功したとは言い難い。従来の技能実習生についても，賃金未払い，ハラスメント，労災隠しだけでなく，年間失踪者が1万人を超える事態となっている。

　ところで，外国人労働者問題とは，実際にはアジア系労働者問題である。外国人労働者の受け入れについては，近年世界に広がっている移民排斥の視点で見るのではなく，移民労働者と権利や労働条件わが国双方にとって納得できる制度にしなければならない。つまり，ここでは日本という国がアジアの人々とどのように向き合っていくかという視点が不可欠である。アジア系労働者を低賃金労働者として，一時的な安上がり労働者として使用するのではなく，熟練・専門労働者にはその相応しい処遇を行い，未不熟練労働者に対しては技能習得を可能にするような政策が求められているが，外国人労働者の流入により，日本国民の賃金が引き下げられることがあってはならないであろう。

(3)　女性・高齢者の活用

　もっとも，外国人労働者を受け入れるためには，教育，住宅，医療，福祉等の整備が不可欠となるから，やみくもに外国人労働者を受け入れるべきではなく，女性や高齢者の雇用促進が不可欠となってくる。このため，男女ともに結婚・出産後あるいは介護時にも安心して働き続けられる職場環境の整備，社会保険における専業主婦（夫）優遇制度のような性に中立的ではない制度の廃止等が求められる。高齢者については，60歳以上の被用者年金が不支給ないし減額となる在職老齢年金の廃止（労働していることがサンクションとされるべきではない）等，就労

に中立的な社会保険制度の再構成も必要であるほか，雇用における年齢差別の問題を無視することができない。

　アメリカでは，年齢差別禁止法（Age Discrimination Act）により，40歳以上の労働者に対する強制退職制度や労働条件に対する不利益取扱いが禁止されている。わが国では，定年制を設ける義務はないが，設ける場合の年齢は60歳を下回ってはならないと定められている（高年齢者雇用安定法（以下，高年法）8条）。例外は炭鉱労働者のみであるが，たとえば58歳定年制は違法であり，定年なしとして扱われる（牛根漁業協同組合事件：福岡高宮崎支判平17・11・30）。しかし，厚生年金の支給開始年齢が65歳となっていることから，65歳定年制法制化への動きが始まることは確実である（現行法では，事業主は，定年制の廃止，65歳定年制への移行，65歳までの再雇用のいずれかの雇用継続措置義務を課されている）。まず公務員法を改正して，公務員の65歳定年制を導入し，同時に65歳定年制を民間の事業主の努力義務とする高年法改正という手順が予想される。このほか，旧雇用対策法を改正した労働施策総合推進法によれば，労働者の募集・採用に際して年齢を基準としない義務が事業主に課されている（9条）。もっとも年齢差別という特質から，例外が多く設けられる必要があること（無期契約で大学卒を一括採用する場合等），労働可能年齢（原則として15歳の3月まで禁止——労基法56条1項）のように権利開始年齢は問題とならず（これは立法政策の問題である），一律定年制のような権利終了年齢が，年齢差別の特徴であろう。

　従来の裁判例では，整理解雇の対象として55歳以上の者という人選基準は合理的である（たとえば53歳以上という整理解雇基準は，一般的に恣意使用者に恣意が入る余地がないから合理的な基準とする三井石炭鉱業事件：福岡地判平4・11・25が代表的裁判例である）とか，55歳以上の賃金引き下げを定める就業規則の不利益変更は合理的である（たとえば第三銀行事件：三重地判平16・10・28）とされてきたが，一律定年制も含めて，今後は年齢差別に該当しないかが問題となろう（秋北バス事件最高裁判決：最大判昭43・12・25は，人事の刷新・経理の改善等，企業の組織及び運営の適正化のための制度として合理的であるとしているが，制度の合理性を使用者側の合理性のみで判断していることに問題が残るであろう）。

　ともかく，ワーク・ライフ・バランスをより充実したものとすることにより，男女が安心して子どもを生める環境作りが不可欠である。

3　グローバリゼーションと労働法

(1)　グローバリゼーションとは何か

　グローバリゼーション（globalization）とは，直訳で世界化と訳されたり，地球規模化ともいわれるが，国家や地域等の境界を越えて地球規模で活動が拡大される現象をいう。また，技術革新の進捗により，国や地域を超えて，経済の自由化や人的交流を増大化させるものであり，あくまで国家を中心としたうえで，各国間の関係を深める国際化とは区別される概念である。グローバリゼーションとは，基本的には各地域における自由貿易体制を確立することにあるから，結果として，市場規模が拡大されてビジネスチャンスが広がり，また新しい技術が開発され，賃金の安い途上国へ生産工場を海外に移転することが容易となり，途上国には新しい産業や雇用が生まれ，先進国でも安価な製品・商品の購入が可能となる。しかし，その半面において，これは先進国の産業空洞化を招き，技術・医術者の国外流失，労働者の雇用喪失・賃金低下をもたらし，貧富の差が拡大する面も否定できない。

　グローバリゼーションに伴うネットビジネスの地球規模での拡大も生じる。わが国でも，あらゆる商品を取り扱うアメリカの EC サイト（自社の商品やサービスをインターネット上に置いた独自運営の web サイトで販売するサイト（electric commerce））を運営し，また web サービスの巨大会社である A 社は，今や，食料品，日用品，書籍，電化製品とあらゆる商品の注文に対応している。「いつでも，どこでも，だれとでも」と宣伝されているように，国境や地域あるいは時間（時差）に関係なく 1 年365日，24時間の営業が可能であるだけでなく，利用者も，時間に関係なく，かつ外出する必要もなく，これらの商品をインターネットで購入することができる（これは，前述の U 社についても同様である）。これは，当然に商店，コンビニ，スーパーあるいはレストラン，食堂の売り上げを低下させ，その雇用を減少させるだけでなく，A 社の場合には，利益の大部分がシステム使用料として海外に持ち出され，わが国に店舗をもたないため，税金を日本に支払う義務はない（現在では，今後のわが国での事業展開のために，納税しているとのことである）。さらに，ネットによる商品購入履歴や，ニュース，書籍，広告等に関する膨大な閲覧記録がビッグデータとして採取されており，個人のプライバシー保護の観点からも問題となっている。

(2)　規制緩和と労働法

　諸外国では産業別・職業別組合が中心であるから，当然ながら労働市場は企業を超えて存在する。全国規模の労働組合と使用者団体との間で締結される労働協約は，「産業の法」あるいは「職業の法」と呼ばれるにふさわしい機能を果たしており，職業上の格付が同じであれば，どの企業においても同一の処遇を受けることができる。まさに，同一労働同一賃金の原則が支配しているのである。これに対し，わが国では企業別労働協約が支配的であり，労働条件は企業を超えることはない。産業別・職業別労働協約が産業・職業レベルにおける労働市場を形成しているのに対し，企業別労働協約はたかだか企業内での処遇を決定するものにすぎない。

　ところで，このようなわが国における労働市場改革を行うものとして，労働法の規制緩和の必要性が主張されている。このことは，グローバリゼーションによる多国籍企業の活動を円滑に遂行するためには，各国の労働法の規制を緩和すべきというものである。わが国でも，とくに解雇規制を緩和して多国籍企業を誘致する労働特区の新設が提言されていたことがある。これは，政府が「世界で一番ビジネスをしやすい」環境づくりを目標として提唱したもので，医療，雇用，教育，都市再生，農業等の7分野で計画されており，労働（雇用）特区では，起業5年以内の企業や一定比率以上の外国人を雇用する企業（グローバル企業）における無期契約への転換権を合意により適用除外したり，解雇の要件や手続きを緩和すること等の労働法の規制緩和が主張されている。最近でも，一切の割増賃金をなくす高度プロフェッショナル社員制度や教員の変形労働時間制度の導入のような規制緩和が行われたばかりである。

　そこでの議論に出されるのが，すでに労働者は自立しているのだから，労働組合運動や労働法による保護はもはや不要であるというものである。すなわち，労働運動が盛んにおこなわれ，かつ労働法が成立した19世紀後半から20世紀前半では，労働者は貧しく，使用者に対し従属的な立場に置かれていたため，弱い立場に置かれていたため，これを保護する必要があった。しかし，21世紀の労働者は豊かであり，自立した存在となっているのであるから，これを保護する必要もないし，保護すればかえって労働者の自立を阻害するというものである。しかし，本当に労働者像は変容したのであろうか。たしかに，業務遂行に一定の裁量性を有する労働者や，高収入の労働者等も登場しているが，これらはむしろ少数派に過ぎないし，解雇される可能性もないわけではない。この意味において労働者は

多様化したに過ぎず，法的規制が不可欠であることに変わりはない。

　労働という人間生活の重要な一部一部であることを考慮すれば，規制なしということはあり得ない。欧州などでは，宗教的・文化的あるいは社会的な規範により，1 日 8 時間労働，週 1 日休息制度が定着している。このような社会的基盤を有しないわが国では，過労死・過労自殺が社会問題となっているが，労働者に与えられた業務の質と量（ノルマ）自体を規制しない限り，働き方改革にも限界があろう。また上述の労働特区における解雇の規制緩和についても，たとえば年次有給休暇をポータブル化して，社会的権利として認めることや，現在の企業内市場を外部労働市場化することにより，解雇されても労働者の不利益が最小限にとどまるような施策が前提となろう。

　この意味において，労働における規制緩和はあり得ず，規制の組み換えがあり得るに過ぎない。たとえば，かつての労基法では，女性労働者は，深夜（22時から 5 時）労働が禁止され，休日労働も制限されていた（旧61条）。これは，女性は弱いものであるから保護されるべきという考え方だけでなく，家事，育児あるいは介護は女性の仕事であるとみられていた時代には，深夜や休日に女性が仕事をしているのでは，これらの家事等がおざなりになるとの考え方が背後に存在したものである。これが，職場と家庭双方における男女の格差を大きくしている要因であるとの認識により，労基法の同規定は廃止された。これは，1 つの規制緩和であり，同時に男女共通規制という規制の組み換えが求められたのである。医学的には，女性だけでなく，男性にとっても深夜業は健康に悪影響をもたらすのであり，男女が平等に家庭責任を負担すべきとの観点から，深夜労働に関する男女の共通規制という新たな規制が求められているのである。

　ところで，労働法の目的は，企業活動の進展をサポートする効率性と，労働者を保護する公正性が求められる。国際労働機関（ILO）の目的が，労働者保護とならんで国際間の経済競争の公正性があることに留意されるべきであるし，わが国の最低賃金法の目的にも，事業者間の公正競争の確保が挙げられている（同法 1 条）。低賃金かつ長時間労働の追求が可能な国家や事業主は，安価な製品の輸出や販売が可能となるが，これは，不正な競争であるというのが，労働法の基本理念である。このため，効率性と公正性とは車の両輪ではなく，効率性追求の手段も公正でなければならないのである。

　私たちは，商品は安ければ安いほど望ましいと考えるのは当然である。しかし，価格が安いというのには，それなりの原因があるのであり，その原因が，従事す

る労働者の低賃金によるものとすればどうであろうか。消費者としては商品が安いほどよいが，労働者としては困るという二分論は許されないのである。深夜営業は利用者にとって便利だが，そこには深夜も働かざるを得ない労働者がいるということである。確かに，深夜業が不可欠な業種があることは否定できないとしても，エネルギー資源の乏しいわが国において，その消費が激しい深夜労働がほんとうに必要であるかは検討されるべきであろう。

　労働法は，まさに生活そのもののあり方を考える契機を与えるものである。

事 項 索 引

判 例 索 引

〈高等裁判所判例〉

〈地方裁判所判例〉

執筆者紹介

編者　山田 省三・石井 保雄

（担当箇所）

山田省三（やまだしょうぞう）　中央大学名誉教授　イントロ，2-2-ト・1，2-2-3・コ，2-5-4・5，2-6-5，2-11-3，3-1，3-5-コ，4

石井保雄（いしいやすお）　獨協大学法学部教授　1-ト〜3，2-8-ト〜2・コ，3-2，3-5-ト〜4

— ・— ・—

井川志郎（いかわしろう）　山口大学経済学部准教授　2-5-3

奥貫妃文（おくぬきひふみ）　相模女子大学人間社会学部准教授　1-4・コ，2-7

勝亦啓文（かつまたひろふみ）　桐蔭横浜大学法学部教授　2-3-ト・3〜コ，3-4

河合塁（かわいるい）　岩手大学人文社会科学部准教授　2-1，2-3-1・2，2-5-ト・6，2-6-ト〜4・コ，2-10-1・コ，2-12-3・4

高橋賢司（たかはしけんじ）　立正大学法学部准教授　2-4-ト〜3，2-5-1・2，2-12-ト〜2・5・コ

滝原啓允（たきはらひろみつ）　労働政策研究・研修機構研究員　2-2-2，2-11-4

東島日出夫（とうじまひでお）　桐蔭横浜大学非常勤講師　2-5-コ，2-8-3・4

長谷川聡（はせがわさとし）　専修大学法学部教授　2-4-4，2-9-ト〜4，2-11-ト〜2・コ

春田吉備彦（はるたきびひこ）　沖縄大学経法商学部教授　3-6

帆足まゆみ（ほあしまゆみ）　東京国際大学非常勤講師　2-4-コ，2-9-コ，2-10-ト・2〜4

松井良和（まついよしかず）　茨城大学人文社会科学部専任講師　3-3

＊「イントロ」はイントロダクション，「ト」はトピック，「コ」はコラムの略

トピック 労働法

2020年4月20日　第1版第1刷発行

8182：P344　￥3200E 012-010-002

編　者　山田　省三
　　　　石井　保雄

発行者　今井貴・稲葉文子

発行所　株式会社　信山社

〒113-0033 東京都文京区本郷6-2-9-102

Tel 03-3818-1019　Fax 03-3813-1411

info@shinzansha.co.jp

https://www.shinzansha.co.jp

出版契約 2020-8751-6-01011　Printed in Japan

©著者，2020　　　組版・翼／印刷・製本／亜細亜印刷・渋谷文泉閣

ISBN978-4-7972-8751-6 C3332　分類328.608

現代雇用社会における自由と平等
—24のアンソロジー　山田省三先生古稀記念

新田秀樹・米津孝司・川田知子・長谷川聡・河合塁 編

山田省三先生(中央大学教授)の問題関心を踏まえながら、複雑化する現代の労働法理論、雇用政策、社会保障などにアプローチし、様々な角度から一石を投ずる意欲的で多才な論文を収録。

【執筆者一覧(掲載順)】山田省三／山川隆一／川口美貴／鎌田耕一／長谷川聡／滝原啓允／山﨑文夫／米津孝司／石井保雄／森井利和／小俣勝治／松井良和／廣石忠司／川田知子／高橋賢司／河合塁／春田吉備彦／新谷眞人／西和江／新田秀樹／小西啓文／石崎浩／東島日出夫／朴承斗／中島　徹

労働者人格権の研究 — 角田邦重先生古稀記念　上・下
　／山田省三・石井保雄 編
労働法理論変革への模索 — 毛塚勝利先生古稀記念
　／山田省三・青野覚・鎌田耕一・浜村彰・石井保雄 編
市民社会の変容と労働法／横井芳弘・篠原敏雄・辻村昌昭 編
蓼沼謙一著作集／蓼沼謙一
福田徳三著作集／福田徳三研究会 編
現代雇用法／角田邦重・山田省三
わが国労働法学の史的展開／石井保雄
国民健康保険の保険者／新田秀樹
社会保障改革の視座／新田秀樹
フランス社会保障法の権利構造／伊奈川秀和

プラクティス労働法（第2版）　山川隆一 編
トピック社会保障法（2020第14版）　本澤巳代子・新田秀樹 編著

信山社